经济转型与发展研究系列

南大商学评论
Nanjing Business Review

46

南京大学出版社

主办单位

南京大学长江三角洲经济社会发展研究中心
教育部人文社会科学百所重点研究基地

南京大学经济转型和发展研究中心
教育部哲学社会科学创新基地

南京大学商学院

《南大商学评论》编辑委员会

主　　任　沈坤荣

主　　编　刘志彪

副 主 编　郑江淮　刘春林

编　　委　（以姓氏笔画为序）

于津平　马野青　王全胜　王跃堂

安同良　刘志彪　刘　洪　刘春林

张正堂　张　兵　陈传明　沈坤荣

杨　忠　杨雄胜　范从来　郑江淮

洪银兴　赵曙明　徐志坚　贾良定

葛　扬　韩顺平　裴　平

执行主编　贾良定　皮建才

执行编委　（以姓氏笔画为序）

卜茂亮　王　宇　王　兵　毛伊娜

曲兆鹏　刘德溯　李　剑　张　骁

张　晔　何　健　杨　雪　林　树

周　耿　郑东雅　姜　嬿　徐小林

黄韫慧　韩　剑　蒋春燕　蒋　彧

主编的话

《南大商学评论》是由南京大学商学院主办的经济学、管理学类非连续的学术出版物。创办以来,以其规范、严密、扎实的研究风格受到国内外学者的高度评价。在此,我向关心、支持本文集的同仁们表示衷心的感谢!

新一轮的全球化期待中国学术研究像中国经济一样,进入世界学术研究关注的焦点和前沿。为了鼓励源自中国的原创性研究,《南大商学评论》立足于中国经济转型和发展实践,提倡从中国经济管理的实践中发现问题、提炼问题、分析问题和解决问题。

本文集将延续以前的传统,广泛接受来自国内外学者的自由投稿,采用双向匿名审稿制度,主要发表原创性的、规范和实证研究的学术论文,以及案例、综述和评论性的文章。研究领域不限,欢迎从宏观经济学、财政金融、产业组织、国际贸易、比较经济学、企业管理、市场营销、人力资源、电子商务、会计等相关具体领域进行专门化研究的成果。

目录

1 人民币汇率对 FDI 流入的影响
——外销比例、区域差异和行业差异的视角
郑辛如　李　婧

25 汇率稳定与最优托宾税征收制度
——基于 NK-DSGE 模型的模拟分析与政策评估
姜　旭　金成晓

46 中国企业隶属行政级别如何激励对外贸易？
汤二子

62 境外股东持股能提高上市公司绩效吗？
蒋　彧　江涌

80 新型城镇化进程中的产业集聚和福利分析
郝艳蓉　蒋伏心

| 101 | 感知上级信任真的会促进员工建言行为吗？
——一个曲线关系的检验
黄　勇　余江龙　李承晋

| 119 | 赛事丑闻归因对赞助商品牌负面评价的影响
——赞助匹配的调节作用
周寿江　王　虹　李　珊　张永韬

| 136 | 基于内容分析法的母婴用品
网络口碑促销组合策略研究
曹凤怡　张晓飞　金玉芳

| 161 | 领导风格组合作用机理的多案例研究
刘　洋　马钦海　闫　俊　郝金锦

| 195 | 在线诊疗平台医生咨询量和推荐热度的影响因素分析
臧志霞　谈　刻　王程珏　许　博　杨雪

CONTENTS

1 Impact of RMB Exchange Rate on Different Types of FDI: From the Perspective of the Product Export Ratio, Regional and Industry Differences
　　　　　　　　　　　　　　　　　　　Xinru Zheng　Jing Li

25 Foreign Exchange Rate Stability and Optimal Tobin Tax Rule: Simulation Analysis and Policy Evaluation Based on DSGE Model
　　　　　　　　　　　　　　　　　　　Xu Jiang　Chengxiao Jin

46 How Does Administrative Level Which Chinese Firms Belonged Impact Trade?
　　　　　　　　　　　　　　　　　　　Erzi Tang

62 Can Foreign Shareholders Improve the Performance of Listed Companies?
　　　　　　　　　　　　　　　　　　　Yu Jiang　Yong Jiang

80 Analysis on Industrial Agglomeration and Welfare in the Process of New Urbanization
　　　　　　　　　　　　　　　　　　　Yanrong Hao　Fuxin Jiang

101 Does Feeling Trusted by Supervisors Really Promote Employee Voice Behavior? A Test of the Curvilinear Relationship

    Yong Huang Jianglong Yu Chenjing Li

119 The Impacts of Sport-Event Scandal Attribution on Negative Sponsor Brand Evaluation: The Moderating Effect of Sponsorship Fit

  Shoujiang Zhou Hong Wang Shan Li Yongtao Zhang

136 IWOM Promotion Marketing Strategy Research of Maternal and Child Supplies Based on Content Analysis Method

    Fengyi Cao Xiaofei Zhang Yufang Jin

161 A Multiple-Case Study on the Mechanism of Leadership Style Combination

    Yang Liu Qinhai Ma Jun Yan Jinjin Hao

195 Analysis of Influencing Factors of Doctor Consultation Volume and Recommendation Heat on Online Healthcare Platform

  Zhixia Zang Ke Tan Chengjue Wang Bo Xu Xue Yang

人民币汇率对FDI流入的影响
——外销比例、区域差异和行业差异的视角①

郑辛如 李 婧*

【摘 要】 建立了包含产品外销比例的一般均衡两国贸易模型,模型表明FDI最优规模受汇率的影响大小与企业产品外销比例正相关。东道国货币升值和汇率波动性增大对出口导向型FDI流入的抑制大于对市场导向型FDI流入的抑制。该模型从学理上解释了新兴市场高出口依赖度且汇率"害怕浮动"的原因。考虑到FDI分布的区域差异和行业差异,采用1999—2007中国工业企业数据库,构造地区面板和行业面板进行实证分析。研究结果表明,人民币升值有助于限制出口导向型FDI流入。随着中国改革开放新阶段的核心任务转变为优化经济结构和提高经济增长质量,中国应鼓励与国内产业关联性较强的市场导向型FDI流入。同时,克服浮动恐惧,才能更好地发挥人民币汇率在内外经济再平衡中的作用。

【关键词】 人民币汇率 出口导向型FDI 市场导向型FDI 产品外销比例 面板数据

【JEL分类】 F23 F31

---

① 本文得到国家社会科学基金重点项目"新常态下人民币从外围货币向中心货币升级的路径研究"(项目编号:17AJL016)的资助。

* 郑辛如(1993—),女,中国人民大学博士研究生,研究方向为开放宏观经济理论与政策,Email:zhengxinru@ruc.edu.cn。通讯作者:李婧(1971—),女,博士,首都经济贸易大学经济学院教授,博士生导师,研究方向为开放宏观经济理论与政策,Email:lijingchinablue@163.com。

一 引 言

20世纪90年代以来，充分发挥人民币汇率在调节经济中的杠杆作用，促进人民币汇率的市场化和弹性化是人民币汇率形成机制改革的目标。到目前为止，人民币汇率经历了3次重要改革，分别是1994年汇率并轨、2005年"7.21"汇改和2015年的"8.11"汇改。1994年人民币汇率并轨后，中国开始实行有管理的浮动汇率制度。此后的20多年里，中国对外贸易和外资流入增长迅速，除了个别年份，国际收支一直保持"双顺差"。很多研究者认为，这种独特的国际收支结构与人民币汇率制度类型有关（余永定，2010；余道先和王云，2015）。2010年，中国成为全球第二大经济体，对全球经济增长的贡献也不断增加，同时中国成为全球最大出口国和吸引FDI最大的新兴市场国家。FDI是中国参与全球化的主要方式，外资与中国本土生产要素结合，形成比较优势，成为中国出口的主力军，即"出口导向型FDI"。中国对外开放采取区域非均衡的发展模式，因此，FDI的分布呈现明显的区域差异，同时，在《外商投资产业指导目录》的指引下，FDI分布也具有明显的行业差异。随着FDI对中国经济增长的贡献不断提高，汇率对FDI的影响机制和程度受到国内外学者的广泛关注（Kohlhagen, 1977; Goldberg and Kolstad, 1994; Dixit, 1997）。2005年"7.21"汇改后，人民币对美元汇率步入小幅升值的轨道，但是一直到2014年第1季度，中国仍一直保持国际收支的"双顺差"，FDI成为经常项目顺差和资本项目顺差的重要来源。2008年国际金融危机爆发后，世界经济进入新常态，各国经济都面临结构调整，中国也面临建立全新的对外开放新体制的重任。改革人民币汇率形成机制，促进对外贸易发展和双向投资，是中国融入全球化新进程，实现内外经济平衡的核心内容。2014年第2季度，中国国际收支中资本项目在近20年来首次出现赤字。不少观察家认为，"经常项目顺差，资本项目赤字"可能成为中国国际收支的"新常态"。2015年8月11日，中国再次启动人民币汇率形成机制改革，但是很快出现了人民币大幅贬值。为稳定人民币汇率，央行逐步调整了中间价形成机制。当前，以市场化和弹性化为目标的人民币汇率形成机制改革仍然在探索过程中。在新的全球化背景下，人民币汇率变化对外贸和外资将会产生哪些影响，尤其是对中国出口和GDP都有突出贡献的FDI的影响是非常值得探讨的。

本文旨在从微观角度分析汇率变化对不同类型FDI流入的影响，探索这一影响的地区差异和行业特征，为中国经济结构调整、人民币汇率制度改革和引进外资战略提出政策建议。

本文的边际贡献如下：在已有文献的基础上，建立了垄断竞争条件下简约的一般均衡两国模型，在模型中引入企业产品外销比例，分析汇率对FDI流入的效应;在实证分析中,采用中国工业企业数据库的数据作为样本来源,构建地区面板和行业面板,运用门限回归模型探索汇率变化影响 FDI 的区域和行业特征;为我国改革开放新阶段进一步调整外资流入的空间布局,优化产业结构,克服人民币汇率浮动恐惧提供了理论和实证依据。

本文其余部分安排如下。第二部分为相关文献综述,第三部分为理论模型构建,第四部分为 FDI 流入状况、计量模型和变量说明,第五部分为计量模型的估计结果,最后为研究结论与政策建议。

二 相关文献综述

FDI 流入对新兴市场国家,特别是对中国经济增长有重要贡献,是中国开放经济模式最核心的一部分。已有大量文献对影响 FDI 的经济基本面因素和政策因素进行了实证研究。经济基本面因素包括:资源优势(劳动力)、市场规模、基础设施等。陈涛涛(2003)指出,流入发展中国家的 FDI 更倾向于制造业,其原因主要是发展中国家具有劳动力优势。Vijayakumar et al. (2010)用 1975—2007 年间金砖五国(BRICS)的面板数据考察了影响 FDI 流入的因素,并发现市场规模、劳动成本、基础设施建设、汇率是影响 FDI 流入的重要因素。Markusen(1998)从一般均衡分析框架角度上运用数理模型得出运输成本、市场规模和规模经济对于跨国公司的投资决策具有重要影响的结论。影响 FDI 流入的政策影响因素包括:对外开放政策、税收政策以及汇率政策等。Kwan(2000)通过动态面板模型证明中国对外开放政策中的设立经济特区、沿海开放城市、经济技术开发区以及沿海开放区对 FDI 的地区流入具有显著的正效应。Globerman and Shapiro(2002)指出,GDP 和对外开放度对 FDI 流入的效应是显著为正的。田毕飞(2018)结合制度理论和吸收能力理论构建了外商直接投资、东道国制度环境与东道国国际创业的概念模型,研究得出 FDI 与东道国总制度环境均对东道国国际创业具有促进作用。总之,东道国劳动力成本低等资源优势、基础设施水平、对外开放政策和税收政策直接影响了 FDI 生产成本。市场规模主要影响市场导向型 FDI 流入。在中国结售汇管理体制下,汇率水平影响 FDI 流入的换汇成本和利润汇出,同时汇率变化增加了出口导向型 FDI 在国际市场上的不确定性。

针对汇率对 FDI 流入的影响,研究者主要从汇率制度、东道国汇率水平和汇率波动性三个角度进行了论证。亚洲金融危机后,学术界开始关注汇率制度选择和资本流动的关系。Obstfeld(2009)提出,浮动汇率制度意味着更高的不确定性,不利于对外贸易和外资流入。Benassy-Quere(2001)从发展中国家长期吸引 FDI 流入的视角,结合跨国公司的区位选择分析了发展中国家的汇率制度选择,证明汇率的波动性对于 FDI 的负面影响是巨大的。Abbott and Cushman(2012)以 70 个发展中国家为研究对象,运用系统广义矩模型(SYS-GMM)得出,根据事实上(de facto)的固定汇率制度和中间汇率制度比浮动汇率制度更能吸引 FDI 流入。肖潇(2017)按照三种标准对资本进行细分,以全球 162 个经济体为样本,考察了资本流动对汇率制度的影响,结果表明 FDI 对汇率制度选择并没有显著影响。关于东道国汇率水平对 FDI 流入的影响,大多数文献认为东道国货币升值不利于 FDI 流入。Froot and Stain(1989)提出,汇率影响相对财富,外国投资者用本国货币表示的财富 W_f 折算成东道国货币表示的财富 w_f 受到汇率 e 的影响。东道国货币升值(e 下降),外国投资者对资产的保留价格与财富正相关,不利于外国投资者投资。Kohlhagen(1977)从利润汇回的角度,认为汇率变化会带来成本变动,影响海外子公司的相对利润。东道国货币升值时,海外子公司的相对利润下降,导致其在东道国的投资生产意愿减弱。关于汇率的波动性对 FDI 的影响,研究结论并未达成一致。Goldberg and Kolstad(1994)认为,汇率波动增加了直接出口到东道国的风险,而采用 FDI 的方式,直接在当地销售产品,能够规避汇率风险,因此,汇率波动促进了 FDI 流入。与此相反,Dixit(1997)将投资的期权理论应用到外商直接投资的分析上,认为汇率的波动性增加会使跨国公司投资延后,因此汇率波动会抑制 FDI 流入。

  以上文献比较宏观地论证了汇率对 FDI 总量流入的影响,针对汇率对不同 FDI 流入类型的影响的研究很有限。实际上,出口导向型和市场导向型两种类型的 FDI 受汇率影响的程度存在差异。Kwan(2000)指出,不同类型的 FDI 对政策的敏感度存在差异,因为,出口导向型 FDI 对税收优惠政策更为敏感,市场导向型 FDI 对市场准入以及影响东道国需求方面的政策更为敏感。Zhang and Song(2001)指出,中国的免税政策,尤其是对于来料加工(processing materials)和进料加工(processing imports)的免税政策极大地促进了跨国公司的出口。这会促进出口导向型 FDI 增加。关于 FDI 类型的划分,国内主流做法是按照产品的外销比例划分为出口导向型和市场导向型(王自锋,2009;李书华,2013),或者按照产品是否可贸易划分为市场导向型和资源导向型(于津平,2007)。其中,王自锋(2009)运用 UNCTAD 跨国公司中心数据库,分析了美国、英国、法国、德国等国家 FDI 流入的情况。根据各国在劳动成本和市场需求方面的差异性,计算产品外销比例并按国别划分 FDI 类别,分为市场导向型和出口导向型。这一处理方式有助于我们比较宏观地了解样本国家吸引 FDI 的基本情况。但是中国是吸引 FDI 规模最大的新兴市场国家,区域和产业发展具有较强的异质性,因此,具体到国别分析,在研究中考虑东道国内部产业间和地区间的 FDI 的异质性,具有重要的现实意义。

  吸引外资是中国参与全球化的主要方式,是中国对外开放战略的重要组成部分。中国是吸引 FDI 最大的新兴市场国家,FDI 的分布由于非均衡的地域开放战略和投资导向政策呈现较大的地区差异和行业差异。无论从理论或实证角度,汇率对 FDI 影响的机制和程度都尚未定论。并且,以往学者在研究汇率如何影响 FDI 时,其研究对象主要是已经完成汇率市场化的发达国家,而不是贸易依存度很高、正处在汇率制度改革进程中的新兴市场国家。学术界一致认为,不同的国家制度环境导致了 FDI 流入方式的差异,但少有学者从汇率影响出口进而影响 FDI 的角度进行研究。为此,本文考虑到中国 FDI 流入和出口之间的关系,构建了包含产品外销比例的一般均衡的两国模型,探索汇率对不同类型 FDI 影响的机制。同时本文选取 1999—2007 中国工业企业的微观数据,实证检验了人民币汇率变动对不同类型 FDI 流入的影响,并分别从地区层面和行业层面检验了这一影响。

三 理论模型构建

在已有文献的基础上,本文基于 Sadewa(2000)模型构建了一般均衡的两国模型,在垄断竞争条件下,将产品外销比例纳入模型,分析汇率影响 FDI 流入的机制及效应。王自锋(2009)在其建立的理论模型中将两国相对固定成本 F_F,F_M 作为汇率对 FDI 流入影响的决定性因素,本文则将分析聚焦在产品外销比例是否为汇率影响 FDI 的决定因素这一问题上。模型假设有 A、B 两个国家,在 B 国有一家代表性跨国公司,该公司可以在 B 国当地进行生产并向 A 国出口商品,同时也可以在 A 国开设海外子公司进行生产。跨国公司在 A 国的海外分支机构生产的产品有两个用途:一部分用于内销(满足 A 国当地市场需求),另一部分用于外销(满足国际市场需求)。模型假设两国是对称的,由此,下文只分析 A 国作为东道国的情形。

1. 消费者行为

A 国消费者获得的所有商品和服务分为两种,一种是同质的复合商品 z,另一种是差异商品(differentiated goods)X。参照 Venables(1987)的贸易模型中关于差异商品偏好的设定,假设消费者关于这两种商品的偏好是可以区分的。根据上述假设,消费者效用函数可以表示为 $U[z,X(P)]$。参照 Krugman(1980)对面临差异商品的消费者效用的设定,效用函数满足 Dixit-Stiglitz 模型的偏好设定,消费者偏好中两种商品的子效用函数都是不变替代弹性(CES)效用函数,同质的复合商品的子效用函数为 z。进口商品与国内生产的商品之间为常替代弹性。消费者对不同产地的商品的偏好权重不同,但是对于同一产地的商品的偏好是相同的。A 国消费的商品数量指标 X_A 如下:

$$X_A = \left[n_F (a_F x_F)^{\frac{\varepsilon-1}{\varepsilon}} + n_M (a_M x_M)^{\frac{\varepsilon-1}{\varepsilon}} \right]^{\frac{\varepsilon}{\varepsilon-1}} \tag{1}$$

上式中，n_F、n_M 分别为差异商品类别数。a_F、a_M 分别为衡量消费者对外商企业生产的（内销）商品和对进口商品的偏好的参数，a_F、a_M 都大于零。x_F、x_M 为同一类别商品的销售量。ε 表示商品需求的价格弹性。

A 国消费商品面临的实际价格水平指标 P 如下：

$$P_A = \left[n_F \left(\frac{p_F}{a_F}\right)^{1-\varepsilon} + n_M \left(\frac{p_M}{a_M}\right)^{1-\varepsilon} \right]^{\frac{1}{1-\varepsilon}} \tag{2}$$

其中，p_F、p_M 表示两种渠道的差异商品的销售价格。

当消费者偏好为位似偏好中的 C-D 偏好时，已知间接效用函数，又根据 Roy 等式，$e_A(P_A) = \frac{P_A X_A}{m_A} = \frac{P_A}{m_A} X_A = \frac{P_A}{m_A}\left(-\frac{\partial V_A/\partial P_A}{\partial V_A/m_A}\right) = \frac{v'_A(P_A)}{v_A(P_A)} P_A$ 代入 C-D 效用函数可得 $e_A(P_A)$ 为一常数。在差异商品上的支出占实际收入的比重为固定不变的常数 e_A，可表示为：

$$P_A X_A = e_A(P_A) m_A \tag{3}$$

消费者在确定了其在差异商品上的支出后，在预算约束 $P_A X_A = n_F p_F x_F + n_M p_M x_M$ 下，使 X_A 最大，得到 A 国消费者对各差异商品的需求函数：

$$x_F = p_F^{-\varepsilon} a_F^{\varepsilon-1} P_A^{\varepsilon} X_A \tag{4}$$

$$x_M = p_M^{-\varepsilon} a_M^{\varepsilon-1} P_A^{\varepsilon} X_A \tag{5}$$

2. 企业生产、出口与利润最大化

假定 B 国一个代表性公司，企业规模报酬不变，在此，我们将 B 国在 A 国的海外子公司的产量 X_{FDI} 分为两部分，在 A 国销售的产量 x_F，以及用于外销满足国际需求的产量 x'_F，外销比例用 φ 表示，$\varphi \in [0,1]$，三者之间的关系如下：

$$X_{FDI} = x_F + x'_F = x_F + \varphi X_{FDI} \tag{6}$$

A、B 两国货币的实际汇率用 R 表示，即，以 B 国货币表示的 A 国货币的价值，R 上升代表 A 国货币升值，下降代表 A 国货币贬值。公式（7）表示的是以 B 国货币计价的公司利润最大化。

$$\max_{X_{FDI}, x_M} \pi = R\left[p_F(1-\varphi)X_{FDI} + p_w \varphi X_{FDI} - (c_F X_{FDI} + F_F)\right] + R p_M x_M - (c_M x_M + F_M) \tag{7}$$

其中，F_F、F_M 分别表示 B 国跨国公司在 A 国以直接投资形式生产的固定成本和在 B 国当地生产的固定成本，相应地，c_F、c_M 分别为两国生产的边际成本。p_w 表示 B 国企业在 A 国投资生产的产品用于外销的"世界价格"。因为 x_M 是在 B 国当地生产再出口到 A 国的，所以，其边际成本 c_M 是以 B 国货币计价。而 p_M 为 A 国消费者购买进口商品的价格,以 A 国货币计价,所以需要乘以汇率 R 转化成 B 国货币计价。

构造拉格朗日函数,并根据最大化的一阶条件,得:

$$MR_{FDI}=\frac{\partial[p_F(1-\varphi)X_{FDI}+p_w\varphi X_{FDI}]}{\partial X_{FDI}}=p_F(1-\varphi)\left(1-\frac{1}{\varepsilon_F}\right)+p_w\varphi=c_F \quad (8)$$

$$MR_M=\frac{\partial p_M(x_M)x_M}{\partial x_M}=Rp_M\left(1-\frac{1}{\varepsilon_M}\right)=c_M \quad (9)$$

ε_F、ε_M 为 A 国国内消费者对产品需求的价格弹性,同时,A 国消费者对不同来源的差异商品的偏好是对称的,所以 $\varepsilon_F=\varepsilon_M=\varepsilon$。假设用于外销的 FDI 产品的价格 p_w 是既定常数,是外生的,外销的商品种类和规模占世界市场的比例很小,很难影响世界价格 p_w。

将上述两个等式中边际成本代入目标函数,即利润函数中,可以得到:

$$\pi=R\left[p_F(1-\varphi)X_{FDI}\frac{1}{\varepsilon_F}-F_F\right]+Rp_Mx_M\frac{1}{\varepsilon_M}-F_M \quad (10)$$

从生产者的成本角度考虑,假设企业在期初已经通过向金融中介融资来购买资本,且资本的价格固定不变,则企业当期的成本如下所示:

$$r_AP_{KA}K_A+w_AL_A \quad (11)$$

$$r_BP_{KB}K_B+w_BL_B \quad (12)$$

其中,r_A、r_B 分别为 A、B 两国的实际利率;P_{KA}、P_{KB} 分别为 A、B 两国的资本的实际价格;K_A、K_B 为两国生产所需的资本量,w_A、w_B 为两国的实际工资,L_A、L_B 为两国本地的劳动力。

在 A 国以 FDI 形式进行生产的子公司的生产函数如式(13)所示,其中来自 B 国的 FDI 由 K_A 表示。($\rho<1$)

$$Q_A=(K_A^\rho+L_A^\rho)^{\frac{1}{\rho}}① \quad (13)$$

已知实际变量表示的 B 国企业在 A 国生产的成本最小化问题可以表示为:

$$\min_{K_A,L_A}r_AP_{KA}K_A+w_AL_A$$

$$s.t.: Q_A=[K_A^\rho+L_A^\rho]^{\frac{1}{\rho}}$$

那么,使成本最小化的 K_A(FDI 投入)和使用 A 国劳动量 L_A 如下式所示:

$$K_A=(r_AP_{KA})^{\frac{1}{\rho-1}}\left[w_A^{\frac{\rho}{\rho-1}}+(r_AP_{KA})^{\frac{\rho}{\rho-1}}\right]^{-\frac{1}{\rho}}Q_A \quad (14)$$

---

① Q_A 在本文中也可表示为 X_{FDI},为了直观起见这里使用 Q_A。

$$L_A = w_A^{\frac{1}{\rho-1}} \left[w_A^{\frac{\rho}{\rho-1}} + (r_A P_{KA})^{\frac{\rho}{\rho-1}} \right]^{-\frac{1}{\rho}} Q_A \tag{15}$$

将上式代入目标函数，且在 CES 函数中替代弹性 $\sigma = \frac{1}{1-\rho}$，得到最小成本和 FDI 产出的边际成本，即 c_F，

$$c_F = \left[w_A^{1-\sigma} + (r_A P_{KA})^{1-\sigma} \right]^{\frac{1}{1-\sigma}} \tag{16}$$

同理，

$$c_M = \left[w_B^{1-\sigma} + (r_B P_{KB})^{1-\sigma} \right]^{\frac{1}{1-\sigma}} \tag{17}$$

B 国跨国公司在 A 国的直接投资 K_A 可以表示为：

$$K_A = \left(\frac{r_A P_{KA}}{c_F} \right)^{-\sigma} Q_A = \left(\frac{r_A P_{KA}}{c_F} \right)^{-\sigma} X_{FDI} \tag{18}$$

同理，

$$L_A = \left(\frac{w_A}{c_F} \right)^{-\sigma} Q_A = \left(\frac{w_A}{c_F} \right)^{-\sigma} X_{FDI} \tag{19}$$

边际收益等于边际成本是利润最大化条件，可以由下式表达：

$$MR_{FDI} = p_F (1-\varphi) \left(1 - \frac{1}{\varepsilon_F} \right) + p_w \varphi = c_F = \left[w_A^{1-\sigma} + (r_A P_{KA})^{1-\sigma} \right]^{\frac{1}{1-\sigma}} \tag{20}$$

$$p_F = \frac{\varepsilon_F}{\varepsilon_F - 1} \left\{ \left[w_A^{1-\sigma} + (r_A P_{KA})^{1-\sigma} \right]^{\frac{1}{1-\sigma}} - p_w \varphi \right\} \frac{1}{1-\varphi} \tag{21}$$

将 p_F 代入到消费者对差异产品的需求函数中，可以得到

$$x_F = \left[(c_F - p_w \varphi) \frac{\varepsilon}{\varepsilon-1} \frac{1}{1-\varphi} \right]^{-\varepsilon} a_F^{\varepsilon-1} P_A^\varepsilon X_A \tag{22}$$

同理，

$$x_M = \left(\frac{1}{R} \frac{\varepsilon}{\varepsilon-1} c_M \right)^{-\varepsilon} a_M^{\varepsilon-1} P_A^\varepsilon X_A \tag{23}$$

由式(22)、(23)，可以看出 B 国海外子公司在 A 国生产和销售的差异商品的需求并不受汇率变动的影响；而在 B 国生产并出口到 A 国的差异商品的需求受汇率变动的影响，这印证了 Goldberg and Kolstad(1994)的观点，公司为避免汇率风险应选择直接投资方式。

在式(3)至式(5)的基础上，为简化表达式和方便计算，定义 s_F、s_M，$s_F = \frac{p_F x_F}{P_A^\varepsilon X_A}$，$s_M = \frac{p_M x_M}{P_A^\varepsilon X_A}$。此时企业利润可以表示为：$\pi_B = (s_F + s_M) R \frac{1}{\varepsilon} P_A^{\varepsilon-1} e(P_A) m_A - (RF_F + F_M)$。又由式(3)—式(5)可得 $P_A^{\varepsilon-1} e(P_A) m_A = x_F p_F^\varepsilon a_F^{1-\varepsilon}$，且 $p_F = (c_F - p_w \varphi) \frac{\varepsilon}{\varepsilon-1} \frac{1}{1-\varphi}$，代入利润表达式可得 $\pi_B = (s_F + s_M) R \frac{1}{\varepsilon} a_F^{\varepsilon-1} x_F$

$$\left[(c_F - p_w\varphi)\frac{\varepsilon}{\varepsilon-1}\frac{1}{1-\varphi}\right]^\varepsilon - (RF_F + F_M)。因为,企业面临的是垄断竞争,随着同类企业的进入和退出,均衡利润始终为零。$$

$$\pi_B^* = (s_F + s_M)R\frac{1}{\varepsilon}a_F^{\varepsilon-1}x_F\left[(c_F - p_w\varphi)\frac{\varepsilon}{\varepsilon-1}\frac{1}{1-\varphi}\right]^\varepsilon - (RF_F + F_M) = 0 \quad (24)$$

3. 汇率水平、汇率波动与 FDI 流入

汇率对 FDI 流入的影响渠道分为货币升值(贬值)的影响,以及汇率波动程度的影响。下面将分别论证汇率通过这两种渠道对 FDI 流入的影响。

(1) 货币升值(贬值)的影响

垄断竞争均衡时,B 国跨国公司的利润为零,可以计算出均衡时的 x_F^* 的表达式

$$x_F^* = \frac{RF_F + F_M}{R(s_F + s_M)\frac{1}{\varepsilon}a_F^{\varepsilon-1}\left[(c_F - p_w\varphi)\frac{\varepsilon}{\varepsilon-1}\frac{1}{1-\varphi}\right]^\varepsilon} \quad (25)$$

又 $x_F = (1-\varphi)X_{FDI}$,所以

$$\frac{\partial X_{FDI}}{\partial R} = \frac{-F_M}{R^2(s_F + s_M)\frac{1}{\varepsilon}a_F^{\varepsilon-1}\left[(c_F - p_w\varphi)\frac{\varepsilon}{\varepsilon-1}\frac{1}{1-\varphi}\right]^\varepsilon(1-\varphi)} \quad (26)$$

按照 Venables(1987)定义,式(26)符号为负,也即当 R 下降,东道国(A 国)货币贬值,投资国(B 国)货币升值时,产出规模扩大,且随着外销比例 φ 的上升,导数的绝对值越大。由 $K_A = \left(\frac{r_A P_{KA}}{c_F}\right)^{-\sigma}X_{FDI}$,FDI 企业的产量 X_{FDI} 与在 A 国直接投资 K_A 存在正向关系。

$$\frac{\partial K_A}{\partial R} = \frac{-F_M\left(\frac{r_A P_{KA}}{c_F}\right)^\sigma}{R^2(s_F + s_M)\frac{1}{\varepsilon}a_F^{\varepsilon-1}\left[(c_F - p_w\varphi)\frac{\varepsilon}{\varepsilon-1}\frac{1}{1-\varphi}\right]^\varepsilon(1-\varphi)} \quad (27)$$

由式(27)符号为负可知,汇率 R 下降,东道国(A 国)货币贬值,投资国(B 国)货币升值,引起 B 国在 A 国的直接投资(K_A)的增加。由上述分析可得,汇率水平对 FDI 流入规模的影响与企业产品的外销比例有关,产品外销比例越大,或者说出口导向性越强,汇率的影响作用越大。

(2) 汇率波动程度的影响

我们一般假设跨国公司是厌恶风险的,采用绝对风险规避的效用函数形式来描述其风险偏好(于津平,2007),函数如下:

$$U = -e^{-\lambda\left[E(\pi) - \frac{\lambda}{2}\text{Var}(\pi)\right]} \quad (28)$$

其中 λ 为风险厌恶系数且 $\lambda > 0$,根据这一效用函数的特点,风险厌恶型厂商的效用最大化表达式可以简化为:

$$\text{Max } E[U(\pi)] = \text{Max}\left[E(\pi) - \frac{\lambda}{2}\text{Var}(\pi)\right] \quad (29)$$

在此,假设汇率的变动服从正态分布,即 $R \sim N(R_0, \delta^2)$,R_0、δ^2 分别表示 R 的均值和方差(王自锋,2009),已知,

$$\pi_B = (s_F + s_M)\frac{1}{\varepsilon}a_F^{\varepsilon-1}x_F\left[(c_F - p_w\varphi)\frac{\varepsilon}{\varepsilon-1}\frac{1}{1-\varphi}\right]^\varepsilon R - (RF_F + F_M) \quad (30)$$

设 $A = (s_F + s_M)\frac{1}{\varepsilon}a_F^{\varepsilon-1}x_F\left[(c_F - p_w\varphi)\frac{\varepsilon}{\varepsilon-1}\frac{1}{1-\varphi}\right]^\varepsilon$,$A = Dx_F$,则效用最大化函数可以表示为:

$$\text{Max } E[U(\pi)] = \text{Max}\left[Dx_F R_0 - (R_0 F_F + F_M) - \frac{\lambda}{2}(D^2 x_F^2 - F_F^2)\delta^2\right] \quad (31)$$

由此,使效用最大化的一阶条件可以表示为:

$$x_F = \frac{R_0}{\lambda D \delta^2} \quad (32)$$

将使效用最大化的 x_F 对汇率方差求偏导,并由式(6)可得:

$$\frac{\partial X_{FDI}}{\partial(\delta^2)} = \frac{-R_0}{\lambda D \delta^4 (1-\varphi)} \quad (33)$$

$$K_A = \left(\frac{r_A P_{KA}}{c_F}\right)^{-\sigma} X_{FDI} \quad (34)$$

$$\frac{\partial K_A}{\partial(\delta^2)} = \frac{-R_0}{\lambda D \delta^4 (1-\varphi)}\left(\frac{r_A P_{KA}}{c_F}\right)^{-\sigma} \quad (35)$$

式(35)符号为负,所以,对于有绝对风险厌恶的跨国公司,当以方差衡量的汇率波动程度越大,x_F 就越小,以直接投资方式在海外生产的规模 X_{FDI} 就越小,且以 K_A 表示的 B 国在 A 国的直接投资规模就越小,汇率的波动性通过产量的扩张效应影响了 FDI 流入的规模。随着外销比例 φ 的上升,导数的绝对值越大,汇率对直接投资企业均衡产出的影响越大。

由上述分析可知,汇率波动性对 FDI 流入规模的影响程度与企业产品的外销比例有关,产品外销比例越大,或者说出口导向性越强,汇率波动性的影响作用越大;汇率波动性上升,在东道国的投资规模就越小。

中国对外开放格局采取的是区域非均衡发展路径,因此,两种类型 FDI 的分布存在显著的地区差异:东部地区分布较多的是外销比例较高的出口导向型 FDI,中西部地区则是市场导向型 FDI 居多。中国在引进 FDI 时有很多相关的政策激励,主要是投资导向方面的政策。比如《外商投资产业指导目录》[①]对鼓励类、限制类和禁止类的外商投资产业进行了详细规定,这些政策导向是产生行业差异的主要原因。比如,电子及通信设备制造业的产品外销

---

① 该目录由国家发展和改革委员会、商务部共同发布。

比例远远高于食品制造业,因此,两种类型 FDI 的行业分布也存在巨大差异。总之,以产品外销比例衡量的出口导向特征表明两种类型 FDI 的分布存在显著的地区差异和行业差异。

由于地区层面和产业层面不存在完全的市场导向型或者出口导向型 FDI,因此,在实证分析中我们根据产品的外销比例划分 FDI 类型。在地区层面,按照产品外销比例的高低区分两种类型的 FDI,并分析汇率变化对 FDI 流入的影响;与此方法类似,在行业层面,我们运用门限面板模型探索和识别划分不同类型 FDI 的产品外销比例的界限。

四　FDI 流入状况、计量模型与变量说明

1. FDI 流入状况:1999—2007[①]

本文运用中国工业企业数据库中制造业企业分类中 1999—2007 年外资企业(港澳台投资企业)的数据,根据企业所属地区代码和行业代码,从地区层面和行业层面对 FDI 流入状况进行描述性分析。

(1)地区层面

中国区域非均衡的开放战略使东部地区不仅具有开放的地理优势,而且有优先发展的政策优势,因此,东部沿海地区较内陆对外经济活动更活跃。本文按照王小鲁和樊纲(2005)的地区划分标准[②],将 31 个省、市、自治区、直辖市划分为东部、中部和西部三个地区。本文将企业层面的数据进行整理汇总成省级面板数据,通过计算各省份企业出口额与工业销售产值的比值得到产品外销比例,再根据各省份 1999—2007 年的产品外销比例进行平均,得到省份的产品外销比例,详见表 1。为了方便比较分析,表 1 中的最后一列表示的是东部、中部、西部三个地区的平均产品外销比例。我们把东部、中部和西部地区的产品外销比例进行对比,可以发现东部地区产品外销比例最高,高达 36%,其次是西部地区为 13%,中部地区为 11%,东部地区外资企业产品的年均外销比例是中部地区的 3 倍左右。可见,地区之间的产品外销比例差异显著,因此我们可以大致将产品外销比例相对较高的东部地区的 FDI 流入划分为出口导向型,将产品外销比例相对较低的中、西部地区的 FDI 流入划分为市场导向型。

---

① 由于 2008—2016 年部分数据无法获得,我们选择这一时间段的数据作为分析样本。
② 王小鲁和樊纲(2005)划分的标准:东部地区包括京、津、冀、辽、沪、江、浙、闽、鲁、粤、琼 11 省市;中部包括晋、吉、黑、皖、赣、豫、鄂、湘 8 省;西部包括蒙、桂、渝、川、黔、云、藏、陕、甘、青、宁、疆 12 省区。

表1 FDI流入的地区产品外销比例特征

地区	省份	省份平均	地区平均
东部地区	北京	0.248 8	0.367 4
	天津	0.418 6	
	河北	0.154 4	
	辽宁	0.393 5	
	上海	0.367 5	
	江苏	0.424 0	
	浙江	0.439 3	
	福建	0.484 4	
	山东	0.383 0	
	广东	0.584 6	
	海南	0.143 0	
中部地区	山西	0.158 1	0.119 4
	吉林	0.053 0	
	黑龙江	0.097 9	
	安徽	0.152 4	
	江西	0.144 0	
	河南	0.125 6	
	湖北	0.095 2	
	湖南	0.129 1	
西部地区	内蒙古	0.244 6	0.135 4
	广西	0.106 7	
	重庆	0.061 0	
	四川	0.099 3	
	贵州	0.106 5	
	云南	0.078 9	
	西藏	0.330 0	
	陕西	0.074 6	
	甘肃	0.070 3	
	青海	0.035 7	
	宁夏	0.179 9	
	新疆	0.237 0	

数据来源:中国工业企业数据库1999—2007。

(2) 行业层面

本文根据企业的行业代码对企业数据按照行业进行分类汇总,得到 FDI 流入的行业数据。行业差异主要源于中国引进 FDI 相关的政策激励,尤其是在投资导向方面的政策。比如《外商投资产业指导目录》中就 13 大行业进行了详细分类,包括鼓励类、限制类和禁止类的外商投资产业。由表 2 中的数据可以观察到,文教体育用品制造业,皮革、毛皮、羽绒及其制品业,工艺品及其他制造业,家具制造业,服装及其他纤维制品制造业的外销比例,显著高于烟草加工业,饮料制造业,黑色金属冶炼及压延加工业等行业。不同行业的产品外销比例具有显著差异,因此,需要用计量模型先确定不同行业的 FDI 流入类型,然后再做进一步的实证分析。

表 2 FDI 的行业外销比例分布

二位行业代码	行业名称	1999—2007 产品外销比例
13	食品加工业	0.216 9
14	食品制造业	0.128 6
15	饮料制造业	0.041 2
16	烟草加工业	0.033 8
17	纺织业	0.503 7
18	服装及其他纤维制品制造业	0.660 4
19	皮革、毛皮、羽绒及其制品业	0.717 7
20	木材加工及竹、藤、棕、草制品业	0.376 5
21	家具制造业	0.671 6
22	造纸及纸制品业	0.183 1
23	印刷业、记录媒介的复制	0.242 6
24	文教体育用品制造业	0.785 8
25	石油加工及炼焦业	0.134 3
26	化学原料及化学制品制造业	0.187 0
27	医药制造业	0.117 2
28	化学纤维制造业	0.114 2
29	橡胶制品业	0.394 5
30	塑料制品业	0.468 0
31	非金属矿物制品业	0.277 0
32	黑色金属冶炼及压延加工业	0.082 2
33	有色金属冶炼及压延加工业	0.189 9

(续表)

二位行业代码	行业名称	1999—2007产品外销比例
34	金属制品业	0.484 8
35	普通机械制造业	0.321 5
36	专用设备制造业	0.279 7
37	交通运输设备制造业	0.130 4
39	电气机械及器材制造业	0.380 6
40	电子及通信设备制造业	0.569 4
41	仪器仪表及文化、办公用机械制造业	0.615 7
42	工艺品及其他制造业	0.672 0
43	废弃资源和废旧材料回收加工业	0.383 3

数据来源：中国工业企业数据库1999—2007。

2. 计量模型

计量分析中，我们对地区面板与行业面板的回归模型设定是不同的。其中，地区层面采用包含汇率和产品外销比例交乘项的面板模型。在行业层面，采用门限面板模型进行分析。这样差别设定计量模型是因为，地区面板数据样本量较小，只有279个观测值，用门限面板模型估计会产生较大的误差。所以使用包含汇率和产品外销比例交乘项的面板模型可以更好地利用数据提供的信息，分析产品外销比例在汇率对FDI流入影响程度中的作用。而行业（4位代码）层面有1 944个观测值，样本量充足，因此，行业层面选取了门限面板模型。地区层面与行业层面模型的自变量之所以不同，是因为4位代码行业的劳动力成本、资本成本和需求缺少合适的代理变量。

（1）地区层面——总体与分样本计量分析

由于FDI流入既存在显著的省际差异，也存在显著的地区差异，由此我们首先构造省级面板数据，再将数据划分为东中西三个子样本进行分析。模型设计如下：

$$cap_{it} = \alpha + \beta_1 reer_t + \beta_2 rcv_t + \beta_3 ratio_{it} + \beta_4 reer_t \times ratio_{it} + \beta_5 rcv_t \times ratio_{it} + \beta_6 wage_{it} + \beta_7 interestrate_{it} + \beta_8 gdp_{it} + u_{it} \tag{36}$$

其中 i 表示不同的省、直辖市和自治区（$i=1,\cdots,31$），t 表示不同的年份，cap_{it} 表示地区 i 在 t 年的外资或港澳台FDI流入，β 表示参数。$reer_t$ 表示 t 年的人民币实际有效汇率。rcv_t 表示 t 年的人民币实际有效汇率的波动程度。$ratio_{it}$ 表示 t 年 i 地区企业的产品外销比例。$reer_t \times ratio_{it}$ 与 $rcv_t \times ratio_{it}$ 分别为汇率水平和汇率波动程度与产品外销比例的交乘项。$wage_{it}$ 为 i 地区 t 年的工资水平。interestrate$_{it}$ 为 i 地区 t 年的利率水平。gdp$_{it}$ 为 i 地区 t 年的国内生产总值。分样本的计量模型回归方程与式(36)相同,我们分别用三个模型进行分析,比较汇率对不同类型的FDI流入的影响。

(2) 行业层面—门限面板模型

我们进一步将行业细化到4位行业代码,筛选得到243个行业构成的行业平衡面板。根据本文第二部分理论模型推断的结果,我们建立以下计量模型来分析汇率对FDI流入的影响。

因为本部分计量分析的目的是为了得到划分FDI类型的产品外销比例门限值,并考察按照产品外销比例划分的不同区制(regimes)下,汇率水平及波动程度对FDI流入的影响程度的差别,所以,我们引入门限变量。将产品外销比例ratio$_{it}$作为门限变量。$\beta_4(\gamma)$ 和 $\beta_5(\gamma)$ 表示参数 β_4 和 β_5 的估计值会因为门限值 γ 取不同的数值。含门限变量的面板回归模型如下:

$$cap_{it}=\alpha+\beta_1 sale_{it}+\beta_2 cap_{i,t-1}+\beta_3 ratio_{it}+\beta_4(\gamma)reer_t+\beta_5(\gamma)rcv_t+u_{it} \quad (37)$$

其中 i 表示不同的4位代码行业,t 表示不同的年份,cap$_{it}$ 表示行业 i 在 t 年的外资或港澳台FDI流入,β_i 表示参数。sale$_{it}$ 表示行业 i 在 t 年的产品销售额,cap$_{i,t-1}$ 表示行业 i 的滞后一期的FDI流入,ratio$_{it}$ 表示 i 行业 t 年的产品外销比例,reer$_t$ 表示 t 年的实际有效汇率,rcv$_t$ 表示 t 年的汇率波动水平。

3. 数据来源与处理

我们选取了中国工业企业数据库中1999—2007年制造业中的登记注册类型为外商投资企业和港澳台投资企业的数据作为样本。中国工业企业数据库涵盖了三大行业,分别是采掘业、制造业和电力、燃气及水的生产和供应业,数据库内容纳规模以上的500万家国有、集体、私营、港澳台投资企业以及外商投资企业等不同性质企业的基本信息、财务成本信息以及主要技术经济指标等。由于采掘业和电力、燃气及水的生产和供应业这两大行业的外资限制政策较多,为简化分析,本文以制造业为分析对象,从企业层面数据来考察分析汇率对FDI流入的影响。样本选择区间确定为1999—2007年,这样选择一方面是受到数据可得性的限制,另一方面是因为实证检验要求考察时间段没有发生结构性冲击,2008年爆发了国际金融危机,因此,1999—2007年为合适的观察区间。2004年的数据由于统计口径问题按照缺失值处理(聂辉华,2012)。1999—2007年的工业企业数据库中,根据企业信息中的登记注册类型,选取港、澳、台商投资企业和外商投资企业作为研究对象。本文相关的宏观经济数据来源于《中国统计年鉴》、《中国劳动统计年鉴》和IMF的国际金融统计(IFS)。

表 3 统计描述

地区面板回归模型				行业面板回归模型			
变量	观测值	均值	标准差	变量	观测值	均值	标准差
cap	279	350.768 9	747.745 8	cap	1 944	24.850 0	59.663 3
reer	279	88.780 7	3.747 6	reer	1 944	89.337 4	3.600 2
rcv	279	1.873 8	0.700 8	rcv	1 944	1.772 7	0.677 3
ratio	279	21.357 4	16.698 4	ratio	1 944	34.269 0	26.519 7
wage	279	12.909 7	5.385 5	sale	1 944	1.284 4	453.968 6
interest rate	279	102.135 7	2.113 6				
gdp	279	507.732 5	494.962 1				

4. 变量的选择与说明

(1) 被解释变量

FDI 流入(cap):该指标衡量制造业外商投资企业和港澳台投资[①]企业在不同年份实收资本中的外商资本和港澳台资本,采用企业资产负债表中的外商资本部分和港澳台资本部分来表示。借鉴黄玖立(2010)、周浩(2013)、杨红丽(2015)的做法,将企业实收资本[②]中的港澳台资本和外商资本作为 FDI 流入的衡量。单位为亿元。

(2) 解释变量

实际有效汇率(reer):选取国际货币基金组织国际金融统计数据库(IFS)中的人民币实际有效汇率(REER)来衡量中国商品的国际竞争力。reer 上升表示人民币实际升值,国际竞争力下降,反之亦然。

汇率波动性(rcv):该指标衡量中国不同年份的汇率波动程度,采用实际有效汇率变异系数作为各年的汇率波动程度指标(谢洪燕,2009),以百分点表示。

(3) 控制变量

产品外销比例(ratio):该指标为企业的出口额与销售额的比值,控制了出口倾向差异。以百分点表示。

利率(interest rate):该指标以固定资产价格指数来衡量,用来控制地区间资本成本差异。

工资(wage):该指标用来控制地区间劳动力成本差异。单位为千元。

国内生产总值(gdp):该指标用各省(市)的年度国内生产总值来度量,控制了市场需求规模差异。单位为 10 亿元。

[①] 根据《中国统计年鉴 2015》,来自港澳台的直接投资占亚洲地区的 85%。

[②] 虽然实收资本只能代表股权投资,它只是实际投资的一小部分,但是基于企业实际投资的复杂性,这里做近似处理。

工业销售产值(sale):该指标衡量制造业外商投资企业与港澳台投资企业的产出,控制生产规模差异。单位为亿元。

五 计量模型的估计结果

1. 地区层面—总体与分样本计量分析

表4 不同模型设定的回归结果

解释变量	混合回归模型 (POLS)	随机效应模型 (RE)	固定效应模型 (FE)
reer	58.1190*** (12.5290)	35.2872*** (7.5957)	28.5799*** (7.0715)
rcv	50.1577 (62.0817)	42.3032 (35.8096)	39.8556 (32.8482)
ratio	198.9149*** (41.6818)	138.6633*** (25.4062)	118.7981*** (23.7647)
reer×ratio	−2.02678*** (0.4570)	−1.3746*** (0.2770)	−1.1798*** (0.2599)
rcv×ratio	−2.1952 (2.3471)	−2.1734 (1.3599)	−2.0399* (5.3093)
wage	30.9758*** (5.7336)	0.4743 (5.1818)	−9.9770* (5.3093)
interest rate	−42.2196** (18.3045)	−18.4636 (11.8314)	−10.2548 (11.0579)
gdp	0.8022*** (0.0668)	1.0322*** (0.0699)	1.1384*** (0.0772)
常数项	−1749.6422 (2425.9411)	−1786.9820 (1471.2160)	−1900.7910 (1355.8580)
R^2	0.7457	0.7229	0.7338
F检验	$F=21.76>$临界值:拒绝采用混合回归		
Hausman检验值	Chi2(2)=43.19 prob=0.0000:拒绝RE模型		
观测值	279	279	279

注:本数据表由Stata13.0统计软件对样本数据整理后获得,其中***、**、*分别对应1%、5%、10%的显著水平。圆括号里为标准差。

由表 4 的回归结果可以得到,在用随机效应模型、混合回归模型以及固定效应回归模型分别进行回归和检验之后,最合适的是固定效应模型。三个回归模型的汇率与外销比例的交互项系数都是显著为负的,表明产品外销比例越高,实际有效汇率越高,对 FDI 流入的抑制作用越强。固定效应模型中,汇率波动程度与外销比例的交乘项的系数显著为负,表明产品外销比例越高,汇率波动程度越大,对 FDI 流入的抑制作用越强。此外,工资的系数显著为负,gdp 的系数显著为正,符合预期,印证了成本和需求对 FDI 的影响方向预期。

进一步地,我们对数据进行分样本分析。由于东部地区产品外销比例是中、西部地区的 3 倍左右,因此,我们将东部地区的 FDI 定义为出口导向型,将中、西部地区的 FDI 定义为市场导向型。表 4 中的回归结果是将所有外资(港澳台投资)企业作为一个样本进行回归,接下来我们将企业划分为出口导向型(高外销比例)和市场导向型(低外销比例)两种类型,即将数据划分为东部地区和中西部地区两个子样本分别进行回归,回归结果如表 5 所示。

表 5 分样本回归结果

解释变量	样本 1:东部地区			样本 2:中、西部地区		
	混合回归	RE 模型	FE 模型	混合回归	RE 模型	FE 模型
reer	112.768 5** (48.732 7)	69.532 1*** (25.761 3)	61.757 4** (25.812 1)	0.503 1 (1.810 9)	0.739 4 (1.177 8)	0.790 1 (1.174 3)
rcv	100.655 9 (252.993 9)	118.189 5 (128.415 7)	110.548 3 (127.678 3)	11.028 9 (9.124 8)	1.252 0 (5.848 1)	0.011 3 (5.815 7)
ratio	271.356 5** (112.052 5)	194.998 7*** (58.602 1)	181.990 2*** (58.504 4)	4.883 4 (11.040 9)	1.637 1 (7.454 1)	1.374 1 (7.451 6)
reer×ratio	−2.753 1*** (1.233 5)	−1.816 2*** (0.646 7)	−1.622 7** (0.648 7)	−0.031 9 (0.120 2)	−0.001 7 (0.081 1)	0.001 3 (0.081 2)
rcv×ratio	−2.898 8 (6.344 6)	−3.606 2 (3.227 1)	−3.401 0 (3.209 3)	−1.197 9** (0.697 2)	−0.263 6 (0.451 7)	−0.147 7 (0.449 8)
wage	46.480 2*** (10.302 5)	−1.624 1 (10.973 1)	−13.005 6 (12.254 6)	1.629 0 (1.059 0)	1.877 7** (0.872 5)	2.049 9** (0.971 7)
interest rate	−52.917 5 (43.991 1)	11.996 5 (24.984 3)	21.589 5 (25.174 5)	−0.497 3 (2.414 3)	1.249 1 (1.607 2)	1.465 1 (1.605 3)
gdp	0.981 6*** (0.116 4)	1.187 2*** (0.111 2)	1.277 9*** (0.122 5)	0.126 6*** (0.013 5)	0.120 2*** (0.019 3)	0.114 9*** (0.023 8)
常数项	−6 297.716 0 (7 052.549 0)	−8 673.869 0** (3 656.501 0)	−9 027.528 0** (3 633.063)	−25.981 9 (298.366 0)	−221.475 4 (196.766 1)	−248.552 7 (196.763 4)
R^2	0.763 3	0.660 5	0.838 5	0.498 0	0.337 9	0.625 8

(续表)

解释变量	样本1:东部地区			样本2:中、西部地区		
	混合回归	RE模型	FE模型	混合回归	RE模型	FE模型
F检验	F=23.72＞临界值:拒绝采用混合回归			F=13.82＞临界值:拒绝采用混合回归		
Hausman检验值	Chi2(2)=48.71 prob=0.0000:拒绝RE模型			Chi2(2)=22.76 prob=0.0000:拒绝RE模型		
观测值	99			180		

注：1. 本数据表由Stata13.0统计软件对样本数据整理后获得，其中***、**、*分别对应1%、5%、10%的显著水平。圆括号里为标准差。

2. 中位数划分方法，将分样本回归部分再次进行检验得到的结论与此(表5)一致。

由表5可知，汇率对不同类型的FDI的影响是不同的，汇率对出口导向型FDI的影响更显著。F检验、Hausman检验结果表明应该选择固定效应模型。首先，对于出口导向型的东部地区，汇率对FDI流入的影响显著。固定效应模型中，汇率与产品外销比例的系数是显著为负，这说明对于产品外销比例较高的东部地区，人民币汇率越高其对FDI流入的抑制作用就越大。人民币汇率上升会抑制出口导向型FDI(东部地区FDI)的流入。其次，对于市场导向型的中西部地区，东道国汇率对FDI流入的影响不显著。固定效应模型中，与汇率相关的各系数都不显著。代表市场需求的gdp的系数显著为正，表明对于市场导向型FDI(中西部地区FDI)，市场需求的影响十分重要。最后，在两个分样本中，汇率波动程度与外销比例的交乘项系数基本是不显著的。原因可能是当汇率波动性增强，直接出口到东道国的方式与FDI方式的优势接近，也就是汇率波动性对FDI流入的抑制和促进作用接近，最终表现为汇率波动性对FDI流入的影响不显著。经过对比，可以得到，在出口导向型的东部地区，汇率对FDI流入的解释能力更强。而对于市场导向型的中、西部地区，以国内生产总值(gdp)衡量的市场需求的解释力更强。

2. 行业层面—门限面板模型

表6 门限数量的判定结果

原假设 H_0	备择假设 H_1	似然比F统计量	临界值(依次为90%、95%、99%)
模型中不含门限	模型中存在一个门限	15.80	15.1373 17.7676 26.8410

表7 门限值估计结果及其置信区间

门限	门限估计值	置信区间的下限估计值	置信区间的上限估计值
$\hat{\gamma}$	0.8539	0.8322	0.8583

从表6可以得到门限数量为1的判定依据。表7表明,由于门限值的估计为0.8539,所以门限值将整个回归样本划分成了两个区制,其中产品外销比例高于0.8539的我们称之为高出口导向的行业。那么,完整的门限面板模型可以表示为式(38),并通过估计得到表8。

$$cap_{it} = \alpha + \beta_1 sale_{it} + \beta_2 cap_{i,t-1} + \beta_3 ratio_{it} + \beta_{4,1}(ratio<\gamma_1)reer_t + \beta_{4,2}(ratio>\gamma_1)reer_t + \beta_{5,1}(ratio<\gamma_1)rcv_t + \beta_{5,2}(ratio<\gamma_1)rcv_t + u_{it} \quad (38)$$

表8 门限面板回归模型系数估计结果汇总

cap_{it}	系数估计值	标准差	t 值
$sale_{it}$	0.0270***	0.0019	14.08
$cap_{i,t-1}$	0.8964***	0.0179	50.10
$ratio_{it}$	0.0506	0.0350	1.45
$(ratio<\gamma)reer_t$	−0.3851***	0.1408	−2.74
$(ratio>\gamma)reer_t$	−0.6332***	0.1755	−3.61
$(ratio<\gamma)rcv_t$	−0.2858	0.6994	−0.41
$(ratio<\gamma)rcv_t$	5.7757	5.4328	1.06

注:本数据表由Stata13.0统计软件对样本数据整理后获得,其中***、**、*分别对应1%、5%、10%的显著水平。

从表8中的门限面板回归模型估计结果可以看到,产品外销比例门限值为0.85,该门限值将样本划分成两个区制(regimes),分别是高于门限值的区制和低于门限值的区制。因此,可将FDI流入划分为高于门限值的出口导向型和低于门限值的市场导向型。由表8的回归结果可以得到以下结论:首先,无论是高于门限值还是低于门限值,实际有效汇率上升都会抑制FDI流入。其次,汇率与FDI流入的关系是非线性的,汇率对于高于门限值的区制的影响程度(−0.6332)是低于门限值区制(−0.3851)的1.5倍左右,也就是说随着产品外销比例的上升,人民币汇率上升对FDI流入的负向作用越大。最后,汇率波动性对FDI流入的影响在两个区制内都不显著,这可能是因为汇率波动带来的投资风险规避效应与汇率波动带来的投资替代出口效应相互抵消,使汇率波动性对FDI的影响不显著。

六　研究结论与政策建议

本文构建了含有产品外销比例的一般均衡两国贸易模型,在垄断竞争条件下,FDI流入最优规模受汇率的影响程度与企业产品外销比例呈正相关关系。实证分析结果表明,FDI企业的产品外销比例越高,汇率对FDI流入规模的影响作用越大;出口导向型FDI的产品外销比例较高,其受汇率变动的影响也就较大。

人民币汇率对地区和行业的影响表现出差异性。由于中国引进外资政策具有显著的区域差异和行业差异,本文运用1999—2007年中国工业企业数据库,构造地区面板和行业面板模型进行实证分析,得出如下判断:东部地区的FDI比中西部地区受汇率影响大;FDI在具有明显出口导向特征的行业(如服装制造业和电子通信设备制造业等)相对于在市场导向特征明显的行业(如食品制造业和饮料制造业)受汇率的影响就较大。这一实证结果进一步验证了理论模型的结论。

人民币汇率对不同类型FDI的影响机制和结果存在差异。人民币汇率对出口导向型FDI影响更大,人民币升值,抑制FDI流入;人民币汇率的波动性增加,也会抑制FDI流入;而市场导向型FDI主要受到国内市场需求约束的影响。由于中国非均衡的对外开放战略,FDI的空间分布和行业分布差异显著,而且这些差异本身会出现自强化,非均衡引资政策的执行也会强化这些差异性。因此,人民币汇率形成机制改革对出口导向型FDI、市场导向型FDI以及行业的影响也会出现明显差异性,这可能会影响央行汇率制度改革的路径选择。未来在政策设计上要考虑发挥区域优势,促进区域经济协调发展。

目前中国虽然"双缺口不缺",但是外资对中国经济增长仍有重要意义。在中国对外开放的新阶段,虽然已经不存在"双缺口",也不需要通过大量优惠政策吸引外资和促进出口创汇,但外资对中国经济增长的作用不容忽视。随着中国金融改革和对外开放的发展,将形成双向资本流动的结构,引进来与走出去并重。中国经济增长模式将从注重经济增长数量转向注重经济增长质量,面临调整、优化经济结构和产业结构的重任。从提高经济增长质量的角度看,中国需要提高外资利用效率,调整引进外资的类型和分布。中国应鼓励与国内产业的关联性相对较强的市场导向型FDI,适度限制对我国经济增长质量贡献相对不大的出口导向型FDI。在引进FDI的过程中,政府应注意调整东部地区外资的规模结构和产业结构,加快中西部地区的引资步伐,实现东西双向互济的开放格局。

人民币汇率是实现内外经济平衡的重要杠杆,应进一步推进人民币汇率形成机制市场化改革。本文的研究发现说明汇率的波动性对于FDI流入具有显著的抑制作用,这应是新兴市场国家汇率"害怕浮动"的主要原因之一。FDI是中国对外开放模式的核心内容,在较长的时期内,出口导向型 FDI 对中国经济增长依然有重要价值。长期以来,汇率服从于吸引外资和扩大出口的实际经济目标。在改革开放的新阶段,市场机制将在实现内外经济平衡中发挥更大的作用,灵活的汇率机制将是中国应对全球经济环境新变化,尤其是国际金融市场波动的重要选择。因此,中国应总结历次人民币汇率形成机制改革的经验教训,创造条件,克服浮动恐惧,提高人民币汇率市场化水平,增强人民币汇率的灵活性。

参考文献

[1] Abbott A, Cushman D O, De Vita G, et al. Exchange Rate Regimes and Foreign Direct Investment Flows to Developing Countries [J]. Review of International Economics, 2012, 20(1): 95 - 107.

[2] Benassy-Quere A, Fontagne L, Lahrecherevil A, et al. Exchange-Rate Strategies in the Competition for Attracting Foreign Direct Investment[J]. Journal of the Japanese and International Economies, 2001, 15(2): 178 - 198.

[3] Cheng L K, Kwan Y K. What Are the Determinants of the Location of Foreign Direct Investment? The Chinese Experience[J]. Journal of International Economics, 2000, 51(2): 379 - 400.

[4] Dixit A K. and Pindyck R S. Investment Under Uncertainty[M]. Princeton, New Jersey: Princeton University Press, 1997.

[5] Froot K A, Stein J C. Exchange Rates and Foreign Direct Investment: An Imperfect Capital Markets Approach[J]. Quarterly Journal of Economics, 1989, 106(4): 1191 - 1217.

[6] Globerman, S. , Shapiro, D. Global Foreign Direct Investment Flows: the Role of Governance Infrastructure[J]. World Development . 2002, 30 (11): 1899 - 1919.

[7] Krugman P. Scale Economies, Product Differentiation, and the Pattern of Trade[J]. American Economic Review, 1980, 70(5): 950 - 959.

[8] Kohlhagen S W. ExchangeRate Changes, Profitability, and Direct Foreign Investment [J]. Southern Economic Journal, 1977, 44(1).

[9] Linda S. Goldberg and Charles D. Kolstad. Foreign Direct Investment, Exchange Rate Variability and Demand Uncertainty[R]. NBER Working Paper, 1994, No. 4815.

[10] Markusen, J. R. , Venables, A. J. Multinational Firms and the New Trade Theory [J]. Journal of International Economics, 1998, 46 (2): 183 - 303.

[11] Obstfeld M. International Finance and Growth in Developing Countries: What Have We Learned? [R]. IMF STAFF PAPERS, 2009, 56(1): 63 - 111.

[12] Sadewa P Y. The Effect of Exchange Rate on Foreign Direct Investment[D]. West Lafayette: Purdue University, 2000.

[13] Venables A J. Trade and Trade Policy with Differentiated Products: A Chamberlinian-Ricardian Model[J]. The Economic Journal, 1987, 97(387): 700 - 717.

[14] Vijayakumar, N., Sridharan, P., Rao, K. Determinants of FDI in BRICS Countries: A Panel Analysis[J]. International Journal of Business Science and Applied Management, 2010, 5(3): 1-13.

[15] Zhang K H, Song S. Promoting Exports: the Role of Inward FDI in China[J]. China Economic Review, 2001, 11(4): 385-396.

[16] 陈涛涛,党亮.中国吸引外资的国际地位及趋势[J].国际经济合作,2003(6):4-8.

[17] 黄玖立,冼国明.金融发展、FDI与中国地区的制造业出口[J].管理世界,2010(7):8-17+187.

[18] 聂辉华,江艇,杨汝岱.中国工业企业数据库的使用现状和潜在问题[J].世界经济,2012(5):142-158.

[19] 田毕飞,梅小芳,杜雍,等.外商直接投资对东道国国际创业的影响:制度环境视角[J].中国工业经济,2018(5):43-61.

[20] 王小鲁,樊纲.中国收入差距的走势和影响因素分析[J].经济研究,2005(10):24-36.

[21] 王自锋.汇率水平与波动程度对外国直接投资的影响研究[J].经济学(季刊),2009(4):1497-1526.

[22] 肖潇,张璟,刘晓辉.分类资本流动与汇率制度——来自162个经济体的经验证据[J].国际金融研究,2017(4):44-55.

[23] 余道先,王云.人民币国际化进程的影响因素分析——基于国际收支视角[J].世界经济研究,2015(3):3-14+127.

[24] 于津平.汇率变化如何影响外商直接投资[J].世界经济,2007(4):54-65.

[25] 余永定.见证失衡——双顺差、人民币汇率和美元陷阱[J].国际经济评论,2010(3):7-44.

[26] 杨红丽,陈钊.外商直接投资水平溢出的间接机制:基于上游供应商的研究[J].世界经济,2015(3):123-144.

[27] 周浩,陈益.FDI外溢对新建企业选址的影响[J].管理世界,2013(12):78-88.

论文执行编辑:皮建才
论文接收日期:2018年12月5日

Impact of RMB Exchange Rate on Different Types of FDI: From the Perspective of the Product Export Ratio, Regional and Industry Differences

Xinru Zheng　Jing Li

Abstract: This paper establishes a general equilibrium trade model between two countries. In the model, the degree of the impact of exchange rate on optimal size of FDI is directly proportional to the product export ratio. The appreciation of host country's currency and an increase of exchange rate volatility have a greater inhibitory on export-oriented FDI inflows than market-oriented FDI inflows. The model provides a theoretical explanation for the over dependence on exports and the "fear of floating" exchange rates in emerging markets. Considering the great regional and industry differences in FDI distribution, we construct the regional and industrial panels based on 1999—2007 database of industrial enterprises in China. This study shows that the RMB appreciation depresses export-oriented FDI inflows. With improvements in economic growth quality and structural reforms becoming the main task of China's strategy of reform and opening up at a new stage, the government should encourage market-oriented FDI inflows which have a closer link with domestic industry. Meanwhile, China should overcome the "fear of floating" to let RMB exchange rate play a better role in rebalancing the internal and external economy.

Key words: RMB Exchange Rate　Export-oriented FDI　Market-oriented FDI　Product Export Ratio　Panel Data

JEL Classification: F23　F31

汇率稳定与最优托宾税征收制度
——基于 NK‑DSGE 模型的模拟分析与政策评估

姜 旭 金成晓*

【摘 要】 通过使用一个包含有托宾税以及外汇储备因素的新凯恩斯 DSGE 模型,本文设计了 3 种不同的托宾税规则并分为 7 种情况进行讨论,从而对托宾税在抑制汇率波动方面的效果进行了系统的考察。研究结果表明,一项恰当的托宾税政策能够增强市场在抗击外部风险冲击方面的能力,但若税制设计得不合理则可能会适得其反。通过对比不同托宾税规则之间的效果,本文认为一项最优的税制应当尽量减少来自政府的干预。此外,模拟结果部分地验证了"三元悖论"中"边界解"要优于"角点解"的观点。从模拟分析的结果来看,无论是资本完全自由流动的情况还是资本管制相对严格的情况,在稳定汇率的效果上都无法达到最优——最优的托宾税政策应当介于两者之间。

【关键词】 托宾税 汇率稳定 新凯恩斯 DSGE 模型 贝叶斯估计

【JEL 分类号】 F31 H21

---

[1] 本文受到国家自然科学基金项目"中国金融周期的波动特征、形成机理及其与经济周期的动态关联机制研究"(71873056),教育部重点研究基地重大项目"中国系统性金融风险防范与金融稳定性研究"(14JJD790043),教育部规划基金项目"基于状态识别与工具协调的货币政策与宏观审慎政策双支柱调控框架研究"(19YJA790036)的资助。

* 姜旭(1993—),吉林大学商学院博士研究生,研究方向为宏观经济计量分析、货币理论与政策,Email: jiangxu15@mails.jlu.edu.cn。金成晓(1966—),吉林大学数量经济研究中心暨商学院教授、博士生导师,经济学博士,研究方向为宏观经济计量分析、货币理论与政策,Email: Jcx666@sina.com。作者感谢匿名评审及执行编辑的建设性意见,当然,文责自负。

一　引　言

汇率稳定对于一国的经济发展十分重要。自2015年8月11日中国人民银行进行汇率改革以来，人民币汇率开始有管理地进行浮动，而随着2016年10月1日人民币正式加入国际货币基金组织特别提款权（SDR），人民币汇率的波动幅度开始进一步增大。长期以来，我国的汇率稳定政策对外汇储备较为依赖。受近期中美两国贸易摩擦以及全球经济增长持续放缓的影响，我国在贸易出口和资本流出方面的压力不断增加，这使得汇率稳定再度成为研究的热点。虽然我国目前拥有的外汇储备总量仍十分庞大，人民币汇率也不存在长期贬值的基础，但在我国经济增速持续放缓、结构调整仍在进行、创新驱动效果尚未显现、金融体系内风险依旧存在的经济新常态下，面对中美贸易摩擦的阴影以及外汇市场中存在的大量投机行为，仅依靠外汇储备难以达到长期稳定汇率和应对外部风险的目的。基于这一现状，我国急需某种机制来替代或部分地替代外汇储备在汇率稳定方面所扮演的角色，使得我国汇率调节的手段更加多元化。

托宾税（Tobin Tax）作为一种市场化的汇率调节手段，自其诞生之初就备受关注，且每当有经济危机爆发时，有关托宾税的讨论便会再度成为讨论的焦点。尤其自2007年美国次贷危机和2011年欧洲主权债务危机发生以来，人们已经充分意识到金融体系过度发展以及市场中的过度投机行为所造成的严重后果，同时由于防控金融体系系统性风险的迫切性和重要性，关于托宾税的讨论又重新回到了人们的视野中。许多国家陆续提出和实施了相关政策，比如欧元区国家在宏观审慎框架下提出的金融交易税（financial transaction tax，FTT），以及我国央行与外汇管理局宣布正在研究的托宾税相关规则。

虽然托宾税的概念早在1972年就由诺贝尔经济学奖得主James Tobin提出，但对于其是否能够真正对外汇市场起到稳定作用，学界一直未有定论。Aliber et al.（2003）对1977年至1999年间英镑、德国马克、日元、瑞郎四种货币的交易成本、交易量以及波动情况进行了分析，发现价格波动与交易成本正相关，而交易量与交易成本负相关，从而得出了托宾税在减少交易量的同时会放大汇率波动的观点。类似地，Habermeier and Kirilenko（2003）的研究表明，资本管制和交易成本会破坏市场中的价格发现机制，减少交易的流动性，降低市场效率，认为托宾税会抑制交易的产生并且降低市场流动性，从而放大市场波动。Mannaro et al.（2008）通过构造一组含有4种不同类型交易者的模型，在一般均衡的框架下模拟了对单一市场、两市场中的一个、两个市场同时征收托宾税的情形，并考察了各个市场内交易者和交易量的变动情况，结论认为，征收托宾税会在减少交易量的同时增加市场的不稳定性，从而得到了与

Aliber et al. (2003)和 Habermeier and Kirilenko(2003)相类似的结论。

除了以上反对观点之外,认为托宾税能够稳定汇率的研究也不在少数。Palley(2003)指出,托宾税能够将市场中的投机交易者驱逐出去,从而改变市场中不同交易者的比例,并以这种方式使得汇率更加稳定,同时其研究也表明托宾税在促进金融稳定性的同时并不一定会造成总交易成本的上升。Westerhoff and Dieci(2006)建立了一个两市场模型,结果表明对其中一个市场征收托宾税会导致投机者离开此市场,从而佐证了 James Tobin 的观点。Sarolli(2014)也得到了与之相类似的观点,其通过不完全市场下的 DSGE 模型进行分析,认为征收托宾税会导致交易量显著降低,而未收税的市场中则会出现更高的方差和资本存量。

国内研究方面,岳华和顾丽雅(2006)对一个"二级托宾税"的征税方案进行了详细论述,认为其既可以达到抑制投机、抚平波动的目的,又可以尽量避免征税对市场效率造成的影响。陈雨露和王玉(2007)讨论了托宾税的实施目标和条件并进一步将其细化总结为 8 条,同时通过实证分析,得出了利用托宾税进行的资本管制要优于直接资本管制的结论。王爱俭和冯超(2018)使用 STR 模型的实证结果表明,当外汇市场交易规模激增时,托宾税可以作为抑制投机交易的特殊工具,并建议将外汇市场交易规模作为反映市场状况的信号,同时加强与其他政策的配合。

有鉴于此,本文尝试从以下两个方面对现有文献进行补充完善:其一是使用一个符合中国特征的新凯恩斯开放 DSGE 模型,在一般均衡的框架下分析托宾税在促进汇率稳定性方面的效果;二是通过对不同形式托宾税规则的比较,找出最优的托宾税政策所应具备的特征,从而为我国的托宾税规则设计提供某些思路。

本文其余部分的结构安排如下:第二部分介绍了不同托宾税规则的设计形式;第三部分对模型结构进行了描述;第四部分使用贝叶斯估计方法完成对基准模型的参数估计,并将所得结果统一应用于所有模型中,以便后续比较;第五部分对不同情况下的汇率波动情况进行分析,找出最优的托宾税规则并分析其特征;文章最后给出了相应的结论和政策建议。

二 托宾税规则设计

我们设计了 3 种不同托宾税的征收方式,以尽可能全面地考察托宾税的效果:第 1 种是对家庭的国外债务存量直接征取一定比例的赋税,简称为存量税,记作 tax_t^D;第 2 种是对家庭国外债务的变化收流量税,具体而言,这是针对各期的外债增加进行征税,而对外债减少进行补贴,因此可简称为补贴税或单向税,记作 $taxsub_t^D$;第3种是针对资本流入及流出均征收一定比例的交易税,简称为双向税,记作 $taxboth_t^D$。三种托宾税的具体形式如下。

存量税:
$$Tax_t^{DCol} = tax_t^D S_t D_t, \quad tax_t^{DCol} = tax_t^D e_t d_t$$

单向税:
$$Tax_t^{DCol} = taxsub_t^D S_t (D_t - D_{t-1}), \quad tax_t^{DCol} = taxsub_t^D e_t \left(d_t - \frac{d_{t-1}}{\pi_t^*}\right)$$

双向税:
$$Tax_t^{DCol} = taxboth_t^D S_t (D_t - D_{t-1})^2 / P_t^*, \quad tax_t^{DCol} = taxboth_t^D e_t \left(d_t - \frac{d_{t-1}}{\pi_t^*}\right)^2$$

其中 Tax_t^{DCol} 为托宾税,S_t 为名义汇率,D_t 为本国居民所持有的国外债务,$\pi_t^* = P_t^* / P_{t-1}^*$ 为国外通货膨胀,$e_t = S_t P_t^* / P_t$ 为实际汇率。本文所设定的最后一种征税方式经过国外价格水平 P_t^* 的修正,这一修正在不影响模型的稳态的情况下,使最后方程的形式更易处理。此外,若无特别说明,后文中名义量均以大写字母表示,而实际量以对应的小写字母进行表示。

上述方程中所出现的托宾税作为政府部门干预外汇市场的一种资本管制手段,其税率大小是按照政府部门的征收规则而时变的,若将其固定在某一数值,则可以模拟以固定税率征收托宾税的情况[1]。在这种情况下,由于政府相机干预的程度较轻,资本流动会相对更加自由,也更加符合最初 James Tobin 关于市场化托宾税的构想。此外,若直接将托宾税设置为零,即 $tax_t^{DCol} = 0$,则模型将变为资本完全自由流动的情形。

由此,根据托宾税征收方式的不同可以得到7种规则,即时变形式的存量税、固定形式的存量税、时变形式的单向税、固定形式的单向税、时变形式的双向税、固定形式的双向税以及无托宾税。表1总结了这7种规则的形式。

表1 基于不同托宾税的7种规则

1. 时变形式的存量税	3. 时变形式的单向税	5. 时变形式的双向税	
$tax_t^D e_t d_t$	$taxsub_t^D e_t \left(d_t - \frac{d_{t-1}}{\pi_t^*}\right)$	$taxboth_t^D e_t \left(d_t - \frac{d_{t-1}}{\pi_t^*}\right)^2$	
2. 固定形式的存量税	4. 固定形式的单向税	6. 固定形式的双向税	7. 无税
$tax^D e_t d_t$	$taxsub^D e_t \left(d_t - \frac{d_{t-1}}{\pi_t^*}\right)$	$taxboth^D e_t \left(d_t - \frac{d_{t-1}}{\pi_t^*}\right)^2$	0

---

[1] 具体到模型中,时变形式的托宾税带有时间下标 t,在模型中是以内生变量的形式存在,故其会随模型动态变化;而固定形式的托宾税则是以参数形式存在,其数值是一个固定值,且与前者的稳态值相同。

表1中每一列都对应着相同的征税形式,不同之处仅在于所征收的托宾税是以一个固定的税率还是每期时变的税率,因此对于每一列而言,相比上方的征收方式,位于下方的征收方式受到政府相机干预的程度相对较低。此外,表中的存量税规则由于是对每一期国内居民所持有的国外债务存量征税,因此相比单向税和双向税这两种对债务流量征税的规则而言,其资本管制的程度最高。而表中右下方的第7种模型(无税)为不存在任何程度的资本管制即资本完全自由流动的情形。

在后文的描述及分析中,本文将以第1种即时变形式的存量税为基准模型,之后对以上全部7种情况进行考察,并对结果进行比较分析。

三 模型描述

本文在参考 Escude(2014)的小国模型的基础上,使用一个包含有托宾税的 DSGE 模型对我国托宾税制度设计进行了探讨。虽然中国本身是一个大国,但对于整个世界而言,可以在某种程度上看作是一个"小国"(唐琳等,2016)。模型由家庭部门、最终品厂商、中间品厂商、出口厂商、政府、中央银行等六个主要部门组成。

1. 家庭部门

假设家庭可以通过国际资本市场进行借贷,而国外投资者会对本国的借款在无风险利率 i_t^* 的基础上要求一个风险溢价,由于我们仅关注本国情况,因此可以假设无风险利率 i_t^* 为外生,同时选择一个随机且时变的外生变量 ϕ_t^* (其度量外汇市场风险)和一个内生变量 $\tau_D(\cdot)$ (其度量本国承受风险能力的倒数),两者的共同作用体现风险溢价。代表性家庭所面临的国外利率为:

$$1+i_t^D=(1+i_t^*)\phi_t^*\tau_D(\gamma_t^D,\gamma_t^R) \tag{1}$$

其中 $\tau_D(\gamma_t^D,\gamma_t^R)=1+\bar{\tau}_D>1$,且有 $\tau'_{D,P}>0, \tau''_{D,P}>0, \tau'_{D,R}<0$。$\gamma_t^P$ 和 γ_t^R 分别为国外债务和央行外汇储备对 GDP 的比率,即:

$$\gamma_t^D=\frac{S_tD_t}{P_ty_t}=\frac{e_td_t}{y_t},\gamma_t^R=\frac{S_tR_t}{P_ty_t}=\frac{e_tr_t}{y_t}$$

S_t 表示名义汇率,P_t 和 P_t^* 分别为国内和国外价格指数,y_t 表示实际 GDP,d_t 和 r_t 分别为实际国外债务和实际央行外汇储备:

$$d_t=\frac{D_t}{P_t^*},r_t=\frac{R_t}{P_t^*}$$

假设经济中存在有无穷多个无限期存在的同质家庭,在每期,代表性家庭在预算约束下对消费 c_t、劳动率 N_t、持有现金 m_t、持有债券 b_t 和国外债务 d_t 进行选择，并解决如下一个效用最大化问题：

$$\max_{\{C_t, m_t, b_t, d_t, N_t\}} E_t \sum_{t=0}^{\infty} \beta^t \left\{ \frac{c_t^{1-\sigma^C}}{1-\sigma^C} - \xi \frac{N_t^{1+\sigma^N}}{1+\sigma^N} \right\}$$

$$\text{s.t.} \ \tau_M(\gamma_t^M) p_t^C c_t + m_t + b_t - e_t d_t = w_t N_t + \frac{\Pi_t}{P_t} - tax_t - tax_t^{DCol} + \frac{m_{t-1}}{\pi_t} + (1+i_{t-1})\frac{b_{t-1}}{\pi_t} - (1+i_{t-1}^*)\phi_{t-1}^* \tau_D(\gamma_{t-1}^D, \gamma_{t-1}^R) e_t \frac{d_{t-1}}{\pi_t^*}$$

其中 σ^C 和 σ^N 分别为消费和劳动的常相对风险规避系数，β 为贴现因子，ξ 为权重系数，P_t^C 为消费品价格，W_t 为名义工资率，Π_t 是家庭所拥有厂商的名义利润分配，Tax_t 是名义一次性总付税（或转移支付）。i_t 和 i_t^D 分别表示国内债券和国外借贷的利率。通过向模型中引入一个衡量交易成本的变量 $\tau_M(\gamma_t^M)$，使得家庭具有持有现金的动机，其中 γ_t^M 为现金对消费的比率，其形式为：

$$\gamma_t^M = \frac{M_t}{P_t^C c_t} = \frac{m_t}{p_t^C c_t}$$

其中 $\tau_M' < 0, \tau_M'' > 0, \tau_M = 1 + \bar{\tau}_M > 1$，即家庭可以通过持有现金 M_t 减少消费的交易成本 $\bar{\tau}_M P_t^C c_t$。参考 Escude(2014)，我们将 τ_D 和 τ_M 的具体形式设定为：

$$\tau_t^D = 1 + \frac{\alpha_1}{1-\alpha_2 \gamma_t^D + \alpha_3 \gamma_t^R}, \ \tau_t^M = 1 + \frac{\beta_1}{(1+\beta_2 \gamma_t^M)^{\beta_3}}$$

其中 α_1、β_1 等均为 τ_D 和 τ_M 的结构参数，上述形式保证了 $\tau_{D,t}^{\prime P} > 0$，$\tau_{D,t}^{\prime\prime P} > 0, \tau_{D,t}^{\prime R} < 0, \tau_M^{\prime} < 0, \tau_M^{\prime\prime} > 0$ 的性质。将 $\tau_D(\gamma_t^D, \gamma_t^R)$ 和 $\tau_M(\gamma_t^M)$ 的偏弹性分别记作：

$$\varepsilon_{\bar{\tau}_D, 1, t} = \frac{\alpha_2 \gamma_t^D}{1-\alpha_2 \gamma_t^D + \alpha_3 \gamma_t^R}, \ \varepsilon_{\bar{\tau}_D, 2, t} = \frac{-\alpha_3 \gamma_t^R}{1-\alpha_2 \gamma_t^D + \alpha_3 \gamma_t^R}, \ \varepsilon_{\bar{\tau}_M, t} = \beta_3 \frac{\beta_2 \gamma_t^M}{1+\beta_2 \gamma_t^M}$$

从上述非线性的结构中可以看出，参数 α_2、α_3、β_2 和 β_3 的数值大小分别决定了 γ_t^D、γ_t^R、γ_t^M 对于承受风险能力的倒数 τ_t^D 以及交易成本 τ_M 的边际影响程度，而 α_1、β_1 的大小则主要影响两者的水平值，通过这种方式，上述参数共同决定了 τ_t^D 和 τ_M 的大小，而在后文参数校准中，我们实际校准的是 $\varepsilon_{\bar{\tau}_D, 1, t}$ 和 $\varepsilon_{\bar{\tau}_D, 2, t}$。最后，以实际量表示的家庭部门最优化问题一阶条件为：

$$c_t^{-\sigma^C} = \lambda_t p_t^C \varphi_M \left(\frac{m_t}{p_t^C c_t} \right) \tag{2}$$

$$\lambda_t \left[1 + \tau_M' \left(\frac{m_t}{p_t^C c_t} \right) \right] = \beta E_t \left(\frac{\lambda_{t+1}}{\pi_{t+1}} \right) \tag{3}$$

$$\lambda_t = \beta(1+i_t)E_t\left(\frac{\lambda_{t+1}}{\pi_{t+1}}\right) \tag{4}$$

$$\xi N_t^{\sigma^N} = \lambda_t w_t \tag{5}$$

$$\lambda_t(1-tax_t^D)e_t = \beta(1+i_t^*)\phi_t^* E_t\left\{\frac{\lambda_{t+1}e_{t+1}}{\pi_{t+1}^*}\left[\varphi_D\left(\frac{e_t d_t}{Y_t},\frac{e_t r_t}{Y_t}\right)\right]\right\} \tag{6}$$

家庭的消费 c_t 则定义为国内消费品 c_t^D 和进口消费品 c_t^N 加总的 CES 函数,即:

$$c_t = \left(a_D^{\frac{1}{\mathscr{E}}}(c_t^D)^{\frac{\mathscr{E}-1}{\mathscr{E}}} + a_N^{\frac{1}{\mathscr{E}}}(c_t^N)^{\frac{\mathscr{E}-1}{\mathscr{E}}}\right)^{\frac{\mathscr{E}}{\mathscr{E}-1}}, a_D + a_N = 1 \tag{7}$$

其中 $\mathscr{E} \geqslant 0$ 是国内消费品和进口消费品之间的替代弹性, a_D 和 $a_N = 1 - a_D$ 分别表示国内消费品和进口消费品在总消费支出中的比例。

2. 最终品厂商

完全竞争的最终品厂商将中间品 $q_t(i)$ 作为投入,并使用如下一个 CES 技术的生产函数进行生产:

$$q_t = \left(\int_0^1 q_t(i)^{\frac{\theta-1}{\theta}}\mathrm{d}i\right)^{\frac{\theta}{\theta-1}}, \theta > 1 \tag{8}$$

上式中 θ 是不同中间品间的替代弹性。在每期,最终品厂商所面临的利润最大化问题为:

$$\max_{Q_t(i)} P_t\left(\int_0^1 q_t(i)^{\frac{\theta-1}{\theta}}\mathrm{d}i\right)^{\frac{\theta}{\theta-1}} - \int_0^1 P_t(i)q_t(i)\mathrm{d}i \tag{9}$$

由一阶条件可以得到,最终品厂商对每种中间品的需求为:

$$q_t(i) = q_t\left(\frac{P_t(i)}{P_t}\right)^{-\theta}$$

将其代回到生产函数中,可得最终品定价方程:

$$P_t = \left(\int_0^1 P_t(i)^{1-\theta}\mathrm{d}i\right)^{\frac{1}{1-\theta}} \tag{10}$$

因为最终品市场是完全竞争的,且生产函数为规模报酬不变,因此最终品厂商的利润为零,可以得到:

$$\int_0^1 P_t(i)q_t(i)\mathrm{d}i = P_t q_t \tag{11}$$

3. 中间品厂商

假定一系列垄断竞争的中间品厂商利用同质的劳动作为唯一投入要素进行生产,其生产函数为 $q_t(i) = \varepsilon_t N_t(i)$,之后将所得中间品出售给最终品厂商。

中间品厂商依照 Calvo 规则制定价格,每期能够自行调整价格的厂商比例为 $(1-\alpha)$,而其余 α 比例的厂商只能沿用上一期价格。能够在第 t 期调整价格的中间品厂商所面临的跨期最优化问题为:

$$\max_{P_t(i)} E_t \sum_{j=0}^{\infty} \alpha^j \Lambda_{t,t+j} q_{t+j}(i) \left\{ \frac{P_t(i)}{P_{t+j}} - mc_{t+j} \right\}$$

$$\text{s.t.} \quad q_{t+j}(i) = q_{t+j} \left(\frac{P_t(i)}{P_{t+j}} \right)^{-\theta}$$

$\Lambda_{t,t+j}$ 是国内厂商的随机贴现因子或定价核,根据一般均衡的资产定价理论,随机贴现因子是(国内产品)消费的跨期边际替代率,即 $\Lambda_{t,t+j} = \beta \frac{U_{C^D,t+j}}{U_{C^D,t}}$。$mc_t = w_t/\varepsilon_t$ 是中间品厂商的实际边际成本,其可以由成本函数 $W_t N_t(i) = (W_t/\varepsilon_t) q_t(i)$ 得到。中间品厂商的劳动需求为 $N_t^D = \frac{q_t}{\varepsilon_t} \Delta_t$,其中 $\Delta_t = \int_0^1 \left(\frac{P_t(i)}{P_t} \right)^{-\theta} di$ 为价格分散。

根据 Calvo 规则,每期能够自行定价的厂商均会选择相同的价格水平 $\widetilde{P}_t$,而在第 t 期无法调整价格的厂商则选择沿用上一期价格 P_{t-1},此外由前文已得到的最终品定价方程,结合三者最终可以得到如下形式的价格水平演变过程:

$$P_t^{1-\theta} = \alpha P_{t-1}^{1-\theta} + (1-\alpha) \widetilde{P}_t^{1-\theta} \tag{12}$$

由上式可以最终得到新凯恩斯菲利普斯方程(变量上标符号代表对数差分):

$$\hat{\pi}_t = \frac{(1-\beta\alpha)(1-\alpha)}{\alpha} \hat{mc}_t + \beta E_t \hat{\pi}_{t+1} \tag{13}$$

4. 出口品厂商

假定出口厂商被动接受要素和产品市场价格,并在国际市场上以国外货币表示的价格 P_t^{*X} 出售其产品,以本国货币表示的初级商品的价格为外生的国际价格和名义汇率相乘所得,即 $S_t P_t^{*X}$。出口厂商的生产函数为:$x_t^* = (q_t^X)^{b^A} y_t^{1-b^A}$,其中 x_t^* 是出口商品,q_t^X 是国内商品中被出口厂商当作投入品的部分,b^A 为用于出口品生产的商品比例,出口厂商的利润为 $S_t P_t^{*X} x_t^* - P_t q_t^X$。出口厂商最大化如下一个目标函数:

$$\frac{\Pi_t^X}{P_t} = e_t p_t^* (q_t^X)^{b^A} y_t^{1-b^A} - q_t^X \tag{14}$$

本国的对外贸易条件为 $p_t^* = P_t^{*X}/P_t^*$,从而可以得到 $p_t^*/p_{t-1}^* = \pi_t^{*X}/$

π_t^*。由利润最大化的一阶条件可以得到出口厂商对于作为生产要素的本国商品的需求：

$$q_t^X = (b^A e_t p_t^*)^{\frac{1}{1-b^A}} y_t \tag{15}$$

结合此式与出口厂商生产函数方程以及对外贸易条件方程，可以得到出口商品的国内实际价值：

$$x_t = \frac{S_t P_t^{*X} X_t^*}{P_t} = e_t p_t^* x_t^* = (b^A)^{\frac{b^A}{1-b^A}} (e_t p_t^*)^{\frac{1}{1-b^A}} y_t \tag{16}$$

5. 公共部门

模型中的公共部门由政府和中央银行组成。中央银行发放现金 M_t 和本国货币债券 B_t，并且持有以国外货币计价的无风险债券作为外汇储备 R_t。此外，假设央行没有政策施行成本，同时本国债券只会被本国家庭部门持有，中央银行的预算约束为：

$$M_t + B_t - S_t R_t = M_{t-1} + (1+i_{t-1})B_{t-1} - (1+i_{t-1}^*)S_t R_{t-1}$$
$$= [M_{t-1} + B_{t-1} - S_{t-1} R_{t-1}] - QF_t \tag{17}$$

其中 QF_t 是中央银行的准财政盈余，由三部分构成：外汇储备的利息收入，外汇储备的资本收入，再减去为所发行债券所付的利息，即 $QF_t = i_{t-1}^* S_t R_{t-1} + (S_t - S_{t-1})R_{t-1} - i_{t-1}B_{t-1}$。记 $S_t/S_{t-1} = \delta_t$，表示本国货币的名义贬值率或名义汇率的环比变化，这也是模型中衡量汇率波动的重要变量，其偏离稳态的程度越高表明汇率波动的程度越大。假设在每期央行会将准财政盈余（或赤字）转移给政府，在此假定每期央行的净财富恒为零，即 $M_t + B_t - S_t R_t = 0$，进而得到中央银行实际资产负债方程：

$$m_t + b_t - e_t r_t = 0 \tag{18}$$

假设政府支出与私人消费支出的比例为 $\bar{G}_t$，并定义总政府支出比例为 $G_t = 1 + \bar{G}_t$，此处 $\bar{G}_t$ 是一个内生变量。假定政府消费与家庭部门消费具有相同的交易成本，则实际 GDP 可以表示为：

$$y_t = G_t \tau_M(\gamma_t^M) p_t^C c_t + x_t - (1-a_D)e_t^{1-\theta} G_t \tau_M(\gamma_t^M)(p_t^C)^\theta c_t \tag{19}$$

国内产品市场的资源约束为：

$$q_t = a_D G_t \tau_M(\gamma_t^M)(p_t^C)^\theta c_t + q_t^X = y_t - (1-b^A)x_t \tag{20}$$

政府将支出用于购买产品，接受来自央行的准财政盈余（或赤字），并且征收赋税。其预算约束为：

$$\bar{G}_t \tau_M(\gamma_t^M) p_t^C C_t = tax_t + qf_t + tax_t^{DCol} \tag{21}$$

其中，tax_t 为实际税收，qf_t 为中央银行的实际准财政盈余（或赤字），其

包含两个部分:央行资产的利息收入和国际外汇储备的增加(或损失):

$$qf_t = \left[(1+i^*_{t-1}) - \frac{1}{\delta_t}\right]\frac{e_t r_{t-1}}{\pi^*_t} - \left[(1+i_{t-1}) - 1\right]\frac{b_{t-1}}{\pi_t} \tag{22}$$

将央行、政府、家庭的预算约束联立,进而得到国际收支平衡方程:

$$r_t - d_t = CA_t + r_{t-1} - d_{t-1} \tag{23}$$

其中 CA_t 表示经常账户余额,另外用 TB_t 表示贸易差额,即:

$$CA_t = \left(\frac{1+i^*_{t-1}}{\pi^*_t} - 1\right)r_{t-1} - \left[\frac{1+i^*_{t-1}}{\pi^*_t}\phi^*_{t-1}\tau_D\left(\frac{e_{t-1}d_{t-1}}{y_{t-1}}\right) - 1\right]d_{t-1} + TB_t \tag{24}$$

$$TB_t = \frac{1}{e_t}(x_t - e_t G_t \tau_M(\gamma^M_t) c^N_t) \tag{25}$$

6. 货币政策、汇率政策与托宾税制度

根据"三元悖论"原则,央行或政府部门在开展相关政策时必须在汇率的稳定性、货币政策的独立性和资本的自由流动三者之间做出一定权衡。结合我国的实际情况,本文假设央行可以在有约束的条件下同时对货币市场和外汇市场进行干预,同时政府以征收托宾税的方式实行有限的资本管制,即在一个相对独立的货币政策的前提下,使用有管理的浮动汇率制度辅以托宾税制度。具体地,我们假设三种制度均遵从类似泰勒规则的简单规则①:

$$\frac{1+i_t}{1+i} = \left(\frac{1+i_{t-1}}{1+i}\right)^{h0}\left(\frac{\pi^C_t}{\pi^T}\right)^{h1}\left(\frac{y_t}{y}\right)^{h2}\left(\frac{e_t}{e}\right)^{h3} \tag{26}$$

$$\frac{1+\delta_t}{1+\delta} = \left(\frac{1+\delta_{t-1}}{1+\delta}\right)^{k0}\left(\frac{\pi^C_t}{\pi^T}\right)^{k1}\left(\frac{y_t}{y}\right)^{k2}\left(\frac{e_t}{e}\right)^{k3}\left(\frac{\gamma^R_t}{\gamma^R}\right)^{k4} \tag{27}$$

$$\frac{tax^D_t}{tax^D} = \left(\frac{tax^D_{t-1}}{tax^D}\right)^{j0}\left(\frac{\pi^C_t}{\pi^T}\right)^{j1}\left(\frac{y_t}{y}\right)^{j2}\left(\frac{e_t}{e}\right)^{j3}\left(\frac{\phi^*_t}{\phi^*}\right)^{j4} \tag{28}$$

可以看出,政府部门在制定政策时会兼顾通胀目标、增长目标和汇率目标,通过这种方式,模型可以体现出"三元悖论"原则下三种政策之间的约束和权衡。措施的具体效果则以模型中的参数设置为准。

七、外生冲击

模型中的外生冲击均假设为简单的 AR(1) 过程。对于进口和出口商品的通胀率,假设两者可以通过对外贸易条件互相影响,具体地,假设对外贸易条件冲击方程:

---

① 当采用时变形式的托宾税规则时,其形式如式(28)所示;当采用固定形式的托宾税规则时,则采取 $tax^D_t = tax^D$ 的形式,使其恒等于一固定值(稳态值)。

$$\pi_t^{*X} = (\pi_{t-1}^{*X})^{\rho^{\pi*X}} (\pi^{*X})^{1-\rho^{\pi*X}} (p_{t-1}^*)^{\alpha_{\pi*X}} e^{\sigma^{\pi*X} \varepsilon_t^{\pi*X}} \qquad (29)$$

$$\pi_t^* = (\pi_{t-1}^*)^{\rho^{\pi*}} (\pi^*)^{1-\rho^{\pi*}} (p_{t-1}^*)^{\alpha_{\pi*}} e^{\sigma^{\pi*} \varepsilon_t^{\pi*}} \qquad (30)$$

$$p_t^* = p_{t-1}^* \frac{\pi_t^{*X}}{(\pi_t^*)^{\beta_{\pi^*}}} \qquad (31)$$

上式也表明,两个价格指数存在协整关系,借此可以通过构建误差修正模型来对方程中的参数进行估计。除了进出口价格的冲击之外,模型中还存在全行业生产冲击、政府支出冲击、国外利率冲击以及外汇交易风险冲击等其余4个外生冲击:

$$\varepsilon_t = (\varepsilon_{t-1})^{\rho^\varepsilon} e^{\sigma^\varepsilon \varepsilon_t^\varepsilon} \qquad (32)$$

$$G_t = (G_{t-1})^{\rho^G} G^{1-\rho^G} e^{\sigma^G \varepsilon_t^G} \qquad (33)$$

$$1 + i_t^* = (1 + i_{t-1}^*)^{\rho^{i*}} (1 + i^*)^{1-\rho^{i*}} e^{\sigma^{i*} \varepsilon_t^{i*}} \qquad (34)$$

$$\phi_t^* = (\varphi_{t-1}^*)^{\rho^{\phi*}} (\phi^*)^{1-\rho^{\phi*}} e^{\sigma^{\phi*} \varepsilon_t^{\phi*}} \qquad (35)$$

四 参数设定

本文根据不同的托宾税规则将模型分成了7种情况,为了使规则之间可以进行比较,需要保证各模型结构参数的一致性。本文首先使用贝叶斯方法对基准模型的参数进行估计,之后将估计结果统一应用到7个规则之中。

首先我们对文中部分参数进行校准:本文按照惯例将家庭的跨期贴现因子 β 设定为0.99,其可以对应4%的年存款利率;同时将消费和劳动的常相对风险厌恶系数 σ^C 和 σ^N 分别设定为2和1;参考刘斌(2008)将稳态时外汇市场风险 ϕ^* 设定为 $1.01^{\wedge}0.25$,参考康立和龚六堂(2014)将 a_D 校准为0.5;参考唐琳等(2016)将国内商品替代弹性 θ 设定为6;参考 Escude(2013)将 $\beta_2, \varepsilon_{\tau_{D,2}}$ 和 b^A 分别设定为160,0和0.5,并将稳态时国外利率 $1+i^*$ 设定为 $1.03^{\wedge}0.25$;参考黄赜琳(2005)的方法,将劳动率设定为0.567;根据近年的政府工作报告,将稳态目标通胀率设定为 $1.03^{\wedge}0.25$,即对应每年3%的通货膨胀率。此外,本文利用对中国2005年至2017年之间数据的分析(数据均来自wind数据库),对模型稳态计算中所需的一些重要稳态值也进行了校准,具体的校准结果如表2所示。

表 2　主要参数及稳态值的校准

参数	定义	校准值
β	跨期贴现因子	0.99
θ	国内商品替代弹性	6
σ^C	消费的常相对风险厌恶系数	2
σ^N	劳动的常相对风险厌恶系数	1
a_D	家庭消费中国内商品的比例	0.5
b^A	用于生产的商品比例	0.5
$\varepsilon_{\bar{\tau}_{D,2}}$	$\bar{\tau}_D$ 关于外汇储备占比的偏弹性	0
β_3	度量交易成本的参数	160
$\bar{N}$	稳态时的劳动率	0.567
π^T	目标通胀率	$1.03^{\wedge}0.25$
γ^D	稳态时国外债务对 GDP 之比	0.408
γ^R	稳态时央行外汇储备对 GDP 之比	1.448
γ^M	稳态时现金与消费之比	2.939
ϕ^*	稳态时外汇市场风险	$1.01^{\wedge}0.25$
$1+i^*$	稳态时国外利率	$1.03^{\wedge}0.25$
$\bar{G}$	稳态时政府对私人消费支出之比	0.362

由于模型中共有 6 个外生冲击,为满足模型的可识别约束,要求所选取的可观测变量数目最多不能超过外生冲击的数目,否则将会导致估计的随机奇异性问题。本文选取我国的 GDP、通货膨胀、名义贬值率(即名义汇率的环比变化)、国外的通货膨胀率、国外利率这 5 个变量作为可观测变量。其中,由于美国对世界经济的影响以及美元在全球货币中的主导地位,同时美国的货币政策对我国存在有较为明显的溢出效应,因此本文的国外数据均使用美国数据进行替代,这也是小型开放模型在校准参数时的通常做法。

本文可观测变量所选用的数据均来自 wind 数据库及 CEI 数据库,数据区间为 2005 年第 3 季度至 2017 年第 4 季度,同时对数据进行如下处理:对我国的 GDP 数据取自然对数,之后使用 X12 季节调整方法滤去其季节波动部分,并使用单向 HP 滤波消除其长期趋势,从而得到平稳的 GDP 时间序列;选取美元兑人民币中间价的季度数据作为名义汇率,并做环比运算,从而在得到我国货币名义贬值率数据的同时也消除了长期趋势的影响;选取我国和美国的消费者价格指数(CPI)分别作为我国和外国的通货膨胀率,数据均由 CPI 月度环比数据通过乘法运算调整为季度数据,并使用 X12 方法对其进行季节调整;国外利率则选用美国联邦基金利率的季度数据,由于其一般不受季节因素影响,所以本文未对其做进一步处理。参数的先验值通过数据样本的数字特征或按照经验给出,其中,对于对外贸易条件方程中的参数,本文使用误差修正模型进行估计,并将估计结果作为贝叶斯估计的先验值。表3给出了全部待估参数的先验分布以及估计结果。

表3 参数的先验分布及贝叶斯估计结果

参数	定义	先验分布	后验分布 均值	后验分布 置信区间
h_0	货币政策利率调整惯性项	beta[0.5,0.1]	0.2700	[0.1773,0.3554]
h_1	利率对通胀的弹性	beta[0.5,0.1]	0.2823	[0.1776,0.3702]
h_2	利率对产出的弹性	beta[0.5,0.1]	0.0980	[0.0706,0.1244]
h_3	利率对实际汇率的弹性	beta[0.5,0.1]	0.5926	[0.4851,0.7029]
k_0	汇率政策名义汇率调整惯性项	beta[0.5,0.1]	0.4738	[0.3054,0.6303]
k_1	名义汇率对通胀的弹性	beta[0.5,0.1]	0.5033	[0.3512,0.6550]
k_2	名义汇率对产出的弹性	beta[0.5,0.1]	0.3424	[0.2098,0.4723]
k_3	名义汇率对实际汇率的弹性	beta[0.5,0.1]	0.4995	[0.3210,0.6856]
k_4	名义汇率对外汇储备率的弹性	beta[0.5,0.1]	0.5584	[0.4224,0.7208]
j_0	托宾税的调整惯性项	beta[0.5,0.1]	0.6100	[0.4541,0.7878]
j_1	托宾税对通胀的弹性	beta[0.5,0.1]	0.5067	[0.3516,0.6743]
j_2	托宾税对产出的弹性	beta[0.5,0.1]	0.4904	[0.3175,0.6516]
j_3	托宾税对实际汇率的弹性	beta[0.5,0.1]	0.5058	[0.3471,0.6666]
j_4	托宾税对外汇市场风险的弹性	beta[0.5,0.1]	0.5367	[0.3846,0.7082]
α	价格粘性系数	beta[0.66,0.1]	0.8265	[0.7843,0.8647]
θ	国内商品对进口商品替代弹性	Gamma[1.5,0.1]	1.3653	[1.2093,1.5038]
$\varepsilon_{\bar{\tau}_D,1}$	$\bar{\tau}_D$ 关于国外债务占比的偏弹性	Gamma[10,1]	9.9698	[8.2544,11.4868]
$\rho^{\pi*X}$	出口商品通货膨胀的持续性	N[−0.072,0.01]	−.0710	[−.0872,−.0542]
$\rho^{\pi*}$	进口商品通货膨胀的持续性	N[0.912,0.01]	0.9083	[0.8918,0.9248]
$\alpha_{\pi*X}$	出口商品通胀误差修正速度	N[0.266,0.01]	0.2621	[0.2467,0.2776]
$\alpha_{\pi*}$	进口商品通胀误差修正速度	N[0.556,0.01]	0.5478	[0.5320,0.5632]
$\rho^{\pi*XN}$	进口—出口商品跨期通胀影响系数	N[−0.061,0.01]	−.0674	[−.0824,−.0511]
ρ^f	技术冲击 AR(1)系数	beta[0.8,0.1]	0.9956	[0.9925,0.9987]
ρ^G	政府支出冲击 AR(1)系数	beta[0.85,0.1]	0.8485	[0.6997,0.9966]

(续表)

参数	定义	先验分布	后验分布	
			均值	置信区间
ρ^{i*}	国外利率冲击AR(1)系数	beta[0.7,0.1]	0.909 5	[0.878 0,0.937 8]
$\rho^{\phi*}$	外汇市场风险冲击AR(1)系数	beta[0.3,0.1]	0.637 4	[0.532 8,0.746 6]
eps_ε	技术冲击的标准差	Inv_G[0.010,Inf]	0.109 8	[0.085 5,0.138 0]
eps_G	政府支出冲击的标准差	Inv_G[0.006,Inf]	0.056 1	[0.038 6,0.068 0]
eps_i^*	国外利率冲击的标准差	Inv_G[0.018,Inf]	0.003 4	[0.002 8,0.004 0]
eps_ϕ^*	外汇市场风险冲击的标准差	Inv_G[0.050,Inf]	0.008 3	[0.005 8,0.010 7]
eps_π^*	进口商品价格冲击的标准差	Inv_G[0.062,Inf]	0.094 4	[0.076 3,0.111 9]
eps_π^{*X}	出口商品价格冲击的标准差	Inv_G[0.026,Inf]	0.030 9	[0.025 4,0.036 1]

通过对估计后的参数进行分析,可以得到我国经济状态的一些基本特征。从表3中可以看到,货币政策利率对通胀和汇率的弹性分别为0.282 3和0.592 6,远高于其对产出的弹性0.098 0,这说明相比产出,物价与汇率的双重稳定是时间序列区间内我国货币政策的首要目标。而对于汇率政策而言,名义汇率变化对外汇储备率弹性的数值相对更高,这说明汇率政策与外汇储备率之间存在较高的关联度,而汇率政策的惯性调整项表明我国汇率政策的实施具有一定的连续性,这与现阶段我国更多地侧重使用外汇储备进行汇率调节、实行有管理的浮动汇率制度的现状比较吻合。注意到,托宾税政策的相关参数的后验值与我们给定的先验值较为接近,其原因可能是现阶段我国还未明确实施托宾税相关政策,因此其估计更依赖于我们的先验给定,但这并不会影响我们后文的主要结论。此外,国内商品对进口商品替代弹性 θ^c 大于1,说明国内外商品间存在有替代关系,这意味着随着生产技术和产品质量的不断提升,我国的国产商品在一定程度上已经可以替代进口产品。限于文章篇幅,且由于本文主要的关注点在于托宾税相关的政策,此处对其余参数不再赘述。

五 托宾税对我国汇率稳定效果的模拟分析

本文根据不同的托宾税征收方式,分为 7 种情况进行讨论。它们之间除了托宾税规则方程以及包含托宾税变量的方程之外,其余的方程完全相同,因而模型所得结果的不同可以认为是托宾税形式的不同所导致的。此外,本文在对上述模型进行校准时使用了完全相同的参数,从而保证了模型相互之间可以进行数值比较。

在前文已经说明过,$\delta_t = S_t / S_{t-1}$ 是度量汇率波动的重要变量,其偏离稳态的程度越大,则说明汇率的波动程度越大。由于各模型 δ_t 的稳态值并不完全一致,因此可以通过比较各模型中 δ_t 变异系数(C_v)的大小,来考察不同托宾税下汇率的波动情况。

表 4 各模型中 δ_t 的变异系数

	1. 时变形式的存量税	3. 时变形式的单向税	5. 时变形式的双向税	
C_v	0.253 7	0.568 3	0.206 4	
%	——(4)	123.98%(7)	−18.65%(1)	
	2. 固定形式的存量税	4. 固定形式的单向税	6. 固定形式的双向税	7. 无税
C_v	0.217 5	0.524 5	0.206 4	0.333 2
%	−14.28%(3)	106.73%(6)	−18.65%(1)	31.34%(5)

注:表中数据为作者根据数值模拟结果计算得到。

表 4 给出了各模型中 δ_t 的变异系数。此外,在变异系数数值的下方还给出了相对于基准模型的偏离程度,其值为正说明相比于基准模型,δ_t 的变异系数更大,值为负则说明变异系数更小。因此其值越小说明汇率波动的幅度越小、托宾税的效果越好。括号中的数字则给出了各模型的优劣次序,即,固定形式的双向税=时变形式的双向税>固定形式的存量税>时变形式的存量税>无税>固定形式的单向税>时变形式的单向税。两种双向税的效果最好,两种单向税最差,而无税和存量税则介于两者之间。

在第二部分描述模型的过程中已经提到过,上表中第二行的托宾税规则受到政府干预的程度要小于第一行的规则,从模拟结果来看,位于第二行的托宾税规则普遍要优于各自对应的第一行的规则,这说明,理想的托宾税规则应当尽量减少政府干预,其原因可能是政府的过分干预会对市场中的价格发现机制形成破坏、降低流动性,从而使汇率波动加剧。其次,对于上表中管制最严格的时变存量税(规则 1)以及资本完全自由流动的无托宾税(规则 7),其模拟的结果均处于中间水平,不难看出,严格的资本管制和资本完全自由流动在抑制汇率波动方面均不是最优解，最优的政策应是介于两者之间——这也在一定程度上佐证了部分学者所认为的"三元悖论"中"内部解"要优于"角点解"的结论。然而，选择一个合适的托宾税制度则成为这其中的关键，不同的托宾税规则设计其效果往往差异巨大，这体现在双向税和单向税两种征收了托宾税的规则分别取得了最优、最差两个极端结果。总之，本文的结果表明，就稳定汇率的作用而言，双向税规则是最为理想的规则形式。

图1分别给出了不同托宾税规则下 δ_t 对于外汇市场冲击 ϕ_t^*、国外利率冲击 i_t^* 和国外价格冲击 π_t^* 在40期内的脉冲响应结果。由于同种形式的时变形式的托宾税和固定形式的托宾税（即表4中的同一列之间）得到的脉冲响应结果较为相似，因此下文只按照4种托宾税方案进行区分。

从脉冲响应的结果来看，在三种冲击下存量税和双向税规则的 δ_t 波动幅度要明显小于另两种税制，两者变化趋势也更为平滑，这也与表4中的结果相吻合。具体而言，在国外利率冲击 i_t^* 和国外价格冲击 π_t^* 下，双向税规则抚平汇率波动的能力要优于存量税规则，而在外汇市场冲击 ϕ_t^* 下，存量税规则抚平汇率波动的能力则最强。

上述结果表明：首先，相比于资本完全自由流动的情况而言，作为一种具有资本管制效果的政策，一项设计良好的托宾税规则在经济面临较强的外部风险时确实能够起到抑制汇率波动的效果。其次，我们从图中可以看到，三种冲击下单向税脉冲响应的波动幅度都是最大的，这可能是由单向税规则设置所引起，由于单向税规则是一种单向型资本管制，其对外债增加征税，而在外债减少时进行补贴，当处于顺周期情形时这种机制可能会成为放大汇率波动的因素。第三，从最后一幅图中可以看到，存量税和双向税规则下 δ_t 对外汇市场冲击 ϕ_t^* 的响应与另外两种情况方向相反，由于各种情形下模型其他部分均相同，故这种差异可以看作是托宾税制度的不同所导致的，即上述两种规则存在明显的逆周期性，而这种逆周期性也符合我们对托宾税这一"润滑良好的轮子中的沙子"的传统认知。在汇率市场存在外部风险时，资本管制程度更强的存量税规则抑制汇率波动的能力也明显更强。

虽然在某些情形下存量税规则具有更强的汇率稳定效果，但整体而言双向税规则的表现更加良好，这体现在：在国外利率冲击 i_t^* 和国外价格冲击 π_t^* 下双向税规则的抑制能力更好，同时，在外汇市场冲击 φ_t^* 下双向税规则的逆周期调控能力更强。加之前文对于 δ_t 的变异系数的比较结果，我们认为双向税规则更加合意。

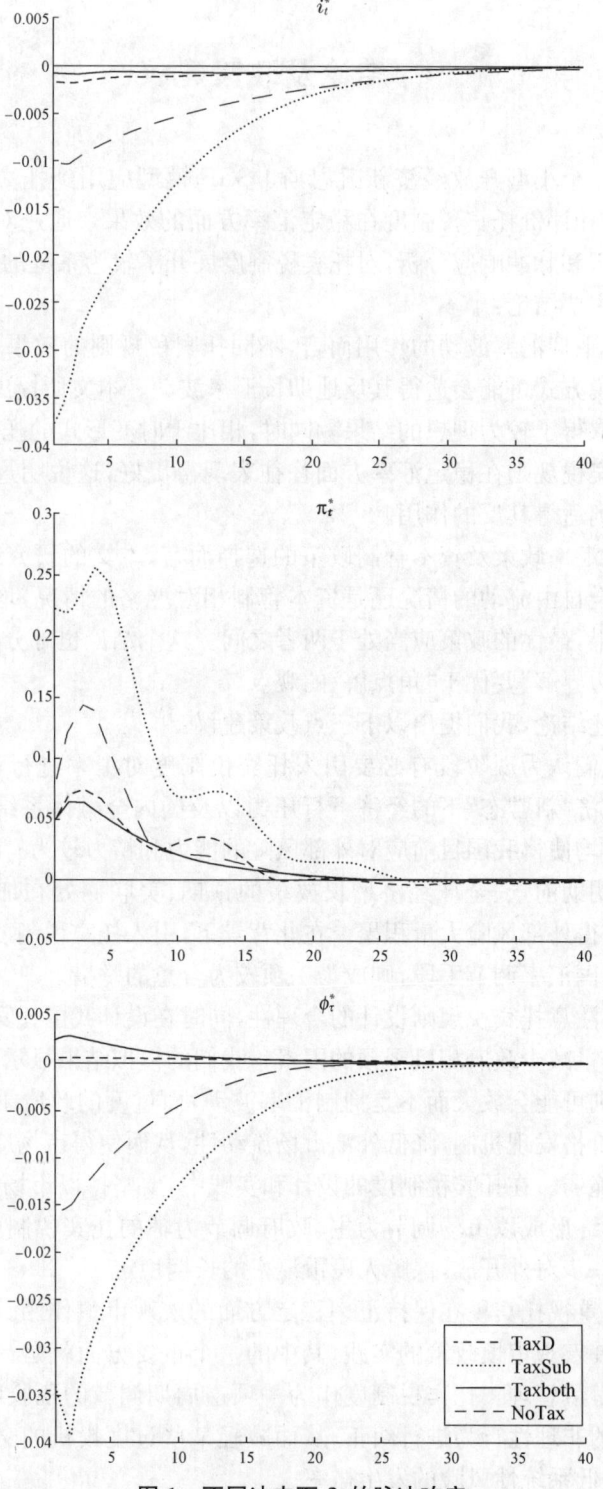

图1 不同冲击下 δ_t 的脉冲响应

六　结论及政策建议

本文将一个小型开放经济新凯恩斯 DSGE 模型应用到托宾税制度的探讨中,以研究和评价托宾税制度在稳定汇率方面的效果。通过对 7 种规则之间的比较分析和脉冲响应分析,对托宾税制度展开了较为系统的考察,并得到了如下两个主要结论:

其一,就平抑汇率波动的作用而言,不同托宾税规则的效果是不同的,一种不佳的征税方式可能会适得其反地助长汇率波动。本文所提出的双向税这种征收方式取得了较为理想的结果。同时,相比于时变形式的托宾税规则,固定形式的托宾税规则在稳定汇率方面往往表现得更好,这说明过度的政府干预可能会起到适得其反的作用。

其二,就汇率政策及资本管制政策的选择而言,本文的研究结果发现,无论是资本完全自由流动的情况还是资本管制相对严格的情况,均无法保证最佳的稳定效果,最优的政策应当处于两者之间。这个结论也部分地验证了"三元悖论"中"边界解"要优于"角点解"的观点。

结合上述结论,我们提出以下三点政策建议:

首先,我们认为现阶段有必要引入托宾税制度对汇率进行市场化管理。当前,中国经济"新常态"下的经济下行压力以及国内金融体系结构调整优化的改革目标,均使得我国目前应对外部风险的能力和精力较为有限,而中美贸易摩擦的不明朗前景、全球经济增长放缓的预期、美联储处在加息周期等因素,则共同使得外部风险大量积聚。在此背景下,引入托宾税制度来应对汇率波动、丰富我国汇率调节手段,则成为一项较为合意的举措。

其次,要注意托宾税规则设计的合理性,同时在设计我国托宾税规则的过程中,应当尽量减少政府相机干预的因素。我们的模拟结果显示,一项不恰当的托宾税规则可能会放大而不是抑制汇率波动,而过度的政府干预可能会破坏市场中的价格发现机制,降低外汇市场流动性,从而使得市场应对外部风险的能力更加脆弱。在托宾税制度的设计和实践中,要坚持以市场为基础,重视预期引导,最终形成以市场调节为主、政府调节为辅的托宾税制度体系,促进金融体系进一步对外开放,保障人民币汇率的长期稳定。

最后,要重视托宾税在保持汇率稳定方面的宏观审慎作用。我国央行目前正积极开展宏观审慎政策的实践,其中的一个重要方面就是针对跨境资本流动的宏观审慎管理。托宾税制度作为一项逆周期调节的税收政策,可以对外汇交易者的非理性行为进行纠正,从而减轻某些过度投机的交易所引起的羊群效应,降低系统性风险的发生概率。

参考文献

[1] Aliber, Z., Chowdhry, B., Yan, S.. Some Evidence That a Tobin Tax on Foreign Exchange Transactions May Increase Volatility[J], European Finance Review, 2003, 7(3): 481-510

[2] Azcona N.. Non-Traded Goods and Real Exchange Rate Volatility in a Two-Country DSGE Model[J]. International Journal of Economics & Finance, 2015, 7(2).

[3] Calvo G A.. Staggered Prices in a Utility-Maximizing Framework[J]. Journal of Monetary Economics, 1983, 12(3): 383-398.

[4] Damette O, Goutte S.. Tobin Tax and Trading Volume Tightening: A Reassessment [J]. Applied Economics, 2015, 47(29): 3124-3141.

[5] Escudé G J.. A DSGE Model for a SOE with Systematic Interest and Foreign Exchange Policy in Which Policymakers Exploit the Risk Premium for Stabilization Purposes[J]. Economics E-Journal, 2013, 7(2013—30): 1139-1144.

[6] Escudé G J.. The Possible Trinity: Optimal Interest Rate, Exchange Rate, and Taxes on Capital Flows in a DSGE Model for a Small Open Economy[J]. Economics E-Journal, 2014, 8(2014—25): 1.

[7] Gandolfo G.. The Tobin Tax in a Continuous-Time Non-Linear Dynamic Model of the Exchange Rate[J]. Cambridge Journal of Economics, 2015, 39(6): bev054.

[8] Habermeier, K., Kirilenko, A. A., Securities Transaction Taxes and Financial Markets. In: Honohan, P. (Ed.). Taxation of Financial Intermediation: Theory and Practice for Emerging Economies[R], 2013, World Bank Publications.

[9] Mannaro, K., Marchesi, M., Setzu, A.. Using an Artificial Financial Market for Assessing the Impact of Tobin-Like Transaction Taxes[J], Journal of Economic Behavior & Organization, 2008, 445-462.

[10] Palley, T. I.. Debating the Tobin Tax: New Rules for Global Finance [M], New Rules for Global Finance Coalition, Washington DC, 2003.

[11] Sarolli, G. D.. Cleaning the Gears: Counter-Cyclical Asset Trading with Financial Transactions Taxes[J], The Quarterly Review of Economics and Finance, 2015, 110-122.

[12] Tobin J.. A Currency Transactions Tax, Why and How[J]. Open Economies Review, 1996, 7(1): 493-499.

[13] Westerhoff, F., Dieci, R.. The Effectiveness of Keynes-Tobin Transaction Taxes When Heterogeneous Agents Can Trade in Different Markets: A Behavioral Finance Approach[J], Journal of Economic Dynamics and Control, 2006, 30: 293-322.

[14] 陈雨露,王玉.中国应当实施托宾税吗？[J].税务研究,2007(11):11-15.

[15] 黄赜琳.中国经济周期特征与财政政策效应——一个基于三部门RBC模型的实证分析[J].经济研究,2005,6:27-39.

[16] 康立,龚六堂.金融摩擦、银行净资产与国际经济危机传导——基于多部门DSGE模型分析[J].经济研究,2014(5):147-159.

[17] 刘斌.我国DSGE模型的开发及在货币政策分析中的应用[J].金融研究,2008(10):1-21.

[18] 孙国峰,孙碧波.人民币均衡汇率测算:基于DSGE模型的实证研究[J].金融研究,2013(8):70-83.
[19] 唐琳,王云清,胡海鸥.开放经济下中国汇率政策的选择——基于Bayesian DSGE模型的分析[J].数量经济技术经济研究,2016(2):113-129.
[20] 王爱俭,冯超.汇率波动、交易规模与托宾税有效性——基于离岸人民币汇率视角的STR模型[J].国际金融研究,2018(3):77-86.
[21] 岳华,顾丽雅.全球金融监管的托宾税视角[J].税务与经济(长春税务学院学报),2006(5):73-77.

论文执行编辑:李剑
论文接收日期:2018年11月27日

Foreign Exchange Rate Stability and Optimal Tobin Tax Rule: Simulation Analysis and Policy Evaluation Based on DSGE Model

Xu Jiang Chengxiao Jin

Abstract: This paper researches on Tobin Tax's effect on decreasing foreign exchange volatility with a NK-DSGE model containing the elements of Tobin Tax and foreign exchange by designing three different Tobin Tax rules under seven conditions. The results suggest that a proper Tobin Tax policy can contribute to resisting external risks of foreign exchange rate while an improper one is just the opposite. We find a well-designed rule should try to diminish government intervention through comparing different effects of Tobin Tax rules. Furthermore, our simulation results partly confirm the conclusion of some scholars that in Impossible Trinity theory, an internal or border policy is more likely better than a corner one. Seen from the outcomes of simulation analysis, neither in the condition of completely free capital flows nor in the strict capital controls can the exchange rate stability effect be optimal. An optimal Tobin Tax policy rule should be somewhere between strict capital controls and completely free capital flows policy.

Key words: Tobin Tax Foreign Exchange Stability NK-DSGE Models Bayesian Estimation

JEL Classification: F31 H21

中国企业隶属行政级别如何激励对外贸易？

汤二子*

【摘　要】 在中国特色经济与政治运行环境中，企业隶属的行政机构级别越高，一般会拥有更大的政治优势与规模优势来增强企业出口能力。仅靠这一逻辑难以建立完备的企业隶属行政级别与贸易开拓间具有直接因果联系的经济理论，因而立足于中国证据的实证研究会对该问题提供经验上的解答。利用2008年《中国工业企业数据库》中制造业样本对企业隶属行政机构级别与出口状况之间的关系进行实证检验，得到的经验证据显示，企业隶属行政机构级别越高，总体上影响企业做出出口决策的原动力越高，而对企业扩大出口贸易量的原动力越低。具体经验证据如下：企业隶属行政机构级别影响出口决策的原动力由强到弱依次为"省＞居委会、村委会＞地区＞街道、镇、乡＞中央＞县"，而影响出口贸易量的原动力由强到弱依次为"居委会、村委会＞街道、镇、乡＞地区＞省＞县＞中央"。

【关键词】 行政机构级别　隶属关系　出口贸易　制造业企业

【JEL分类】 F14

---

① 本文得到江苏省社科基金重大招标项目"江苏解决发展不平衡不充分问题的对策研究"(17ZD006)的资助。

* 汤二子(1988—　)，男，安徽巢湖人，经济学硕士，南京审计大学经济学院助理研究员，研究方向为异质企业理论，Email: tangerzi_nau@126.com。

一 引　言

在中国特色政治与经济运行环境下,多数企业都会隶属于某一行政机构。在《单位隶属关系代码》中,企业隶属关系共分为"中央"、"省"、"市或地区"、"县"、"街道或镇或乡"、"居民或村民委员会"与"其他"等七大种类①。隶属行政机构级别象征着企业所属地位及与之相联系的政治影响。在日常经营与管理中,企业会向各级行政机关申请办理各种事务。在这一过程中,隶属行政机构级别越高的企业一般会具有多种优势,比如审批便利等,从而对于企业经营绩效产生影响。在国民经济中,隶属行政机构级别越高的企业一般更加注重国家治理中的政治与经济导向。各级政府机构对待隶属不同行政级别企业的态度不同,同时地方政府会竭力保护隶属自身的企业。

在经济全球化迅猛发展的当今世界,国际贸易成为各个开放经济体寻求发展的战略之一。在微观企业经营层面,参与出口同样是多数企业寻求发展的一大决策。前沿的异质性企业贸易理论阐述了企业参与出口的决定机制及其影响,认为企业参与出口需要具备经营方面的优势才能弥补进入出口市场的巨额固定成本所带来的冲击,其中是否具有生产率优势是研究的切入点(Melitz,2003)。沿着生产率思路,只要生产性企业在某些活动中获得生产率的提升,那么这些行为对开拓出口贸易就具有积极影响,比如企业创新活动提高生产率进而促进出口(汤二子,2016)。如果挣脱生产率视角的藩篱,企业其他方面的优势也会对出口贸易产生影响,如融资约束等(Chaney,2016)。在中国特色政治与经济环境下,隶属行政机构级别会对企业经营产生各种影响。即使企业生产率保持不变,如果更高隶属关系对企业经营产生了正向作用,那么更高隶属关系就成为企业经营上的优势之一,理应会对企业出口决策产生影响。

企业隶属行政机构级别高低究竟会对出口贸易产生何种影响,暂且没有引起研究者的关注。准确回答这一问题具有理论与现实上的重要意义,在中国特色的政治与经济环境下更是如此。以异质性企业贸易理论为分析框架,本文阐述企业隶属行政机构级别与出口行为之间的关系,同时提出在中国特色情境下的理论拓展。在理论研究之后,本文利用2008年《中国工业企业数据库》中的制造业样本进行实证检验,理清企业隶属不同行政机构影响出口贸易的原动力具有何种差异。

---

① 资料来源 http://www.stats.gov.cn/tjsj/tjbz/200611/t20061123_8661.html(国家统计局设管司)。

二 理论阐述

前沿国际贸易理论通过微观企业视角研究出口的决定机制问题。企业出口并非"免费的午餐",参与出口需要支付相应的沉没成本。出口成本一般分为两类,其一是出口运输成本,其二是出口市场的固定进入成本。出口运输成本受到出口国距离、产品种类以及交通便利等状况的影响,其中Samuelson(1954)提出的"冰山"成本是分析出口运输成本的基本框架。企业出口运输成本可以转嫁到出口目标市场中的商品价格之中,故对企业出口参与决策的影响并不太大。然而,基于调研国外市场结构、市场管理规制以及商品需求特点等形成的出口市场固定进入成本(Roberts和Tybout,1997)是制约企业出口决策的主要障碍,Melitz(2003)构建了异质企业贸易模型,认为只有生产率相对较高的企业才能应对数额巨大的出口固定成本并实现出口盈利,因此得到生产率高的企业出口、生产率低的企业不出口这一推论。企业生产率越高意味着经营规模越大(因为产量更高),从而推导出企业规模也会影响出口决策。马林海和张群群(2014)就指出企业规模越小越倾向于间接出口,而企业规模越大越倾向于直接出口。生产率高或者经营规模大的企业选择出口,体现了企业拥有的某些"能力"的高低影响其选择出口的决策。依据企业出口成本视角,中国本土企业选择从事对外出口贸易,需要通过注册申请以获取进出口经营权。企业在办理进出口经营权时会与很多部门交涉,比如商务局、所在区县国税局与地税局、所属区县管辖海关、出入境检验检疫局、外汇管理局以及海关中国电子口岸等[①]。这种较为繁琐的出口注册程序,使企业进入出口市场支付的固定成本相当巨大。企业隶属行政机构级别越高,其所隶属的行政机构可能是负责办理出口手续相关部门的上级机关,企业会相对容易地获取出口经营权。在中国中央政府鼓励企业参与出口的经济背景下,拥有进出口经营权的生产企业从事出口货物贸易可以享受免、抵、退税等政策优惠。马捷和李飞(2008)指出本国企业会通过政治捐赠而游说政府,以求制定有利于自身经营的政策。对于中国出口退税贸易政策,政府是基于关注本土企业经营盈利状况而制定的,从而具有稳健性。尽管中国不允许利益集团公开对政府制定政策施加外在影响,然而王孝松和谢申祥(2010)认为中国出口退税政策是政府同时兼顾国家利益与其他各种利益相关群体的一种折衷结果,让国家整体利益与利益集团利益交织在一起。在享受出口优惠政策时,企业隶属的行政机构级别越高,所赋予的政治势力与话语权会得到充分的发挥。这种出口退税优惠政策意味着企业出口的"冰山"成本降低,从而会增加出口贸易量。

---

① 详情参见 http://chuangye.yjbys.com/zhidao/gongsizhuce/538454.html。

在新时代,全面深化改革致力于构建亲清政商关系以服务于全面建成小康社会,从而政府机关即使帮助企业发展,也会立足于国情需要,比如会扶持有利于带来高质量绿色发展的企业而非扩大生产并造成严重污染的传统企业。这样的新型政商关系可能让过去依赖于隶属机构级别带来的出口便利性有所降低,但其间接影响依然是存在的。

企业隶属行政机构级别越高,参与出口贸易的概率越高,因为这些企业所具备的政治优势在中国市场环境下会产生某些作用以刺激出口。如果在中国国民经济运行总体范围内考察这一问题,企业隶属行政机构级别对出口贸易的影响会出现一些新情形。中国实行改革开放至今,获得的巨大制度红利就是确立社会主义市场经济体制,努力让市场在资源配置中起决定性作用。鉴于我国社会主义基本政治制度以及特殊国情,公有资产占社会总资产较大比例且国有经济控制国民经济命脉,政府会通过各种经济调节手段影响企业,甚至对能够影响国计民生的部门直接进行干预,诸如邮电、铁路、军工以及金融等行业(齐燕山,1994)。某些行业中的企业,可能会因为自身产品特点而难以出口,如服务性商品,也可能因为受到国家管制而不被准许出口。如果企业所生产的商品涉及国家核心科学技术,那么这些企业的出口必然会受到某些约束。因为这些企业产品所内含的科学技术是综合国力的构成要素,甚至会关系到国家安全。这些影响国计民生或者具备前沿生产技术的中国本土企业,其所隶属的行政机构级别一般都比较高,很可能隶属于中央。从这一层面来看,企业隶属行政机构级别和参与出口贸易呈负向联系。隶属基层的企业在进入出口市场以后,会极其珍惜出口贸易的盈利机会,积极开拓国外市场。隶属高层的企业,在国内市场所存在的各种政治优势无法体现在国外市场,对出口市场可能会持消极态度。这种特殊状况尽管在理论研究中不具有一般性,然而在中国特色市场环境中,这一问题具有现实意义,因为国有企业相对缺乏创新进取意识的问题始终没有得到彻底解决。

总之,当企业隶属更高行政机构级别时,中国特色政治与经济环境决定着这些企业具有更加强大的市场能力。出口相对于国内销售所具有的更高固定进入成本意味着市场势力更强的企业更有机会从事出口。然而,中国社会与经济环境中的某些大型企业,特别是涉及国计民生或者核心竞争力的企业,一般会隶属于较高行政机构级别,但是他们对经济与社会发展的重要性很可能使其不能参与出口。换言之,隶属行政机构级别高低对企业参与出口的影响具有两面性。

对于已经参与出口的企业,隶属更高的行政级别与更大的出口交易额一般会同时出现,但不能代表企业隶属行政机构级别越高对增加出口贸易的原动力越强。在中国市场环境下,企业隶属行政机构级别越高,一般自然地拥有更大规模。规模越大,企业在出口市场上的销售量自然会更大。企业拥有更大规模增加了出口贸易量,这种影响不能归为企业隶属行政机构级别所产生的作用。因此,企业隶属行政机构级别影响出口贸易具有何种原动力,需要通过实证检验予以解答。接下来利用 2008 年《中国工业企业数据库》进行实证检验来回答这一问题。

三 数据介绍与基本统计

在中国企业出口相关实证研究中,《中国工业企业数据库》使用频次非常高,该数据库是国家统计局根据企业上缴的统计年报经过整理与记录而得到。目前,在企业出口贸易的实证研究中使用该数据库的最新年份一般是 2007 年(汤二子,2017)。利用 2008 年《中国工业企业数据库》进行实证检验,尽管其数据存在时间上的滞后性,但是微观企业大样本数据所得到的估计结果依然具有可信性。该数据库在 2008 年一共记录了 412 212 个企业样本。按照二分位代码一共将行业划分为 39 个,其代码分别为 06~46(没有 12 与 38)。然而 2008 年比较特殊,没有行业 33(有色金属冶炼及压延加工业)。这些行业分为三大行业门类,2008 年的数据中 6 个为采矿业(06~11)、29 个为制造业(13~43,无 33 与 38),3 个为电力、燃气及水的生产和供应业(44~46)。对于企业隶属行政级别来说,央企可能更多集中于某些非制造业企业比如采矿业等,因而这类企业的出口决策与其隶属行政级别的关系可能与制造业略有不同。李春顶(2010)指出,制造业企业出口较为典型,对于采矿业来说,出口一般不是这类企业的典型行为。就拿中国具有能源储藏优势的煤炭来说,中国在 2008 年以后,煤炭净进口快速增加使得中国本土煤炭生产对煤炭供给的满足程度逐渐下降(Tang & Peng, 2017)。在中国的货物出口贸易中,工业制成品占据着重要的地位,而一般隶属于制造业的加工贸易是中国货物出口的典型特征,因而如同李春顶(2010)等人的做法,选取制造业样本进行实证检验,共计有 385 594 个样本。此外,根据数据库所记录的"营业状态",删除所有不是"营业"状态的样本,共计删除 7 883 个。

该数据库利用代码记录了企业的隶属关系,其中 10、20、40、50、61、62、63、71、72、90 分别表示中央、省、地区、县、街道、镇、乡、居委会、村委会与其他。在这些样本中,有 300 654 个企业的"隶属关系"记录为"其他",约占 79.6%。为什么会出现这种情况以及"其他"到底代表什么,会对研究产生干扰。在中国混合经济体制内,大部分企业难以辨析自身到底隶属于哪个行政机构,从而填写"其他"来表示隶属关系。由于这些样本所包含的信息非常模糊,难以用于实证检验,故删除之。样本筛选以后还剩下 77 057 个样本,有了这一样本容量足以进行计量检验。该数据库记录了企业的"出口交货值"变量,该值大于 0 意味着企业参与了出口,该值等于 0 意味着企业只进行内销。

对于企业出口行为,存在部分企业在不同年份中具有不同出口状态的情况。比如说某些企业刚刚参与出口,那么在数据库中则表现出该企业在刚记录其具有出口行为的年份具有大于 0 的出口交货值,在这一年之前该企业的出口交货值则等于 0。同样也存在部分企业由出口变为不出口的情况,那么从改变的年份作为基准年来看,前面的年份中具有正的出口交货值,后面的年份出口交货值等于 0。更有甚者,极少部分企业的出口交货值在不同年份随机跳跃在 0 与某些正数之间。企业非连续的出口行为状态对于实证检验会造成一些困难,但是该数据库单个年份如 2008 年的数据具有大量样本,样本筛选时删除隶属关系为"其他"的企业也有助于减少异常样本点的影响,所以实证检验结果还是具有可信性的。表 1 概述了隶属不同行政机构级别的出口企业个数以及出口均值等情况。为了便于论述以及与《单位隶属关系代码》保持一致,将隶属于街道、镇与乡的企业合并为一组,将隶属于居委会与村委会的企业合并为一组。

表 1　数据基本统计

行政级别	中央	省	地区	县	街道、镇、乡	居委会、村委会
非出口样本数	1 836	3 888	12 063	21 067	19 219	4 261
出口样本数	619	1 468	4 050	3 371	3 937	1 278
出口样本比率	0.252	0.274	0.251	0.138	0.170	0.231
出口均值	468 009	263 574	129 133	89 629	74 048	63 796

注:出口均值是指出口企业样本的出口交货值的平均值,单位为千元。

从表 1 可以看出大多数企业隶属的行政机构是地区、县、街道、镇、乡,其次是两头的省、居委会、村委会,隶属中央的企业最少。有关企业出口情况,隶属于省的企业出口比率最高,达到 27.4%,而隶属于县的企业出口比率最低,仅为 13.8%。从隶属县的企业作为基准点来看,隶属更高政府机关的企业具有更大的出口参与率,同时隶属中央、省与地区的企业出口参与率比较接近,均在四分之一左右。隶属街道、镇、乡这个层面的企业出口参与率与隶属县的企业较为接近,是在所有隶属类型的企业当中属于出口参与率最低的两种。相对来说,较为令人惊奇的是隶属居委会、村委会这类最基层政府机关的企业出口参与率超过了隶属于县以及街道、镇、乡层级的企业。这种情况让人无法准确地总结出企业出口参与率与隶属行政机构级别之间的关系。如果把从隶属中央到居委会、村委会这六个层级分别赋值为 6、5、4、3、2、1 的话,与其分别对应的出口参与率之间的相关系数是 0.530 8,从而总体趋势是企业隶属行政机构级别越高,企业出口参与率相对较高。从企业出口交易规模来看,企业隶属行政机构级别越高,出口贸易营业额更高。不过,这不能作为企业隶属行政机构级别对刺激出口贸易交易量具有原动力的经验证据,因为存在其他同时影响两者的外在因素,比如企业自身的经营规模。为了理清企业隶属行政机构级别对出口贸易究竟有何影响,接下来通过控制更多的变量进行实证检验。

四 研究设计

从两个维度检验企业隶属行政机构级别如何影响出口贸易,其一是检验隶属行政机构级别如何影响企业所做的出口决策,其二是检验隶属行政机构级别如何影响企业出口贸易规模。对于企业出口决策,构建出口虚拟变量 $EX=\{0,1\}$,如果企业"出口交货值"大于0,那么 $EX=1$,$EX=0$ 则意味着企业"出口交货值"等于0。对于解释变量,将隶属于居委会、村委会的企业作为基准变量,分别构造虚拟变量 ZYS、SS、DQS、XS、$JZXS$ 来表示隶属于中央、省、地区、县以及街道、镇、乡的企业。

为了准确检验隶属行政机构级别高低对企业出口贸易的影响,需要控制其他影响企业出口并与企业隶属行政机构级别有联系的因素。根据数据库变量特点以及已有研究成果,分别控制以下变量:(1) 企业生产率。异质性企业贸易理论就是从生产率差异性为视角去解析企业出口的决定因素(Melitz,2003)。存在多种方法计算企业生产率(鲁晓东和连玉君,2012),根据横截面数据的特点,采用简单可行的全要素生产率计算方法。根据 C-D 函数,假定 $Q=AK^{\alpha}L^{\beta}$,其中 Q、K、L 分别表示企业总产出、资本、劳动力,数据库中所统计的"工业总产值(当年价格)"、"资产总计"与"全部从业人员年平均数"可用于代理 C-D 函数中的三个变量。由于《中国工业企业数据库》记录的是全部国有以及规模以上(年销售收入超过500万)非国有企业样本,所以绝大部分企业的工业总产值应该较高。为了避免异常样本对检验造成的消极影响,删除所有工业总产值低于100万的样本。再删除个别资产总计为负或为0的企业样本,因为这不符合实际生产情形。根据谢千里等(2008)方法,删除全部从业人员低于8人的样本。对数化 C-D 生产函数得到 $LnQ=LnA+\alpha LnK+\beta LnL$,利用筛选后的样本估计该方程得到 $LnQ=3.4565+0.5397 \cdot LnK+0.3371 \cdot LnL+\hat{\varepsilon}$,其中系数都能通过1‰的显著性检验,并且 $R^2=0.6589$,$N=76552$。根据估计结果算出企业全要素生产率 TFP 为 $TFP=LnQ-0.5397 \cdot LnK-0.3371 \cdot LnL$。在算出的企业生产率中,有38个小于0,由于偏离生产实际情况而删除之。(2) 企业盈利状况。企业参与出口的主要激励就是追求更高利润,从而企业经营的盈利状况会影响其出口决策。如果企业盈利状况良好,企业管理者会有更多精力来研究国际化战略决策,难以想象一个经营糟糕且利润恶化的企业会去考虑出口决策。同样,少数情况下良好的盈利状况对出口产生不利影响,比如企业管理者要是缺乏企业家精神,那么很可能会满足于国内市场上可观的经营利得,从而对国际化战略缺乏进取意

识。数据库中记录了企业"利润总额"变量,构造利润规模变量 $PRO=\text{sgn}(profit)\ln(|profit|+1)$,其中 sgn(·)是符号函数,$profit$ 代表企业的"利润总额"(汤二子等,2012)。企业"利润总额"存在负数与0的情况,这并不有悖于实际经营状况,因为企业存在亏损或者不盈利情形。(3)企业规模。在企业隶属行政机构级别如何影响出口贸易的理论分析中,企业规模经常作为两者联系的桥梁。如果隶属行政机构级别越高的企业"先天"具有更大规模使其更具能力参与出口,这种强劲的出口参与能力不能成为企业隶属行政机构级别高而促进出口的证据。要想理清企业隶属行政级别对出口贸易的影响,应该在企业规模保持不变的条件下进行检验。2008年《中国工业企业数据库》对企业规模进行了分类记录,分别为大型(代码:1)、中型(代码:2)与小型(代码:3)。直接使用代码数字表示企业规模 $size$,其中 $size$ 取值越小意味着企业规模越大。(4)企业税收规模。税收对企业出口贸易的影响比较复杂,如果税收负担越重,企业经营业绩会降低,可能会抑制出口。不过,税负加重也会激励企业参与出口以求获得税收优惠政策来缓解税负压力。在考虑企业隶属行政机构级别时,由出口而得到的税收优惠效应可能会更大。数据库中记录了企业的"应交所得税"变量,先删除应交所得税为负值的样本,构造税收规模 $TS=\text{Ln}(tax+1)$,其中 tax 是企业应交所得税数值。(5)企业控股情况。该数据库对企业"控股情况"记录了三种,分别为国有绝对控股(代码:1)、国有相对控股(代码:2)与其他(代码:9)。经过筛选后的2008年企业"控股情况"的代码却有6个,分别为1,2,3,4,5,9,其中原因应该是采用了更详细的"控股情况"分类标准。宋凌云和王贤彬(2013)指出,详细"控股情况"应该分为国有控股、集体控股、私人控股、港澳台商控股、外商控股以及其他。无论这些代码指代什么,可以粗略构建国有绝对控股虚拟变量 $GYKG=\{0,1\}$,当"控股情况"代码为1时,$GYKG=1$,在其他情况下 $GYKG=0$。(6)企业成长年龄。数据库中记录了企业的"开业(成立)时间:年",利用2008减去这个数值算出企业年龄变量 age。根据所构造的变量,表2报告了他们的描述性统计报告。

表2 描述性统计

变量	EX	TFP	PRO	size	TS	GYKG	age
Mean	0.191 2	3.458 1	4.535 8	2.839 2	2.937 8	0.136 5	10.230 8
Median	0	3.436 9	6.552 5	3	2.484 9	0	7
Maximum	1	8.635 5	16.308 1	3	14.775 3	1	408
Minimum	0	0.003 0	−16.443 5	1	0	0	0
Std. Dev	0.393 3	0.827 3	5.742 4	0.407 5	3.107 6	0.343 3	11.582 2
N	76 215	76 215	76 215	76 215	76 215	76 215	76 215

根据描述性统计，在对数化处理措施下，大部分变量的标准差较小，进而有益于实证检验。不过，企业年龄变量 age 相对其他变量具有更大的标准差。企业年龄最大值达到 408，超过 100 年共有 37 个，不妨删除这些样本以尽量降低异常样本所产生的影响。利用筛选后的样本检验以下方程来估计企业隶属行政机构级别对参与出口贸易决策的影响：

$$EX_i = C + \beta_1 ZYS_i + \beta_2 SS_i + \beta_3 DQS_i + \beta_4 XS_i + \beta_5 JZXS_i + \gamma_1 TFP_i + \gamma_2 PRO_i + \gamma_3 size_i + \gamma_4 TS_i + \gamma_5 GYKG_i + \gamma_6 age_i + \varepsilon_i \quad (1)$$

其中 i 表示企业样本，ε_i 是残差。

对于已经参与出口的企业，隶属行政机构级别越高相对具有更高的出口交易量（表1）。为了验证这一结果是否是由企业隶属行政机构级别而造成的，选用其中的 14 554 个"出口交货值"大于 0 的样本，构造企业出口规模变量 $ES = \ln(Q_x)$，其中 Q_x 是企业的"出口交货值"，估计以下方程：

$$ES_i = C + \beta_1 ZYS_i + \beta_2 SS_i + \beta_3 DQS_i + \beta_4 XS_i + \beta_5 JZXS_i + \gamma_1 TFP_i + \gamma_2 PRO_i + \gamma_3 size_i + \gamma_4 TS_i + \gamma_5 GYKG_i + \gamma_6 age_i + \varepsilon_i \quad (2)$$

通过估计方程(1)与方程(2)能够得到企业隶属行政机构级别高低对出口决策与出口规模的影响。为了在总体上检验企业隶属行政机构级别高低对出口贸易的影响，可以按照企业隶属关系直接构造行政级别变量 $XZJB$。借鉴隶属于居委会与村委会的企业作为基准组的做法，可以对行政级别变量 $XZJB$ 按照以下方式进行赋值：如果企业隶属居委会或者村委会，那么 $XZJB=0$；如果企业隶属于街道、镇或者乡，那么 $XZJB=1$；如果企业隶属于县，那么 $XZJB=2$；如果企业隶属于地区，那么 $XZJB=3$；如果企业隶属于省，那么 $XZJB=4$；如果企业隶属于中央，那么 $XZJB=5$。其实，行政级别变量 $XZJB$ 就是虚拟向量组的一个线性组合，即 $XZJB = 5ZYS + 4SS + 3DQS + 2XS + JZXS$。变量 $XZJB$ 取值越高，意味着企业隶属的行政机构级别越高。估计以下方程检验隶属行政级别高低与企业出口贸易的关系：

$$Y_i = C + \beta XZJB_i + \gamma_1 TFP_i + \gamma_2 PRO_i + \gamma_3 size_i + \gamma_4 TS_i + \gamma_5 GYKG_i + \gamma_6 age_i + \varepsilon_i \quad (3)$$

其中因变量 Y 分别表示企业出口虚拟变量 EX 与出口规模 ES。

五　检验结果

方程(1)是 0-1 形式的限值因变量，分别进行 OLS 回归（线性概率模型，LPM）以及 Logit 与 Probit 极大似然回归（二值响应模型），估计结果报告在表 3 中。由于 OLS、Logit 模型以及 Probit 模型估计系数的符号以及显著性相同,因此检验结果是稳健的。这些系数的估计值不能直接比较,其中 Logit 与 Probit 模型的极大似然估计系数需要乘以某个比率才可与 OLS 估计系数进行比较,更复杂的是这一比率并非固定(伍德里奇,2010)。对于绝大多数实证研究来说,仅仅关注系数估计值的符号及显著性即可。对于估计系数来说,比如 OLS 估计得到 $\beta_1 = -0.0513$ 且在 1% 水平下显著,这个估计值可看成是在其他条件不变的情况下,隶属于中央的企业相对隶属于非中央的企业来说,出口参与率大约下降 5.13%。在构建的虚拟变量组中,这一系数估计值又可以用于和基准组进行比较,从而得到相对来说更加准确的估计效果,即相对于隶属居委会、村委会的企业来说,同等情况下(控制变量决定的)隶属中央的企业出口参与率要低 5.13% 左右,且这种差异在统计上是非常显著的。隶属于省的企业相对隶属于居委会或村委会企业具有更高概率进行出口,但是差异并不显著。隶属于地区的企业相对基准组从事出口的概率较低,不过差异也不显著。如果企业隶属中央、县或者街道、镇、乡,相对基准组的企业,从事出口的概率要低,并且这种差异具有显著性。将企业出口虚拟变量 EX 作为方程(3)的因变量进行检验,得到的结果报告在表 4 中。根据估计系数看出行政级别 $XZJB$ 变量与 EX 呈显著的正相关性,这表明企业隶属行政机构级别越高,总体上会有更高的概率从事出口。这一估计结果与方程(1)的检验是否矛盾呢?应该不矛盾,原因如下:隶属中央、县以及街道、镇、乡的企业相对基准组企业具有较低的概率从事出口,隶属于县的企业从事出口的概率最低。因此,企业隶属行政机构级别与出口决策在总体上呈正向关系应该得益于县级以上机构对所属企业参与出口的刺激要超过县级以下机构对所属企业从事出口贸易的激励。对于控制变量的估计系数,需要强调企业规模 $size$ 的系数为负并在 1% 水平下具有显著性,意味着规模越大的企业越有可能参与出口,因为变量 $size$ 越小意味着企业规模越大。总结得到:

总体上看,企业隶属行政级别越高,参与出口的概率越高。具体来看,隶属于省的企业最高,隶属于居委会、村委会的企业次之,随后是隶属于地区企业以及隶属于街道、镇、乡的企业,更低的是隶属于中央的企业,最低的是隶属于县的企业。

表 3 检验结果

变量	出口虚拟变量 EX			出口规模 ES
	OLS	Logit	Probit	OLS
常数项 C	0.932 8***	2.474 4***	1.438 3***	10.978 6***
	(0.014 2)	(0.090 9)	(0.052 8)	(0.120 8)
中央属 ZYS	−0.051 3***	−0.322 5***	−0.176 2***	−0.488 0***
	(0.010 3)	(0.069 0)	(0.039 7)	(0.093 5)

(续表)

变量	出口虚拟变量 EX			出口规模 ES
	OLS	Logit	Probit	OLS
省属 SS	0.010 1 (0.007 9)	0.046 5 (0.050 7)	0.033 5 (0.029 4)	−0.284 2*** (0.068 9)
地区属 DQS	−0.002 9 (0.006 0)	−0.037 1 (0.038 5)	−0.014 4 (0.022 3)	−0.263 3*** (0.054 0)
县属 XS	−0.096 0*** (0.005 7)	−0.696 3*** (0.038 1)	−0.383 2*** (0.021 7)	−0.309 9*** (0.054 6)
街道、镇、乡属 JZXS	−0.049 3*** (0.005 7)	−0.322 3*** (0.037 3)	−0.181 8*** (0.021 5)	−0.109 2** (0.053 5)
生产率 TFP	−0.007 1*** (0.001 8)	−0.062 4*** (0.012 9)	−0.035 7*** (0.007 3)	0.861 1*** (0.020 3)
利润规模 PRO	−0.004 7*** (0.000 3)	−0.031 8*** (0.001 9)	−0.018 1*** (0.001 1)	−0.007 1*** (0.002 6)
企业规模 size	−0.237 0*** (0.003 7)	−1.231 2*** (0.022 4)	−0.728 2*** (0.013 2)	−1.459 4*** (0.027 6)
税收规模 TS	0.008 5*** (0.000 5)	0.059 3*** (0.003 7)	0.033 5*** (0.002 1)	0.007 8 (0.005 2)
国有控股 GYKG	−0.073 5*** (0.005 0)	−0.505 1*** (0.035 8)	−0.289 2*** (0.020 2)	−0.388 8*** (0.048 8)
企业年龄 age	0.000 9*** (0.000 1)	0.005 5*** (0.000 9)	0.003 3*** (0.000 5)	−0.003 9*** (0.001 2)
R^2	0.081 8			0.311 7
Prob(F-statistic)	0.000 0			0.000 0
Log likelihood		−34 423.41	−34 418.77	
McFadden R^2		0.073 5	0.073 7	
Probability(LR stat)		0.000 0	0.000 0	
N	76 178	76 178	76 178	14 554

注：***、**分别表示在1%与5%的显著性水平下拒绝虚拟原假设,括号内是标准误。

对方程(2)的检验结果也报告在表3中,据此看出相对隶属于居委会、村委会的基准组企业,隶属于其他更高行政机构级别的出口企业的出口规模均较低。另外,将出口规模变量ES作为方程(3)的因变量进行检验,由表4中的估计结果看出出口企业隶属行政机构级别越高,出口规模相对更低。总结得到：

总体来看,企业隶属行政机构级别越高,对出口贸易交易规模的刺激作用越低。具体来看,隶属于居委会、村委会对企业出口规模的激励最大,隶属于街道、镇、乡的企业次之,隶属于地区的企业再次之,接着是隶属于省的企业,再到隶属于县的企业,最后是隶属于中央的企业。

表4 进一步检验

变量	出口虚拟变量 EX			出口规模 ES
	OLS	Logit	Probit	OLS
常数项 C	0.876 0*** (0.013 8)	2.041 6*** (0.087 0)	1.201 9*** (0.050 6)	10.914 6*** (0.116 3)
行政级别 XZJB	0.005 6*** (0.001 4)	0.038 5*** (0.009 6)	0.022 5*** (0.005 3)	−0.080 2*** (0.012 7)
生产率 TFP	−0.008 1*** (0.001 8)	−0.067 0*** (0.012 7)	−0.038 3*** (0.007 2)	0.862 1*** (0.020 3)
利润规模 PRO	−0.005 0*** (0.000 3)	−0.033 0*** (0.001 9)	−0.019 0*** (0.001 1)	−0.007 6*** (0.002 6)
企业规模 size	−0.237 7*** (0.003 7)	−1.218 2*** (0.022 2)	−0.723 4*** (0.013 1)	−1.456 6*** (0.027 5)
税收规模 TS	0.009 2*** (0.000 5)	0.062 4*** (0.003 6)	0.035 4*** (0.002 1)	0.008 3 (0.005 2)
国有控股 GYKG	−0.063 8*** (0.004 8)	−0.430 4*** (0.033 5)	−0.247 3*** (0.018 9)	−0.367 8*** (0.046 2)
企业年龄 age	0.001 1*** (0.000 1)	0.006 6*** (0.000 8)	0.003 9*** (0.000 5)	−0.003 7*** (0.001 2)
R^2	0.072 4			0.310 8
Prob(F-statistic)	0.000 0			0.000 0
Log likelihood		−34 813.65	−34 803.16	
McFadden R^2		0.063 0	0.063 3	
Probability(LR stat)		0.000 0	0.000 0	
N	76 178	76 178	76 178	14 554

注:***、**分别表示在1%与5%的显著性水平下拒绝虚拟原假设,括号内是标准误。

实证检验估计结果几乎与表1的统计数据显现的结果完全相反。在表1中,企业隶属行政机构级别越高,出口企业的平均出口贸易额越高。然而,表1的统计资料仅仅表明隶属不同行政机构级别企业的出口状况,并不能反映隶属行政机构级别对企业出口贸易的实质性影响。实证检验所得到的结果揭示了企业隶属行政机构级别影响出口贸易的原动力。对于实证检验结果，有必要强调一点，企业隶属于中央这一最高行政级别，无论对出口参与决策还是出口贸易交易额度的刺激作用均非常低。在理论研究中，分析认为，企业承担国计民生或者一些高科技产品生产的话，这些企业一般具有非常大的出口约束，并且这些企业一般都会归为中央直接管辖。因此，实证检验得到的隶属于中央这一行政级别对于企业出口贸易的激励很低，符合理论预期。

由于选取2008年企业样本从事检验，因而不得不从宏观经济现实情况去阐述那场席卷全球的金融危机对研究结论所可能产生的影响。金融危机爆发以后，世界多个经济体很快就受其冲击而产生下滑趋势，而经济体之间的贸易萎缩是主要特征之一。不过，这里所得到的研究结论基于以下几个原因而继续有效：第一，这次金融危机于2007年就已在美国显现出来，但是直到2008年9月15日雷曼兄弟控股公司申请破产保护以后，席卷全球的金融海啸才正式爆发，对中国的实体经济影响可能要更晚一些，从而所记录的中国企业2008年经营数据受这场危机的影响应该不太严重；第二，金融危机爆发以后，中国政府快速且有效的宏观调控尽可能缓和了危机对实体经济的影响；第三，金融危机作为宏观经济系统风险，对中国所有制造业企业都有可能产生系统性影响，而实证研究主要对比隶属不同行政机构级别企业出口的差异性，这种对比估计能降低系统性影响所带来的偏误。

六　结　论

中国企业隶属行政机构级别对其出口贸易有何影响呢？以前沿的异质性企业贸易理论为分析框架，理论研究指出企业隶属行政机构级别越高，一般具有更强的政治优势使其出口面临的固定进入成本降低，比如降低与简化了繁琐的出口注册程序等，从而刺激企业参与出口。同时，隶属行政级别越高会让企业得到相对明显的因出口而获得的税收优惠待遇，这等同于降低了企业出口的单位"冰山"成本，进而刺激企业出口的贸易总量。不过，在中国特色的经济环境下，隶属于更高行政机构级别的企业，特别是一些隶属于中央的企业承担了涉及国计民生或者一些包含高科技性能的产品生产，这些物品的出口无疑受到了某些约束。同时，隶属行政机构级别越高的企业如果在国内获得相对可观的盈利，它们很可能没有隶属于行政机构级别较低企业对出口盈利的追逐激励。因此，在中国特色政治与经济环境下，企业隶属行政机构级别与出口贸易的关系比较复杂，只能寄托于实证检验来得出确切证据。

利用2008年《中国工业企业数据库》中的制造业企业样本进行实证检验，从数据基本统计看出企业隶属行政机构级别越高，出口企业所占比率更高。

对于已经出口的企业,隶属行政机构级别越高,出口企业贸易交易均值越高。不过,这种从结果导向看到的隶属不同行政机构级别与企业出口状况不能作为企业隶属行政机构级别影响出口贸易的经验证据,因为存在同时影响两者的变量没有被控制。构造相关变量并设计计量方程进行检验所得到的结果显示,企业隶属越高的行政机构级别总体上会使其从事出口的概率提高。具体来看,隶属于省的企业对出口参与的激励最高,隶属于居委会、村委会的企业次之,隶属于地区的企业再次之,隶属于街道、镇、乡的企业较低,隶属于中央的企业更低,隶属于县的企业最低。对于已经出口的企业,企业隶属越高的行政机构级别对其增加出口贸易交易量的作用越低。具体来看,隶属于居委会、村委会企业对增加出口交易量的影响最大,隶属于街道、镇、乡的企业次之,隶属于地区的企业再次之,隶属于省的企业较小,隶属于县的企业更小,隶属于中央的企业最小。联合理论研究与实证检验结果,得到了在中国情境下企业隶属行政机构级别影响出口贸易原动力的证据。

参考文献

[1] Chaney, T. Liquidity Constrained Exporters [J]. Journal of Economic Dynamics and Control, 2016, 72: 141-154.

[2] Melitz, M. The Impact of Trade on Intra-Industry Reallocations and Aggregate Industry Productivity [J]. Econometrica, 2003, 71(6): 1695-1725.

[3] Robert, M. and Tybout, J. What Makes Exports Boom? [M]. World Bank Publications, 1997.

[4] Samuelson, P. The Transfer Problem and Transport Costs, II: Analysis of Effects of Trade Impediments [J]. The Economic Journal, 1954, 64: 264-289.

[5] Tang, E., Peng, C. A Macro- and Microeconomic Analysis of Coal Production in China [J]. Resources Policy, 2017, 51: 234-242.

[6] 杰弗里·M·伍德里奇. 计量经济学导论[M]. 北京:中国人民大学出版社,2010.

[7] 李春顶. 中国出口企业是否存在"生产率悖论":基于中国制造业企业数据的检验[J]. 世界经济,2010(7):64-81.

[8] 鲁晓东,连玉君. 中国工业企业全要素生产率估计:1999—2007[J]. 经济学(季刊),2012(2):541-558.

[9] 马捷,李飞. 出口退税是一项稳健的贸易政策吗?[J]. 经济研究,2008(4):78-87.

[10] 马林海,张群群. 中国企业规模异质性与间接出口模式——基于2013年世界银行数据的实证研究[J]. 国际贸易问题,2014(7):133-143.

[11] 齐燕山. 关于政府管理企业的几个问题[J]. 管理世界,1994(4):136-140.

[12] 宋凌云,王贤彬. 重点产业政策、资源重置与产业生产率[J]. 管理世界,2013(12):63-77.

[13] 汤二子,邵莹,刘海洋. 生产率对企业出口的影响研究——兼论新新贸易理论在中国的适用性[J]. 世界经济研究,2012(1):62-67.

[14] 汤二子. R&D与企业出口相互联系的理论研究[J]. 财贸研究,2016(2):39-46.

[15] 汤二子.中国企业"出口—生产率悖论":理论裂变与检验重塑[J].管理世界,2017(2):30-42.

[16] 王孝松,谢申祥.中国出口退税政策的决策和形成机制——基于产品层面的政治经济学分析[J].经济研究,2010(10):101-114.

论文执行编辑:皮建才

论文接收日期:2018年10月17日

How Does Administrative Level Which Chinese Firms Belonged Impact Trade?

Erzi Tang

Abstract: In the special economic and political environment of China, firms with higher administrative level have more political and size advantages to strengthen export capacity. The logic of thinking does not construct the economic theory of direct causality about firms with administrative level possess and export trade, so we could obtain some evidence results based on empirical research by using Chinese firms' data. This paper makes some empirical tests about the relationship between firms with administrative level and their trade status based on manufacturing enterprises from *Chinese Industrial Enterprises Database* in 2008. The empirical evidence indicates that firms with higher administrative level have larger impulsion to make export choice, but the impulsion of expanding trade volume is smaller in whole. The detailed evidence are shown as follow: The impulsion of impacting export choice from strong to weak for administrative level is "Province＞Neighborhood Committee, Village Committee＞Region＞Street, Town, Villages＞Central＞County", but the impulsion of expanding trade volume from strong to weak for administrative level is "Neighborhood Committee, Village Committee＞Street, Town, Villages＞Region＞Province＞County＞Central".

Key words: administrative level membership export trade manufacturing enterprises

JEL Classification: F14

境外股东持股能提高上市公司绩效吗?[①]

蒋 彧　江 涌[*]

【摘　要】 随着我国资本市场对外开放程度的日益提高,越来越多的中国上市公司受到境外投资者的青睐,境外股东持股现象开始变得普遍。境外投资者通常具有先进的技术和理念,其持股是否有助于提高上市公司绩效? 本文运用2011—2017年我国上市公司数据,对此问题进行综合全面的考察。实证结果表明:境外股东持股能显著提高我国上市公司绩效,持股比例对公司绩效有显著的正向影响;公司股权集中度越低,成长性越好,境外股东持股比例对公司绩效的影响越强;相比于国有上市公司,非国有公司境外股东持股比例对公司绩效的正向影响更强。进一步研究发现:在公司所处生命周期不同以及企业家信心不同的情况下,境外股东持股比例对公司绩效的影响存在差异。本研究有助于上市公司加速国际化升级,同时为资本市场进一步开放政策的制定提供一定的参考。

【关键词】 境外股东　持股比例　公司绩效　上市公司

【JEL 分类】 G32

[①] 本文受国家自然科学基金(编号:71301072)、教育部人文社会科学研究一般项目(编号:17YJC79006)资助。

[*] 蒋彧(1980—　),江苏常州人,南京大学金融与保险学系、中国特色社会主义经济建设协同创新中心副教授,主要研究领域为金融市场、金融计量学,Email:yujiang@nju.edu.cn。江涌(1995—　),江苏南京人,南京大学金融与保险学系硕士生,研究方向为金融学,Email:jyong1995@163.com。

一、引言

2002年,证监会颁布了《合格境外机构投资者境内证券投资管理暂行办法》,允许境外合格机构投资者(QFII)将限额的外汇资金兑换成人民币直接投资于A股市场,标志着我国资本市场对外开放进程的全面启动。随着我国改革开放进程的持续推进,资本市场对外开放的步伐也在不断加速。从"沪港通"单日额度的逐渐提升到"沪伦通"的渐行渐近,从期货市场国际化品种上市到A股入摩入富,一系列具有标志性的开放举措相继落地,为境外投资者进入我国资本市场提供了客观条件。另一方面,随着我国经济的不断发展,资本市场吸引力持续增强,境外投资者主动持有我国股票、债券、期货等金融资产的比例进一步增加,越来越多的外资持续流入我国资本市场。除QFII投资规模逐年提高外,外资基金、合资基金、外资资产管理公司以及具有经营实力的境外法人股和个人股东等也纷纷选择我国上市公司,持股规模和比例逐年攀升,屡创新高。

境外股东通常具有相对专业的信息获取和分析能力,投资行为成熟理性,境外资本的进入一定程度上降低了我国股票市场波动,起到了稳定市场的作用(杨竹清和刘少波,2013)。境外股东参与公司治理,能在一定程度上缓解代理问题,拓宽监管渠道,提高信息披露质量(杨竹清,2014)。因此,境外投资者进入有利于我国资本市场的健康稳定发展。对于上市公司而言,由于境外股东具有雄厚的资金实力、先进的管理理念和丰富的危机应对经验,上市公司愿意主动引入境外股东,以期利用境外股东的独特优势,将境外股东纳入决策层参与公司治理,进而提升公司绩效。另外,鉴于境外股东成熟投资者的身份,境外股东入股在一定程度上能够彰显公司长期发展价值,提振投资者信心。

随着境外股东持股现象变得普遍,以下问题开始受到学者和投资者的关注:境外股东持股是否能够有效提高上市公司经营绩效?境外股东持股比例与公司绩效之间有何关系?针对这两个问题,本文以2011—2017年我国所有上市公司为研究对象,构建面板数据模型,全面综合地考察境外股东持股对公司绩效的影响。结果表明:引入境外股东持股能够有效提高上市公司绩效,境外股东持股比例与公司绩效之间呈正相关关系;上市公司境内股权集中度越高,境外股东持股比例与公司绩效之间的正相关关系越弱;公司成长性越好,境外股东持股比例与公司绩效之间的正相关关系越强;相比于国有上市公司,民营上市公司境外股东持股比例与公司绩效之间的正相关关系更强。进一步研究发现:在上市公司不同生命周期以及企业家信心不同的情况下,境外股东持股对公司绩效的影响存在异质性。当企业处于成长期以及企业家信心乐观或悲观时,境外股东持股对公司绩效的影响更为显著;当企业处于成熟期以及企业家信心一般时,境外股东持股对公司绩效的影响不显著。在理论层面上,本研究有助于进一步明晰境外股东持股对上市公司绩效的影响,同时从股权集中度、公司成长性和公司性质的角度出发,探究了二者关系中的调节效应,是对现有研究的有益补充。在实践意义上,有助于我国上市公司进行国际化升级,同时为我国资本市场开放政策的完善以及资本市场的进一步开放提供一定的参考。

二　文献回顾

发达国家资本市场历史悠久,对外开放程度高,国外学者针对境外股东持股对上市公司绩效影响的研究起步较早。Ferreira and Matos(2008)研究发现,境外机构持股比例高的公司拥有较高的公司估值、较好的经营业绩和较低的资本支出。Chan et al.(2009)发现,当境内外机构持股比重接近公司全球市场资本权重时,公司绩效会增加。Huang and Shiu(2009)研究发现,境外股东持股与台湾上市公司研发支出以及同期和随后的企业绩效之间存在强烈的正相关关系。Min and Bowman(2015)研究发现,在韩国市场上,境外股东控股比例的增长会带来公司治理水平的提高,进而提高公司经营绩效。总体而言,境外股东持股能够对上市公司经营绩效和公司价值产生积极的影响。

我国资本市场尚处于发展阶段,对外开放程度不高,国内学者关于境外股东持股与上市公司绩效关系的研究为数不多。曲丽清和汪红丽(2007)发现,境外股东持股会对公司绩效产生正向影响。苏国强(2014)发现,境外股东持股能降低上市公司的股权集中度及经理层报酬,增加上市公司营业收入,有利于提升上市公司绩效。

国内外学者对境外股东持股对上市公司绩效影响的研究为本文提供了有益的参考和借鉴。相比于国外学者的研究,国内学者的研究数量少且不够细致。作为对现有文献的补充,本文从多角度出发,研究境外股东持股对上市公司经营绩效的影响,以期能够全面深入地揭示两者之间的关系。首先,分别考察持股与否和持股比例对公司绩效的影响;其次,引入交互项,探究持股比例与公司绩效之间关系中的调节效应;最后,对不同情况下持股比例与公司绩效之间关系的差异性进行分样本考察。

三 研究设计

1. 假设提出

在我国上市公司各类境外股东中,QFII、外资基金、合资基金、外资资产管理公司等通常被认为是发达资本市场中成熟理性的投资人,相较于通过短期投机买卖赚取收益,他们更信奉"价值投资"理念,意在获得长期投资收益。其他外资股东,如境外法人股和个人股东等,由于身份特殊性限制,相较于频繁的买卖操作,他们也更倾向于长期持有公司股票,提升公司价值以获得投资回报。因此,在长期持有上市公司股权的情况下,境外股东会积极参与公司治理,有效改善公司治理水平,促进公司价值或经营绩效的提高。这主要体现在两个方面:一方面,境外股东拥有强大的资金实力,更重要的是境外股东还具有先进的管理经验与技术,通过提出议案、行使投票权、与经理人对话等多种适当的方式参与公司管理活动,在很大程度上能够加强公司管理层的治理效率,提高公司的经营绩效;另一方面,有效监督假说认为,上市公司的外部大股东发挥着向控股股东和管理层提供有效监督的职能(Mizuno,2010)。作为公司外部监督人,境外股东在一定程度上能够改变董事会中"一股独大"的局面,拓宽决策层的经营视野,改善决策层的内部结构,减少大股东对中小股东的利益侵占,进而提高公司的经营绩效(陈德萍和陈永圣,2011)。综上所述,无论是主动参与公司治理,还是被动承担监督职能,上市公司境外股东能够有效提高公司绩效。

由于境外股东持有各上市公司股权比例并不相同,他们在公司中的地位以及对公司绩效的影响不能一概而论。境外股东持有上市公司股权比例越高,其在董事会中的话语权以及主动参与公司治理的积极性越高,境外股东持股对公司绩效的正向影响增强。相反,境外股东持股比例越低,其参与公司治理的意愿以及行使股东权利的便捷程度会随之降低,境外股东持股对于公司绩效的影响减弱。另外,境外股东承担监督职能的实际效果也与持股比例密不可分。持有上市公司股权比例越高,境外股东地位越高,能更有效地改善决策层内部结构,更好地承担监督职能,进而提高公司绩效;境外股东持股比例越低,其对于公司代理问题的缓解效果越差,外部监督人的作用越小,对于公司绩效的提高作用也会减弱。根据以上分析,本文提出以下假设。

假设1:境外股东持股能够有效提高上市公司绩效,境外股东持股比例与公司绩效之间呈正相关关系。

目前我国超过半数的上市公司是由原国企改制而成,因此,股权集中度高是我国上市公司股权结构的一大特点。股权集中虽然在一定程度上缓解了中小股东"搭便车"的问题,但也带来了大股东对中小股东的利益侵占以及"一股独大"的公司治理难题。有学者研究指出,股权制衡是上市公司完善治理结构的必然选择(陈德萍和陈永圣,2011;杨文君等,2016)。如前文分析,上市公司境外股东积极参与公司治理,最主要的方式是行使自己的投票权,持股比例越高,行使权利时就越顺畅,对公司绩效的提升效果就越强。但是,在境内股东股权集中度高的上市公司中,境外股东在董事会的话语权必然降低,参与公司治理的行为在一定程度上会受到牵制,对公司绩效的促进作用会有所减弱。另外,境外股东作为上市公司外部监督人,可以通过缓解公司代理问题和改善决策层结构,进一步实现提高公司绩效的目标。但是,在境内股东股权集中度高以及"一股独大"的情况下,境外股东作为外部监督人的作用也会被削弱,进而对公司绩效的促进作用降低。根据以上分析,本文提出以下假设。

假设2:上市公司境内股权集中度越高,境外股东持股比例与公司绩效之间的正相关关系越弱。

成长性反映了企业在一定时期的经营能力和发展状况,成长性好的上市公司通常具有业务扩张能力强、经营规划清晰、市场竞争能力强以及发展前景广阔等特征。投资者通常青睐于成长性良好的公司,对境外投资者而言,成长性显然也是其决策的重要因素,境外投资者对成长性良好的公司存在明显偏好(刘少波和杨竹清,2013)。入股成长性良好的上市公司,境外股东主动参与公司治理、行使股东权利的积极性也较高,从而起到提供有效监督、提升公司治理水平等重要作用。境外股东可以较为有效地促进包括盈利能力在内的公司绩效的提高,而公司持续增长的盈利能力会成为境外股东持续履行股东职能的动力,这种激励机制使得境外股东持股与公司绩效之间形成良性循环。随着境外股东持股比例的提高,这一机制所导致的对上市公司绩效的促进作用也越显著。根据以上分析,本文提出以下假设。

假设3:上市公司成长性越好,境外股东持股比例与公司绩效之间的正相关关系越强。

在我国沪深交易所上市的三千多家公司中,国有企业近千家,占总数的近三分之一。不同于民营上市公司以获得高利润为首要目的,国有上市公司由于其控制人身份特殊,公司经营战略更多意在配合国家具体的战略方针,协助推进宏观政策顺利传导。由于有国家政策的扶持以及稳定的发展和优良的业绩,国有上市公司在一定程度上得到了境外投资者的青睐。但是,由于国有上市公司特殊的背景和股权结构,境外股东参与公司治理的积极性不高;即使其治理方案被采纳,由于国有企业独特的内部组织结构,执行效率普遍较低,最终效果可能不尽人意。另外,在国有公司中,境外股东承担监督职能,对于改善决策层结构的效果也会降低,进而对于公司绩效的提高效果也随之减弱。相比较而言,民营上市公司的经营目标是利润最大化,与境外股东的投资目的一致,因此,境外股东参与公司治理的积极性强,无论是资金上的支持还是先进技术理念的吸收,都有助于促进公司的长远发展。同时,民营企业的组织结构相对灵活,执行效率普遍高于国有企业,境外股东提出的优质方案能够得到相对有效的传达与落实。民营企业相对国有企业更加公开透明,境外股东也能够以外部监督人的身份更好地承担监督职能,有效缓解公司代理问题,进一步提高公司绩效。根据以上分析,本文提出以下假设。

假设4:相较于国有上市公司,民营上市公司境外股东持股比例与公司绩效之间的正相关关系更强。

2. 模型构建

(1) 变量选择

① 被解释变量

上市公司绩效是实证研究的被解释变量,其代理变量的选择需要仔细斟酌。国外学者在早期研究中主要采用市场指标,如 Tobin Q 来衡量公司绩效。但是,部分国内学者研究指出,由于我国资本市场发展尚未成熟,市场有效性不足,Tobin Q 不是衡量我国上市公司绩效指标的有效选择(李常青和赖建清,2004;袁萍等,2006)。除市场指标之外,很多学者也选择用会计指标,如总资产收益率或净资产收益率来衡量公司绩效。虽然有学者指出会计指标存在容易被操纵、人为影响较大、真实性存疑等问题(贺炎林等,2014),但仍是目前国内学者研究选择的主流指标(刘绍娓和万大艳,2013;张涤新和李忠海,2017;尹美群等,2018)。因此,本文在实证研究中选取总资产收益率(ROA)作为公司绩效的代理变量,在稳健性检验中选取净资产收益率(ROE)作为变量。

② 解释变量

境外股东(Foreign0):虚拟变量,若上市公司前十大股东中有境外股东则赋值为1,否则为0。

境外股东持股比例(Foreign1):境外股东持有的公司股票数量占公司流通股总数的比例。不同于现有文献大多直接使用 QFII 持股比例,本文参考邓柏峻等(2016)和 Chen et al.(2017)的方法,基于样本公司前十大股东数据,使用手动网络查询等方法,根据股东注册地是否在境内(不包括港澳台地区)判断是否为境外股东,若上市公司前十大股东存在多个境外股东,则将其持有股票占比相加,作为境外股东持股比例。

③ 控制变量

境内股东持股比例(Dom):公司前十大股东中境内股东持股比例总和,反映公司股权集中程度。净利润增长率(Growth):公司年度净利润较上一年增长百分比,反映公司成长性。公司性质(State):虚拟变量,若公司属于国有企业则赋值1,否则为0,反映公司性质。独董占比(Ind):公司董事会中独立董事占董事总数的比例,反映公司董事会结构。收益波动率(Var):公司股票月收益率的年化标准差,反映公司风险。资产负债率(Lev):公司年末总负债与年末总资产的比值,反映公司财务结构。兼职情况(Dual):虚拟变量,若公司董事长和总经理为同一人,则赋值为1,否则为0,反映公司治理结构。企业规模(Size):公司年末总资产的自然对数。上市时长(Age):公司上市年限。表1给出了所有变量的定义和度量方法。

表1 变量定义与度量

变量	符号	变量名称与度量标准
被解释变量	ROA	总资产收益率,公司当年净利润与年末总资产的比值,反映公司绩效。
	ROE	净资产收益率,公司当年净利润与年末权益的比值,反映公司绩效。
解释变量	Foreign0	境外股东变量,虚拟变量,若公司前十大股东有境外股东则赋值1,否则为0。
	Foreign1	境外股东持股比例,公司前十大股东中境外股东持有的公司股票数量占公司流通股总数的比例。
控制变量	Dom	境内股东持股比例,公司前十大股东中境内股东持股比例总和,反映公司股权集中程度。
	Growth	净利润增长率,公司年度净利润较上一年增长百分比,反映公司成长性。
	State	公司性质,虚拟变量,若公司属于国有企业则赋值1,否则为0,反映公司性质。
	Ind	独董占比,公司董事会中独立董事占董事总数的比例,反映公司董事会结构。
	Var	收益波动率,公司股票月收益率的年化标准差,反映公司风险。
	Lev	资产负债率,公司年末总负债与年末总资产的比值,反映公司财务结构。
	Dual	兼职情况,虚拟变量,若样本公司董事长和总经理为同一人,则赋值为1,否则为0,反映公司治理结构。
	Size	企业规模,公司年末总资产的自然对数。
	Age	上市时长,公司上市年限。

(2) 模型构建

根据以上变量选择,为了检验境外股东持股对上市公司绩效的影响,本文构建以下面板数据回归模型检验假设 1:

$$ROA_{it} = \alpha_i + \beta_1 \times Foreign_{it} + \gamma \times ControlVariables_{it} + \varepsilon_{it} \tag{1}$$

其中,当检验境外股东持股是否能提高上市公司绩效时,变量 $Foreign$ 为 $Foreign0$,当检验境外股东持股比例对公司绩效的影响时,变量 $Foreign$ 为 $Foreign1$,$ControlVariables$ 表示控制变量,具体变量定义见表 1。若 β_1 显著大于 0,则表明引入境外股东持股能有效提高上市公司绩效以及持股比例对公司绩效有显著的正向影响,即假设 1 成立。

为了检验假设 2,本文构建以下模型:

$$ROA_{it} = \alpha_i + \beta_1 \times Foreign1_{it} + \beta_2 \times Foreign1_{it} \times Dom_{it} + \gamma \times ControlVariables_{it} + \varepsilon_{it} \tag{2}$$

若 β_2 显著小于 0,则表明上市公司境内股权集中度越高,境外股东持股比例与公司绩效之间的正相关关系越弱,即假设 2 成立。

为了检验假设 3,本文构建以下模型:

$$ROA_{it} = \alpha_i + \beta_1 \times Foreign1_{it} + \beta_2 \times Foreign1_{it} \times Growth_{it} + \gamma \times ControlVariables_{it} + \varepsilon_{it} \tag{3}$$

若 β_2 显著大于 0,则表明上市公司成长性越好,境外股东持股比例与公司绩效之间的正相关关系越强,即假设 3 成立。

为了检验假设 4,本文构建以下模型:

$$ROA_{it} = \alpha_i + \beta_1 \times Foreign1_{it} + \beta_2 \times Foreign1_{it} \times State_{it} + \gamma \times ControlVariables_{it} + \varepsilon_{it} \tag{4}$$

若 β_2 显著小于 0,则表明相较于国有上市公司,非国有公司境外股东持股比例与公司绩效的正相关关系更强,即假设 4 成立。

四 实证研究

1. 数据来源与说明

由于受到 2008 年全球金融危机的影响,我国资本市场出现动荡,不论是外资进入还是境内投资都受到较大打击,至 2010 年才逐步回复正常。另外,随着我国资本市场对外开放进程的进一步推进,2011 年境外投资者投资额度和我国汇率政策取得了阶段性进展,QFII 投资额度得到提高,并首创 200 亿美元的纪录,同时"参考一篮子货币"的汇率调节方式使得我国汇率制度更富于弹性。基于以上考虑,本文选取了2011—2017年间我国所有A股上市公司数据作为研究样本,上市公司相关数据均来源于Wind资讯金融终端。为了提高实证研究的准确性,本文对样本数据做了如下处理:(1)剔除ST、PT股;(2)剔除金融类股票;(3)剔除数据缺失的公司;(4)剔除数据异常的公司;(5)对所有连续变量采用Winsorize(1%)方法进行处理。最终样本包含17 691个观测值。

表2报告了各变量的描述性统计。总资产收益率(ROA)的均值为4.67%,净资产收益率(ROE)的均值为7.68%,两个指标的标准差均大于均值,且最大值与最小值相差较大,说明上市公司间的绩效存在较大差异。境外股东持股与否(Foreign0)的均值为0.20,表明约有20%上市公司获得境外股东持股。境外股东持股比例(Foreign1)的均值为2.17%,标准差为7.11,标准差较大,说明境外股东持股比例分布较为分散。境内股东持股比例(Dom)均值为56.61%,中位数为57.70%,标准差较小,说明我国上市公司股权集中度普遍较高。净利润增长率(Growth)标准差大,中位数小于均值,说明公司成长性分布分散且右偏。公司性质(State)的均值为0.36,说明样本公司中国有上市企业超三成,比重较高。其他公司特征上,各公司资产负债率(Lev)以及公司风险(Var)分布分散,差距较大,董事长与总经理兼任(Dual)的情况较少。

表2 变量的描述性统计

变量	均值	中位数	标准差	最小值	最大值
$ROA(\%)$	4.67	4.11	5.38	−13.67	21.58
$ROE(\%)$	7.68	7.63	10.42	−41.72	37.74
$Foreign0$	0.20	0	0.40	0	1
$Foreign1(\%)$	2.17	0	7.11	0	41.32
$Dom(\%)$	56.61	57.70	15.70	15.09	87.48
$Growth(\%)$	10.65	10.05	93.78	−239.97	219.48
$State$	0.36	0	0.48	0	1
Ind	0.37	0.33	0.05	0.33	0.57
Var	47.40	40.93	29.37	0	210.95
$Lev(\%)$	41.92	40.73	21.25	4.69	89.12
$Dual$	0.26	0	0.44	0	1
$Size$	13.35	13.27	0.94	11.57	16.14
Age	9.84	8.13	7.03	0	27.08

表3报告了主要变量按有无境外股东持股的分样本均值及其差异比较。从结果可以发现,获境外股东持股的上市公司绩效显著大于无境外股东持股的公司。同时,有境外股东持股的上市公司境内股东持股比例均值显著低于无境外股东持股公司,而净利润增长率均值显著高于无境外股东持股的公司,说明境外股东较偏好股权集中度较低、成长性较好的上市公司。

表3 主要变量按有无境外股东分组的均值及差异比较

均值	有	无	t值
ROA(%)	5.53	4.45	10.85***
ROE(%)	9.52	7.21	11.88***
Dom(%)	51.82	57.83	−20.72***
Growth(%)	13.98	9.80	2.38**
State	0.47	0.33	15.38***

注:***,**,*分别表示在1%,5%,10%水平下显著。t值为两样本均值差的t值。

表4显示了主要变量之间的相关系数。境外股东持股比例与上市公司资产收益率的相关系数为正,与理论分析预期一致,具体实际影响还需进行进一步实证研究。另外,主要变量之间并不存在明显的相关关系。

表4 主要变量之间的相关系数

		1	2	3	4	5	6	7
1	ROA	1						
2	ROE	0.86	1					
3	Foreign0	0.08	0.09	1				
4	Foreign1	0.04	0.04	0.61	1			
5	Dom	0.26	0.22	−0.15	−0.26	1		
6	Growth	0.45	0.53	0.02	0.00	0.04	1	
7	State	−0.18	−0.09	0.11	0.03	−0.06	−0.05	1

2. 实证结果与分析

表5列示了境外股东持股对上市公司绩效影响的估计结果。列1至列4报告了对式(1)的估计结果,结果显示:解释变量前的系数显著均大于0,表明引入境外股东持股能够显著地提高上市公司绩效,境外股东持股比例对公司绩效有显著的正向影响,假设1得到验证。列5报告了对式(2)的估计结果,结果显示:境外股东持股比例与境内股东持股比例交互项(Foreign1×Dom)前的系数显著小于0,表明上市公司境内股权集中度越高,境外股东持股比例与公司绩效之间的正相关关系越弱,假设2得到验证。列6报告了对式(3)的

估计结果,结果显示:境外股东持股比例与净利润增长率交互项(Foreign1×Growth)前的系数显著大于0,表明上市公司成长性越好,境外股东持股比例与公司绩效之间的正相关关系越强,假设3得到验证。列7报告了对式(4)的估计结果,结果显示:境外股东持股比例与公司性质交互项(Foreign1×State)前的系数显著小于0,表明相较于国有上市公司,非国有公司境外股东持股比例与公司绩效的正相关关系更显著,假设4得到验证。

表5 境外股东持股对上市公司绩效影响的估计结果

变量	总资产收益率						
	1	2	3	4	5	6	7
$Foreign0$	1.09*** (10.88)	1.04*** (19.20)					
$Foreign1$			0.03*** (4.80)	0.03*** (5.67)	0.06*** (5.74)	0.03*** (5.38)	0.05*** (8.81)
$Foreign1×Dom$					−0.01*** (−3.60)		
$Foreign1×Growth$						0.01*** (8.07)	
$Foreign1×State$							−0.06*** (−7.15)
Dom		−0.01*** (−7.56)		0.05*** (19.98)	0.05*** (20.30)	0.05*** (20.36)	0.05*** (20.46)
$Growth$		0.01*** (63.41)		0.01*** (63.49)	0.01*** (63.44)	0.01*** (22.14)	0.01*** (63.44)
$State$		−0.37*** (−4.92)		−0.40*** (−5.33)	−0.38*** (−5.07)	−0.55*** (−6.63)	−0.27*** (−3.46)
Ind		−3.40*** (−5.66)		−3.41*** (−5.74)	−3.44*** (−5.80)	−3.94*** (−6.10)	−3.29*** (−5.55)
Var		−0.01*** (−7.56)		−0.01*** (−7.21)	−0.01*** (−7.33)	−0.01*** (−7.85)	−0.01*** (−7.33)
Lev		−0.09*** (−54.71)		−0.09*** (−54.80)	−0.09*** (−54.71)	−0.10*** (−55.06)	−0.09* (−1.64)
$Dual$		0.20*** (2.74)		0.20*** (2.73)	0.20*** (2.76)	0.21*** (2.63)	0.20*** (2.65)
$Size$		1.45*** (41.76)		1.40*** (38.80)	1.41*** (38.97)	1.58*** (40.35)	1.42*** (39.35)
Age		−0.06*** (−11.18)		−0.06*** (−9.63)	−0.06*** (−9.72)	−0.05*** (−8.06)	−0.06*** (−9.69)
Adj. R^2	0.01	0.42	0.01	0.42	0.42	0.32	0.42

注:***,**,*分别表示在1%,5%,10%水平下显著,括号内为估计值的 t 统计量。Hausman检验结果确定为固定效应模型。

3. 异质性分析

(1) 企业生命周期

考虑到公司在不同的成长阶段也会呈现出不同的特征,无论是主动参与公司治理,还是被动承担监督职能,境外股东在不同的成长阶段对公司绩效的影响必然存在差异性。因此,本文参考企业生命周期理论,将样本上市公司进行划分,进一步研究当公司处于不同成长阶段时,境外股东持股对上市公司绩效的影响。参考 Dickinson(2011)和谭燕等(2018)的方法,根据企业会计准则将上市公司现金流类型分为经营性、投资性和筹资性三类,通过对公司当年三类现金流量净额的正负进行组合,据此将企业生命周期划分为三个阶段,即成长期、成熟期和衰退期。表 6 报告了研究结果。

表 6 企业生命周期不同情况下的估计结果

变量	成长期		成熟期		衰退期	
	1	2	3	4	5	6
$Foreign0$	0.94*** (8.61)		0.32** (2.26)		0.67*** (3.14)	
$Foreign1$		0.03*** (4.40)		0.01 (0.82)		0.02* (1.87)
控制变量	有	有	有	有	有	有
N	9 023	9 023	5 591	5 591	3 077	3 077
Adj. R^2	0.45	0.45	0.42	0.42	0.41	0.41

注:***,**,*分别表示在 1%,5%,10%水平下显著,括号内为估计值的 t 统计量。Hausman 检验结果确定为固定效应模型。

结果显示:引入境外股东持股能够显著提高上市公司绩效,但影响程度存在差异,对处于成长期的上市公司影响最大,衰退期次之,成熟期最小;境外股东持股比例与公司绩效之间呈正相关关系,但显著性存在差异,对处于成长期的上市公司显著性为正,处于衰退期的公司次之,处于成熟期的公司最低。可能的原因在于:成长期公司通常缺乏成熟的治理经验与经营规划,而境外股东具有相对丰富的管理经验与技术,此时,无论是通过行使投票权和提案等方式主动参与公司治理,还是作为公司外部监督人被动参与公司治理,境外股东都能更为有效地发挥其作用,对公司绩效的促进作用最大,持股比例对公司绩效的正向影响最为明显。当上市公司处于衰退期时,面临复杂多变的经营危机,境外股东凭借其相对先进的危机应对管理,仍然能在提高公司绩效方面发挥较大的作用,但由于此时公司处于衰退期,境外股东持股对公司绩效的正向影响程度有所降低。对处于成熟期的公司而言,公司既摆脱了成长期时的迷茫,也未受到衰退期时危机的困扰,公司整体运行平稳,经营状况良好,此时境外股东参与公司治理较少,更多地承担监督职能,因此,境外股东持股对公司绩效的影响最小,持股比例的正向影响并不显著。

(2) 企业家信心

企业家作为上市公司的经营者和管理者,对经济发展的判断对公司的发展战略、治理效率以及经营规划等方面具有重要的影响。因此,企业家信心的差异会影响境外股东参与公司治理和承担监督职能的实际效果,进而导致境外股东持股对公司绩效影响的差异。本文进一步考察当企业家信心不同时,境外股东持股对公司绩效的影响。根据企业家对外部市场经济环境与宏观政策的认识、看法、判断与预期,中国人民银行每季度编制并公布企业家信心指数,反映企业家对宏观经济环境的感受与信心,指数值高于65定义为企业家信心普遍乐观,低于60定义为信心普遍悲观,60~65定义为信心一般。表7报告了研究结果。

表7 企业家信心不同情况下的估计结果

变量	乐观		一般		悲观	
	1	2	3	4	5	6
$Foreign0$	0.76*** (6.24)		0.35** (2.23)		0.83*** (5.73)	
$Foreign1$		0.02*** (3.05)		0.01 (0.53)		0.03*** (3.19)
控制变量	有	有	有	有	有	有
N	7 654	7 654	4 569	4 569	5 468	5 468
Adj. R^2	0.44	0.44	0.44	0.44	0.44	0.43

注:***、**、*分别表示在1%、5%、10%水平下显著,括号内为估计值的t统计量。Hausman检验结果确定为固定效应模型。

结果显示:引入境外股东持股能够显著提高上市公司绩效,但影响程度存在差异,当企业家信心乐观或悲观时影响较强,信心一般时影响减弱;境外股东持股比例与公司绩效之间呈正相关关系,但显著性存在差异,当企业家信心乐观或悲观时,持股比例对公司绩效的影响显著为正,信心一般时不显著。可能的原因在于:当企业家信心悲观时,由于境外股东具有较强的资金实力、丰富的管理经验和危机意识,境外股东的入股是对上市公司管理层信心的有力支撑,此时境外股东具有较高的话语权,参与公司治理效果明显,其外部监督人的身份也更被看重,因此,境外股东持股对公司绩效的影响较强,持股比例对公司绩效的正向影响显著。当企业家信心乐观时,其努力经营和发展公司的动机强烈,愿意借助境外股东的优势提高公司绩效,此时,境外股东持股对公司绩效的影响较强,持股比例对公司绩效的正向影响显著。当企业家信心一般时,境外股东的作用减弱,境外股东持股对公司绩效的影响最小,持股比例对公司绩效的正向影响不显著。

4. 稳健性检验

为了检验实证结果的可靠性,本文选用衡量公司绩效的另一常用指标——净资产收益率(ROE)替代总资产收益率进行稳健性检验,表8报告了回归结果。回归结果显示:境外股东持股能够有效地提高上市公司绩效,境外股东持股比例对公司绩效有显著的正向影响;公司股权集中度越低、成长性越好,境外股东持股比例对公司绩效的影响越强;相较于国有企业,民营企业的境外股东持股对绩效提高更明显。以上结果与实证结果一致。

表8 稳健性检验回归结果

变量	净资产收益率						
	1	2	3	4	5	6	7
$Foreign0$	2.31*** (11.88)	1.44*** (8.81)					
$Foreign1$			0.06*** (5.15)	0.06*** (5.18)	0.12*** (5.59)	0.06*** (5.19)	0.09*** (7.74)
$Foreign1 \times Dom$					−0.01*** (−3.48)		
$Foreign1 \times Growth$						0.01*** (11.68)	
$Foreign1 \times State$							−0.09*** (−5.46)
控制变量	无	有	无	有	有	有	有
Adj. R^2	0.01	0.38	0.01	0.13	0.38	0.19	0.38

注:***,**,* 分别表示在1%,5%,10%水平下显著,括号内为估计值的t统计量。Hausman检验结果确定为固定效应模型。

5. 内生性问题

境外投资者在选择上市公司时,可能会偏好于经营绩效好的公司,因此,可能会导致互为因果而产生的内生性问题。为了缓解此内生性问题,本文将境外股东持股变量滞后一期、所有解释变量滞后一期进行处理(Wei,2010),由此得到以下模型:

$$ROA_{it} = \alpha_i + \beta_1 \times Foreign_{i,t-1} + \gamma \times ControlVariables_{it} + \varepsilon_{it} \tag{5}$$

$$ROA_{it} = \alpha_i + \beta_1 \times Foreign_{i,t-1} + \gamma \times ControlVariables_{i,t-1} + \varepsilon_{it} \qquad (6)$$

表 9 报告了回归结果,列 1 至列 4 是对式(5)的估计结果,列 5 至列 8 是对式(6)的估计结果。结果显示:境外股东持股与否以及境外股东持股比例前的系数显著为正,说明当前境外股东持股对未来公司绩效有显著的正向影响。以上结果与实证结果一致,在一定程度上规避了互为因果导致的内生性问题。

表 9 滞后变量回归结果

总量	总资产收益率							
	1	2	3	4	5	6	7	8
$Foreign0$	0.97*** (8.39)	0.99*** (9.39)			0.98*** (8.50)	1.44*** (12.72)		
$Foreign1$			0.02*** (3.34)	0.04*** (6.00)			0.02*** (3.40)	0.06*** (8.98)
控制变量	无	有	无	有	无	有	无	有
N	16 959	16 959	16 959	16 959	16 939	16 939	16 939	16 939
Adj. R^2	0.01	0.26	0.01	0.25	0.01	0.14	0.01	0.14

注:***,**,* 分别表示在 1%,5%,10% 水平下显著,括号内为估计值的 t 统计量。Hausman 检验结果确定为固定效应模型。

五 结论与启示

随着我国资本市场对外开放的扩大,境外投资者入股我国上市公司变得普遍,境外股东持股对上市公司的影响开始受到越来越多的关注。本文以 2011—2017 年我国 A 股市场上市公司为研究对象,综合考察了境外股东持股与上市公司绩效之间的关系。实证结果表明:引入境外股东持股能有效提高上市公司绩效,境外股东持股比例与公司绩效之间呈显著的正相关关系;上市公司境内股权集中度越高,境外股东持股比例与公司绩效之间的正相关关系越弱;公司成长性越好,境外股东持股比例与公司绩效之间的正相关关系越强;相较于国有上市公司,民营上市公司境外股东持股比例与公司绩效之间的正相关关系更强。进一步研究发现:在公司所处生命周期不同以及企业家信心不同的情况下,境外股东持股比例对公司绩效的影响存在差异。本研究有助于进一步明晰境外股东持股对中国上市公司绩效的影响,为上市公司的国际化升级、资本市场开放政策的完善以及资本市场的进一步开放提供一定的参考。

本文研究结论的启示在于:(1) 对上市公司而言,应积极引入境外股东进行国际化升级,借助境外股东具有的独到优势,提升公司经营绩效和价值。同时,上市公司应增强自身吸引力,调整股权结构,使企业朝着成长性优良、股权结构合理的方向发展,进一步提升境外股东持股对公司绩效的作用。(2)对政府部门而言,应进一步完善我国资本市场对外开放政策,逐步与国际发达资本市场接轨,刺激更多境外资本净流入,促进我国资本市场的持续规范升级。同时,也应执行严格的市场准入制度,重点发展成熟境外投资者,稳定资本市场投资秩序,构建良好市场环境。

参考文献

[1] Chan, K.,Covrig, V., Ng, L. Does Home Bias Affect Firm Value? Evidence From Holdings of Mutual Funds Worldwide[J]. Journal of International Economics,2009,78(2):230-241.

[2] Chen, R., Ghoul, S. E. Guedhami, O., Wang, H., Do State and Foreign Ownership Affect Investment Efficiency? Evidence From Privatizations[J]. Journal of Corporate Finance,2017,42:408-421.

[3] Dickinson, V. Cash Flow Patterns as a Proxy for Firm Life Cycle[J]. Accounting Review,2011,11(86):1969—1994.

[4] Ferreira, M. A., Matos, P. The Colors of Investors' Money:The Role of Institutional Investors Around the World[J], Journal of Financial Economics,2008,88(3):499-533.

[5] Huang, R. D.,Shiu, C. Y. Local Effects of Foreign Ownership in an Emerging Financial Market:Evidence from Qualified Foreign Institutional Investors in Taiwan[J]. Financial Management,2009,38(3):567-602.

[6] Min, B. S., Bowman, R. G. Corporate Governance, Regulation and Foreign Equity Ownership:Lessons from Korea[J]. Economic Modelling,2015,47:145-155.

[7] Mizuno,M. Institutional Investors, Corporate Governance and Firm Performance in Japan[J]. Pacific Economic Review,2010,15:653-665.

[8] Wei, C. Do Foreign Institutions Improve Stock Liquidity? [J]. Ssrn Electronic Journal,2010,11.

[9] 陈德萍,陈永圣. 股权集中度、股权制衡度与公司绩效关系研究[J]. 会计研究,2011(1):38-43.

[10] 邓柏峻,李仲飞,梁权熙. 境外股东持股与股票流动性[J]. 金融研究,2016(11):142-157.

[11] 贺炎林,张瀛文,莫建明. 不同区域治理环境下股权集中度对公司业绩的影响[J]. 金融研究,2014(12):148-163.

[12] 李常青,赖建清. 董事会特征影响公司绩效吗?[J]. 金融研究,2004(5):64-77.

[13] 刘少波,杨竹清. 境外股东对中国上市公司的持股状况及偏好分析[J]. 学术研究,2013(4):76-84.

[14] 刘绍娓,万大艳. 高管薪酬与公司绩效:国有与非国有上市公司的实证比较研究[J]. 中国软科学,2013(2):90-101.

[15] 曲丽清,汪红丽.利用外资能提升公司价值吗?——基于上市公司的实证分析[J].上海金融,2007(1):51-54.

[16] 苏国强.外资参股与上市公司价值动态调整研究[J].中央财经大学学报,2014(4):49-55.

[17] 谭燕,蒋华林,吴静,等.企业生命周期、财务资助与银行贷款——基于A股民营上市公司的经验证据[J].会计研究,2018(5):36-43.

[18] 尹美群,盛磊,李文博.高管激励、创新投入与公司绩效——基于内生性视角的分行业实证研究[J].南开管理评论,2018(1):109-117.

[19] 袁萍,刘士余,高峰.关于中国上市公司董事会、监事会与公司业绩的研究[J].金融研究,2006(6):23-32.

[20] 杨文君,何捷,陆正飞.家族企业股权制衡度与企业价值的门槛效应分析[J].会计研究,2016(11):38-45.

[21] 杨竹清.境外大股东持股与股价同步性研究[J].产经评论,2014(2):148-160.

[22] 杨竹清,刘少波.境外股东持股对中国股市风险的影响研究——来自PSM方法的经验证据[J].软科学,2013(5):75-79.

[23] 张涤新,李忠海.机构投资者对其持股公司绩效的影响研究——基于机构投资者自我保护的视角[J].管理科学学报,2017(5):82-101.

论文执行编辑:皮建才

论文接收日期:2019年4月28日

Can Foreign Shareholders Improve the Performance of Listed Companies?

Yu Jiang　Yong Jiang

Abstract: With the increasing openness of China's capital market, more and more Chinese listed companies are favored by foreign investors and the phenomenon of foreign shareholders has become common. Foreign investors usually have advanced technology and ideas. Does their shareholding help improve the performance of listed companies? This paper uses the data of Chinese listed companies during 2011—2017 to conduct a comprehensive investigation of this issue. Results show that (1) the shareholding of foreign shareholders can significantly improve the performance of Chinese listed companies and the shareholding proportion has significant positive effects on company's performance; (2) the lower the equity concentration or the better the growth of the company, the stronger the effects of shareholding proportion on the company's performance; (3) compared with state-owned companies, the effects of shareholding proportion on company's performance are stronger for non-state-owned companies. Further studies indicate that there are differences in the effects of shareholding proportion on company's performance in the case of different life cycles of company and different entrepreneurial confidence. Our studies could help listed companies accelerate the internationalization upgrading and provide references for the further development of China's capital market.

Key words: Foreign Shareholders　Shareholding Proportion　Company's Performance　Listed Company

JEL Classification: G32

新型城镇化进程中的产业集聚和福利分析[①]

郝艳蓉　蒋伏心

【摘　要】 为了考察新型城镇化进程中产业集聚对居民福利的影响及作用机制，本文基于2003—2015年中国省际面板数据，运用模糊数学方法测算居民福利水平，通过门槛模型实证分析了产业集聚对居民福利的影响效果。研究发现，从全国层面看，新型城镇化进程中的产业集聚与居民福利之间存在着倒"U"型关系，这在一定程度上说明产业集聚对居民福利的影响存在一个最优的集聚区间，位于该区间内的产业集聚对居民福利有显著的促进作用；分地区层面看，产业集聚显著地促进了东部地区居民福利的提升，而与中部地区的居民福利呈倒"U"型关系，对于西部地区，产业集聚初期对居民福利表现为促进作用，但在后期这种促进效果并不显著。研究结论为政府调整产业布局，进而提升居民福利水平提供政策启示。

【关键词】 新经济地理学　产业集聚　福利　门槛回归

【JEL分类】 D60　O14

[①] 本文得到国家自然科学基金面上项目"研发要素流动对区域创新绩效的影响：基于空间资源配置的视角"（项目编号：71874084）、国家自然科学基金面上项目"协同创新与空间关联对区域创新绩效的影响研究"（项目编号：71573138）、江苏省社科基金项目"科技与经济深度融合视角下加快江苏建设创新型省份研究"（项目编号：17ZTB009）的资助。

＊ 作者简介：郝艳蓉（1996—　），山西忻州人，南京师范大学商学院硕士研究生，主要研究方向为区域经济、产业经济，Email：891998772@qq.com。蒋伏心（1956—　），南京师范大学商学院教授，博士生导师，主要研究方向为经济理论与政策和创新经济，Email：fxjiang@foxmail.com。

一、引言

党的十九大报告作出了中国特色社会主义进入新时代以及我国社会主要矛盾已经转化为人民日益增长的美好生活需要和不平衡不充分的发展之间的矛盾的重大政治论断,同时提出推动新型工业化、信息化、城镇化、农业现代化同步发展。过去几年的政策实施效果显著,市场规模不断扩大,规模经济和运输成本的降低吸引厂商入驻,并形成产业集聚,初期这种连锁反应将会增加居民福利,而随着产业集聚的进一步深化,企业大量集聚导致竞争加剧,日益凸显的一系列的负效应例如生活成本增加、环境污染和交通拥挤等会严重损害居民福利,同时也背离了我们所倡导的"人民美好生活需要"。在此逻辑下,我们关注的话题在于:产业集聚如何对居民福利产生影响?其机理是什么?如何科学有效地利用二者的关系,有针对性地制定产业政策,进而提升我国居民福利水平?回答这些问题对于合理促进城镇化进程中人口规模的增长,调整产业集聚程度,进而提升居民福利具有重要意义。

福利经济学和产业经济学已经对新型城镇化进程中的产业集聚和居民福利有所关注,并从不同的角度研究了其内在机制。依据新经济地理学(Fujita & Krugman,2004)提出的空间集聚机制,城镇化伴随着农村人口向城镇地区的迁移,就会产生集聚经济,并可能产生多重影响。一方面,基于"中心-外围模型",Martin 和 Ottaviano(1999,2001)、Charlot et al. (2006)研究发现,产业集聚会提高两个地区的总体福利水平,这可能是因为中心地区产业的创新集聚具有溢出效应,会弥补外围地区的福利损失。傅十和等(2008)、梁军和安虎森(2003)主要研究集聚中心区,在一个区域内,产业集聚主要表现为企业的集聚,同行业集中的企业可以通过技术外溢、共享原材料与中间产品增加经济效益,跨行业集中的企业可以通过交易成本的减少、产业关联和稳定市场等提高经济效益,同时企业间的竞争趋势优化了分工与合作,提高了工业化质量和速度。集聚收益又可以促进集聚区基础设施和医疗卫生等公共福利的发展(刘军和张三峰,2015),从而提高总体福利水平。集聚对微观个体的影响也受到了越来越多的关注,产业集聚必然伴随着人力资本的集中,这将会提高劳动生产率,从而提高工资水平。Ciccone(2002)、张文武和梁琦(2011)的研究支持了上述结论,认为产业集聚对提升工资有显著的正向影响。另一方面,城镇化带来的产业集聚也会表现为负外部性,阻碍福利水平的提升。集聚的外部不经济主要体现在阻塞(Steven,2001;范剑勇,2008)、环境污染(Frank,2001)和资源消耗过度(马剑锋等,2018)等方面。Behrens(2008)的研究也支持了上述结论,但他主要从运输服务的需求弹性角度,研究发现产业集聚带来企业运输成本的下降却导致了消费者福利的损失以及区域发展的不公平。也有学者认识到了产业集聚的双重影响,产业的适度集中会增加福利,但区域产业的过度集聚会对福利产生负面影响(吴颖和蒲勇健,2008)。刘军等(2015)从区域公共福利角度进行研究,也得到了非线性的结果,初始阶段的产业集聚存在"挤出效应",阻碍社会公共福利的供给,只有当超过临界值后,将会从生产性投资偏向公共福利,使二者呈现"U"型关系。

上述分析对于研究我国新型城镇化进程中的产业集聚和福利分析具有深远的现实意义和理论支撑作用,但也存在亟待完善之处:(1)以往的多数研究对福利的定义有失笼统,得到的产业集聚和福利的关系不够全面,而且研究对象通常是中国的社会福利。本文重点关注新型城镇化背景下的居民福利情况,基于辩证思维的模糊数学方法分析了城镇居民的整体福利。(2)考虑到产业集聚对居民福利的影响可能存在一定的门槛效应,基于面板门槛模型分析了二者的非线性关系,并进行了分区域的对比分析。

本文的结构安排如下:第二部分基于文献回顾进行理论分析;第三部分基于新型城镇化的发展要求,运用模糊数学的分析方法对我国居民福利水平进行测算;第四部分具体说明本文采用的模型、变量和数据来源;第五部分主要通过面板门槛模型实证分析了新型城镇化背景下产业集聚对居民福利的非线性影响及地区差异;第六部分得出研究结论并给出相应的政策建议。

二 理论分析

城镇化作为我国实现现代化的必经之路,有助于强化产业集聚的功能,并促进地区经济增长。而随着我国的经济发展进入新常态,提高居民福利水平是实现经济转型发展的重要环节,也符合新型城镇化建设的最终目的。本文主要从促进和抑制两个方面分析新型城镇化背景下的产业集聚对居民福利的影响,并在此基础上分析其可能存在的门槛特征。

1. 产业集聚对居民福利的促进作用

从理论上来说,城镇化有利于经济活动的空间集聚,而产业集聚可以通过促进经济增长、人力资本的外溢效应和提高公共产品的供给能力等途径提升居民福利水平。

(1)促进经济增长。截至2018年末,我国城镇常住人口比率已经达到了57.35%,城镇新增就业年均1 300万人以上,农村人口不断向城镇地区迁移为产业集聚提供了劳动力资源和消费市场,也创造了更多的就业机会。同时,城镇化能够引导更多的劳动力由收益较低的第一产业转向收益较高的第二、第三产业,极大地提升了居民工资水平。而且,规模经济会促使聚集区内的厂商生产更多的产品,城镇居民能享受到多样化的产品却只须承担较少的生活成本,从而改善居民的福利状况,也符合新型城镇化的发展要求。

(2) 人力资本的外溢效应。Lucas(1988)认为,人力资本的外部性将会提升经济体中的知识和技术水平。一方面,城镇地区大规模的产业集聚总是伴随着人口集聚,有助于技术的扩散,劳动力可以充分发挥干中学效应,从而加速劳动技能的升级并提高工资水平。另一方面,具有专业技术的劳动力易于在产业集聚区的不同企业间流动,在上下游企业或同行业间产生技术溢出,尤其是目前迅速发展的人工智能技术的扩散,将有助于改善居民的生活质量(张先锋等,2016),从而提升整体福利水平。

(3) 提高公共产品的供给能力。依据空间经济学的观点,产业集聚会产生聚集租金,并带来更多的税收(Wrede & Matthias, 2014),这会提高政府对公共产品的供给能力,使集聚区内的居民有机会享受完备的公共服务和基础设施,推进新型城镇化进程。例如,我国东部地区的经济发展水平较高,具有较大的市场潜力,因此成为产业集聚地,相比于中西部地区,政府更易于对聚集租金征税并用于公共产品的供给,这使东部地区的居民能享受到更完备的教育、医疗卫生和社会保障等公共资源。

2. 产业集聚对居民福利的抑制作用

传统的福利经济学强调物质财富,随着我国经济由高速增长阶段转向高质量发展阶段,当前的福利更加强调以人为本,关注"人"的精神层面,因此产业集聚对居民福利也可能存在一定的抑制作用。

(1) 产业集聚带来的经济效益会吸引众多的厂商,迫于经济增长的压力和对生产要素的需求,厂商会抬高生产成本,这使得我国很多劳动密集型产业逐渐失去比较优势,对于消费者来说,就要承担高昂的产品价格,因而增加居民的生活成本。

(2) 产业集聚带来的就业岗位的增加会吸引大量劳动力迁入,但城镇地区的人口承载力是有限的,持续的集聚产生一系列的"城市病",诸如犯罪、交通拥挤和人均公共服务水平下降等(Fafchamps, 2012),在我国的特大、大型城市中尤为明显。同时对于专业化集聚的产业,当面临市场风险时,短时间内可能无法抵御经济波动的冲击,也会产生失业等一系列社会问题,对居民福利产生抑制作用。

(3) 产业集聚在增加居民经济财富的同时,也在消耗有限的能源和资源。一方面,新世纪以来,随着我国经济的迅速发展,城镇基础设施建设加快,居民生活水平提升,消费结构不断升级,加大了对能源的需求,这可能会造成能源枯竭。另一方面,我国现有的工业集聚往往表现为粗放型的集聚,可能会带来城镇地区的环境污染以及生态环境的恶化,这对于居民福利具有显著的抑制作用。

3. 产业集聚影响居民福利的门槛特征

城镇化会带来人口转移和集聚经济,而新型城镇化强调以人为本,关注居民福利。基于上述分析,新型城镇化进程中的产业集聚对居民福利的影响存在双面性。一方面,产业集聚的增加有利于促进经济增长、发挥人力资本的外溢效应以及增加公共产品的供给,从而提升居民福利;另一方面,受限于人口、资源和环境承载力,集聚程度的加深会抑制居民福利。这揭示了产业集聚和居民福利之间复杂的关系,可能具有一定的"门槛特征",即产业集聚对居民福利的正向作用存在一个适度规模,当超过某一门槛值后,产业集聚对居民福利表现为抑制作用。

三 新型城镇化背景下居民福利水平的测度

传统的城镇化主要表现为粗放型经济增长,片面追求 GDP 的提升,而新型城镇化更加强调以人为本,注重与经济、社会、环境的协调发展(王新越等,2014)。因此,新型城镇化的目标与居民福利增进是相辅相成的,通过衡量居民福利水平可以评价我国的新型城镇化进程。

基于 Sen 的可行能力分析,福利是一个综合性概念,在本质上具有复杂性和模糊性,故难以精确界定福利水平。之前的文献通常采用描述性统计、因子分子法、模糊数学方法等对福利进行评价(Sara,2001)。为了避免过度依赖主观经验,本文将运用辩证思维的模糊数学方法测算我国居民福利水平并探讨地区差异。

1. 新型城镇化背景下居民福利的测度

中国城市经济学会和中国社科院提出的关于新型城镇化综合评价指标,主要是从基本建设水平、经济发展水平、社会投入水平和环境友好水平四个维度来构建,本文参考杨爱婷和宋德勇(2012)对中国福利水平的测度方法,基于新型城镇化的发展要求,构建了如下的居民福利函数:

$$W = f(F(x_i), C(x_i)) = f(inc, con, hea, edu, sec, env) \tag{1}$$

式(1)中的 inc、con、hea、edu、sec、env 分别代表城镇居民的收入、消费、健康、教育、社保和环境方面的福利状况,根据我国的实际情况以及数据的可获得性,构建了如表 1 所示的具体指标。

表 1 居民福利的指标体系

社会福利	功能指标	能力指标
收入	城镇居民人均可支配收入	人均收入增长速度/人均地区生产总值增长速度
消费	城镇居民消费水平	最终消费支出占地区生产总值比重
健康	城镇居民自然增长率	卫生费用占比地区生产总值
教育	高等学校毕业生人数占比	教育经费占比地区生产总值
社保	城镇登记失业率	城镇居民养老保险支出占比地区生产总值
环境	一般工业固体废物排放量	一般工业固体废物利用率

考虑到各个指标对福利的影响水平不同,文章采用熵值法对每个指标赋予权重,以期最大程度地反映每个指标对福利的影响。熵值法是通过每个指标自身信息来判断其效用价值,可以有效地避免主观因素带来的误差,其主要步骤如下:

第1,数据的标准化处理:鉴于数据的量纲、数量级和指标的正负取向的不同,首先要对原始数据做标准化处理。

当为正向指标时,

$$X'_{it} = (X_{it} - \min X_{it})/(\max X_{it} - \min X_{it}) \quad (2)$$

当为负向指标时,

$$X'_{it} = (\max X_{it} - X_{it})/(\max X_{it} - \min X_{it}) \quad (3)$$

第2,计算第 t 年第 i 个指标值的比重:

$$Y_{it} = X'_{it} / \sum_{t=1}^{n} X'_{it} \quad (4)$$

第3,计算第 i 项指标的信息熵:

$$e_i = -(\ln n)^{-1} \sum_{t=1}^{n} (Y_{it} \times \ln Y_{it}) \quad (5)$$

第4,计算第 i 项指标的权重:

$$w_i = (1 - e_i) / \sum_{p=1}^{m} (1 - e_i) \quad (6)$$

为了避免过分依赖主观经验,本文借鉴赵克勤(2000)提出的辩证思维模糊数学方法-集对分析法来测度居民福利。它将具有某种关系的集合 A 和集合 B 看成一个整体的集对 J,从而分析集对中的确定性关系(如对应关系)和不确定性关系(如模糊关系),并按照集对的特性,将确定性分为同一和对立两方面,将不确定性定义为差异,以此建立联系分析事物,并且建立两个集合的联系度:

$$\mu = a + bi + cj \tag{7}$$

其中 a、b、c 表示集合 A 和集合 B 在某一具体问题下的同一度、差异度和对立度,i 和 j 表示差异度和对立度的系数,且规定 i 的取值范围是 $[-1,1]$,j 取值为 -1。

将集对分析的思想运用于福利分析中,功能和能力都是集合,首先对居民福利的功能指标进行集对分析,将其评价指标设定为集合 A,评价标准设定为集合 B,如上分析,集合 A 和集合 B 构成集对 $J\{A,B\}$,我们利用集合 A 和集合 B 之间的"同一"、"对立"和"差异"的关系进行分析。具体而言,假设居民福利的功能评价问题为 $Q=\{M,I,W,V\}$,评价方法为 $M=\{m_1,m_2,\cdots,m_m\}$,每个评价方法有 n 个指标 $I=\{i_1,i_2,\cdots,i_n\}$,每个指标的权重 $W=\{w_1,w_2,\cdots,w_n\}$,评价指标的值为 $d_{kp}(k=1,2,\cdots,m;p=1,2,\cdots,n)$,由此我们得到问题 Q 的评价矩阵 D 为:

$$D = \begin{bmatrix} d_{11} & d_{12} & \cdots & d_{1n} \\ d_{21} & d_{22} & \cdots & d_{2n} \\ \vdots & \vdots & \ddots & \vdots \\ d_{m1} & d_{m2} & \cdots & d_{mn} \end{bmatrix} \tag{8}$$

分析比较之后确定每个评价方法中的最优指标和最劣指标,组成最优评价集 $G=\{g_1,g_2,\cdots,g_n\}$ 和最劣评价集 $B=\{b_1,b_2,\cdots,b_n\}$,并依据集合 $\{G,B\}$,得到评价矩阵 D 的同一度 a_{kp} 和对立度 C_{kp}。

当 d_{kp} 表示的是正向指标时,

$$\begin{cases} a_{kp} = \dfrac{d_{kp}}{g_p + b_p} \\ c_{kp} = \dfrac{g_p b_p}{d_{kp}(g_p + b_p)} \end{cases} \tag{9}$$

当 d_{kp} 表示的是负向指标时,

$$\begin{cases} a_{kp} = \dfrac{g_p b_p}{d_{kp}(g_p + b_p)} \\ c_{kp} = \dfrac{d_{kp}}{g_p + b_p} \end{cases} \tag{10}$$

则集对 $\{M_k,G\}$ 在区间 $[B,G]$ 上的联系度如下:

$$\begin{cases} \mu_{(A,B)} = a_k + b_k i + c_k j \\ a_k = \sum w_p a_{kp} \\ c_k = \sum w_p c_{kp} \end{cases} \tag{11}$$

则每个评价方法与最优评价方法的贴近度为 r_k：

$$r_k = \frac{a_k}{a_k + c_k} \tag{12}$$

上式中，r_k 的值越大表示这个评价方案的值越接近最优评价标准。本文基于该方法计算出居民福利的功能指数 r_f 与能力指数 r_c，再以功能和能力作为总体福利的评价方法，运用集对分析法算出居民福利指数 r_w，该值越大表示福利水平越高，反之表示居民福利水平较低。

2. 我国居民福利水平的描述

表2　分区域城镇居民福利水平

welfare	全国	东部	中部	西部
2003	0.44	0.45	0.42	0.45
2004	0.46	0.48	0.44	0.46
2005	0.50	0.50	0.48	0.51
2006	0.52	0.53	0.53	0.51
2007	0.52	0.55	0.50	0.52
2008	0.57	0.58	0.56	0.53
2009	0.59	0.60	0.63	0.54
2010	0.59	0.60	0.62	0.56
2011	0.6	0.61	0.60	0.59
2012	0.62	0.61	0.64	0.60
2013	0.62	0.62	0.64	0.60
2014	0.65	0.66	0.67	0.61
2015	0.65	0.65	0.69	0.61

本文根据上述方法计算了2003—2015年各省份城镇地区的居民福利，该值越大，表示居民福利水平越高。表2汇报了我国整体以及东部、中部和西部地区[①]城镇居民的福利水平。从时间维度来看，我国整体福利水平呈上升的趋势。这与王冰和钟晓华（2014）的研究结论一致。从地区来看，分区域的福利水平与变化速度存在差别，相比于中西部地区，东部地区优越的地理位置和自然禀赋吸引了劳动力的流入，经济发展水平较快，起初物质福利和精神福利

---

① 东部地区包括北京、天津、河北、上海、江苏、浙江、福建、山东、广东、海南和辽宁；中部地区包括山西、安徽、江西、河南、湖南、湖北、吉林和黑龙江；西部地区包括内蒙古、广西、重庆、四川、贵州、云南、西藏、陕西、甘肃、青海、宁夏和新疆。

都处在较高水平,但是随着生活水平的提高,人们对精神福利的关注和经济高速发展带来的负面影响在一定程度上阻碍了福利的提升,因此东部地区的居民福利在后期处于一般水平;对于中部地区,起初东部的迅速崛起以及较少的转移成本吸引了较多的东部劳动力迁移,致使福利水平最初较低,国家为了缩小区域差距,提出了"中部崛起"的政策,这对中部地区的经济发展起到了一定的推动作用,同时中部地区市场潜能仍在挖掘和显现,并且不断借鉴东部发展的经验,使得中部地区居民福利在后期处于较高水平;对于西部地区,2000年国务院成立了西部大开发领导小组,着手改善西部地区经济发展,国家的财政补贴和东部地区的转移支付使得初期西部地区福利水平处于中等水平,尤其是重庆、成都、西安等地区的经济水平在全国处于领先位置,居民幸福感强,但是西部地区的地势条件和资源水平决定了其产业结构,主导产业仍然是资源型产业、农业和近年兴起的旅游业(杨建林,2018),对经济的带动作用较为缓慢,难以较大程度提升物质福利,加上日益凸显的"资源诅咒"效应,故在后期西部地区的福利水平在全国范围内处于弱势地位。

四 模型设定、指标选取和数据说明

1. 面板门槛模型的设定

根据前面的理论分析我们得知,产业集聚对居民福利的影响存在非线性关系,在不同的区间可能呈现出不同的影响关系。为了避免主管划分的偏误,本文采用 Hansen(1999)提出的固定效应门槛回归,并由单一门槛回归模型扩展到多门槛模型。首先单一门槛方程如下:

$$y_{it}=\mu_{it}+\beta_1 x_{it}I(q_{it}\leqslant\gamma)+\beta_2 x_{it}I(q_{it}>\gamma)+e_{it} \tag{13}$$

式(13)中,i 表示省份,t 表示时间,γ 为待定门槛值,q_{it} 为门槛变量,$I(\cdot)$ 为指标函数,e_{it} 为随机误差项。这个模型相当于式(2)中的分段函数:

$$\begin{cases}y_{it}=\mu_{it}+\beta_1 x_{it}+e_{it} & q_{it}\leqslant\gamma\\ y_{it}=\mu_{it}+\beta_2 x_{it}+e_{it} & q_{it}>\gamma\end{cases} \tag{14}$$

在此模型中,门槛值 γ 取决于样本自身的数据特征,当给定备选的门槛值 γ 时,就可以对模型进行估计并得到相应的估计系数以及残差平方和 $s(\gamma)$,我们可知,当 $s(\gamma)$ 越小,给定的门槛值 γ 越接近真实的门槛值,因此通过变换不同的门槛值 γ,寻找对应最小残差平方和的那个门槛值便是真实的门槛值 $\hat{\gamma}$,即 $\hat{\gamma}=\arg\min S(\gamma)$,当得到这个最优的门槛值 $\hat{\gamma}$ 时,我们还需进行两个检验,一是检验是否显著存在门槛值,二是估计出来的门槛值是否等于真实值。

Hansen(1999)分别利用"自抽样法"(Bootstrap)和似然比统计量对其进行了显著性检验。

利用该模型,本文以产业集聚度作为门槛变量,分别设定了单一面板门槛模型和多重面板门槛模型(多重面板门槛模型类似):

$$welfare_{it} = \mu_{it} + \beta_1 aggl_{it} I(aggl_{it} \leqslant \gamma) + \beta_2 aggl_{it} I(aggl_{it} > \gamma) \\ + \beta_3 urban_{it} + \beta_4 transport_{it} + \beta_5 NISP_{it} + \beta_6 structure_{it} \\ + \beta_7 lcapital_{it} + e_{it} \tag{15}$$

$$welfare_{it} = \mu_{it} + \beta_1 aggl_{it} I(aggl_{it} \leqslant \gamma_1) + \beta_2 aggl_{it} I(\gamma_1 < aggl_{it} \leqslant \gamma_2) \\ + \beta_3 aggl_{it} I(aggl_{it} > \gamma_3) + \beta_4 urban_{it} + \beta_7 transport_{it} + \beta_6 NISP_{it} \\ + \beta_7 structure_{it} + \beta_5 lcapital_{it} + e_{it} \tag{16}$$

在式(15)和式(16)中,被解释变量 $welfare_{it}$ 表示在 t 年 i 省份城镇居民福利水平,主要解释变量 $aggl_{it}$ 表示 t 年 i 省份产业集聚程度,其他控制标量 $urban_{it}$、$transport_{it}$、$NISP_{it}$、$structure_{it}$ 和 $lcapital_{it}$ 表示 t 年度 i 省份的城镇化水平、资本存量、人口净流入速度和交通事故情况,μ_{it} 表示随机误差项。

2. 数据来源与指标说明

(1) 数据来源

本文研究的样本为2003—2015年中国31个省份的省际面板数据,原始数据主要来自历年《中国统计年鉴》和各省份统计年鉴,其中各地区城镇制造业就业人数来源于《中国人口和就业统计年鉴》、《中国劳动统计年鉴》,用以衡量居民福利的教育经费、卫生经费和养老保险支出来自《中国财政统计年鉴》,同时,个别缺失值用插值法计算得到。本文选取2003年为研究基期,是因为2003年之前各地区城镇单位就业人员数与之后的衡量方法不一致。

接下来我们将对模型涉及的其他变量进行简要说明。

(2) 产业集聚

安虎森(2008)提出了计算产业集聚程度的几种方法,例如产业比较优势度、区域产业专门化率、区位熵、产业专门化系数等。也有一些学者使用产业地理集中度和区位基尼系数(罗胤晨,谷人旭,2014)来测度产业集聚程度。作为我国经济发展的主导型产业,制造业的生产要素易于流动,而且从全国范围来看,已经形成了长期的空间集聚特征,故本文运用制造业区位熵来衡量城镇地区的产业集聚程度。

区位熵这一概念最初的提出和应用者是哈盖特(1967),主要用来衡量某一要素在地区的空间分布状态,反映某一产业的专业化程度,在产业结构的相关研究中,用来衡量地区主导产业的状况。计算公式为:

$$E_{ij} = \frac{X_{ij}}{\sum_j X_{ij}} / \frac{\sum_i X_{ij}}{\sum_i \sum_j X_{ij}} \tag{17}$$

上式中，E_{ij} 为 i 地区 j 产业的区位熵指数，X_{ij} 为 i 地区 j 产业的从业人员数，$\sum_{j} X_{ij}$ 为区域 i 全体的从业人员数，$\sum_{i} X_{ij}$ 为全国产业 j 的从业人员数，$\sum_{i}\sum_{j} X_{ij}$ 为全国从业人数，E_{ij} 越大，表明在该地区产业的集聚程度越高，反之则越低。

（3）其他控制变量的说明

影响城镇居民福利水平的因素除了产业集聚程度之外，还有一些其他变量，参考以往文献，在模型中加入以下控制变量。

城镇化水平（urban）。城镇化水平的提高意味着更多人口由农村流入城镇地区，将会促进经济活动的空间集聚，可能会对居民福利水平产生影响。本文借鉴传统城镇化的研究方法，用人口城镇化率来衡量，即非农人口占总人口的比重，人口城镇化率也是人口新型城镇化的重要反应（王建康等，2016）。

交通事故情况（transport）。安全性福利表示的是区域周边环境的安全情况，属于居民基本的福利需求（王祖山、周明月和梁世夫，2017）。本文采取各省份城镇地区每年交通事故发生的次数作为安全性福利的衡量指标。为了避免原始数据对结果产生的波动率，我们对其取对数。

人口净流入速度（NISP）。王祖山和周明月（2017）认为，居民福利状况与城镇人口的净流入正相关，而且净流入速度越大，表示城镇的吸引力越大，居民福利水平越高。一般测算城镇人口净流入有两种标准，一种是以户籍人口数据为参考。另一种是以常住人口数据为参考。本文基于常住人口计算城镇人口的净流入速度，在某一地区生活半年以上的人口统称为常住人口，常住人口净流入速度＝（当期常住人口－上一期常住人口－自然增长人口）/当期常住人口。

产业结构（structure）。新型城镇化的发展注重城乡协调、产业布局以及空间结构的合理性（熊湘辉、徐璋勇，2015），产业新型城镇化往往选择第三产业产值占地区生产总值的比重作为代理变量。第三产业的发展会促进工业化的技术进步和生产效率，影响工资水平以及居民的物质福利。

资本存量（lcapital）。资本存量反映了地区的禀赋水平以及发展潜能。借用高文新和宋一弘（2016）的研究，将资本存量作为居民福利的一个影响因素，利用公式 $K_t = I_t + (1-\delta)K_{t-1}$ 计算，其 I_t 表示当年的投资总额，K_{t-1} 表示上一年的资本存量，δ 表示折旧率，我们设定 $\delta = 9.6\%$。

3. 数据的描述性统计

在对指标数据进行整理和汇总之后，分别从平均值、标准差、最大值和最小值四个方面对数据进行统计描述，结果如表3所示。

表 3 数据的描述性统计

变量	观测值	均值	标准差	最小值	最大值
welfare	403	0.562 1	0.955 2	0.202 0	0.789 1
aggl	403	1.014 3	0.741 1	0.588 9	3.865 6
urban	403	0.495 7	0.150 3	0.208 5	0.896 0
transport	403	8.765 5	0.971 0	5.811 1	11.140 4
NISP	403	0.002 4	0.128 5	−0.063 95	0.052 1
structure	403	0.409 7	0.084 5	0.286 2	0.796 5
lcapital	403	9.754 6	1.000 3	6.490 4	11.760 5

五　实证分析

1. 门槛检验

对于门槛模型首先需要分析的是是否存在门槛值以及个数,本文使用Stata12软件,首先通过Hausman检验得知,在1%的显著性水平下,无法满足随机效应模型的假设检验,故采取固定效应的门槛面板回归,然后依次设定存在一个门槛、两个门槛和三个门槛对模型的显著性进行估计,得到F统计量和利用Hansen提出的"自抽样法"(bootstrap)求出的p值,见表4。

我们发现,单一门槛和双重门槛在1%的显著性水平下显著,自抽样的p值分别为0.004和0.004,但三重门槛的效果不够显著,对应的自抽样的p值为0.056。考虑到回归系数的显著性,本文将基于双重门槛模型进行分析。

表 4 门槛存在性的显著性检验

模型	F 值	p 值	BS 次数	临界值		
				1%	5%	10%
单一门槛	24.691***	0.004	500	19.041	11.700	8.793
双重门槛	22.004***	0.004	500	16.991	12.401	9.821
三重门槛	0.000	0.056	500	0.000	0.000	0.000

注:(1) ***、**、* 分别代表在1%、5%、10%的水平下显著;(2) p 值与临界值是通过自抽样法(bootstrap)反复抽样500次得到的值。

表5表示了双重门槛的两个门槛值以及95%置信区间,似然比检验统计量LR为0时对应的γ的取值就是门槛变量的估计值,借助图1和图2绘制的似然比函数图也可以清晰地观察到两个门槛值0.475和0.731,它们所对应的95%置信区间分别为[0.462,0.480]和[0.137,2.267]。

表 5　门槛值估计结果

	估计值	95%的置信区间
门槛值 γ_1	0.475	[0.462, 0.480]
门槛值 γ_2	0.731	[0.137, 2.267]

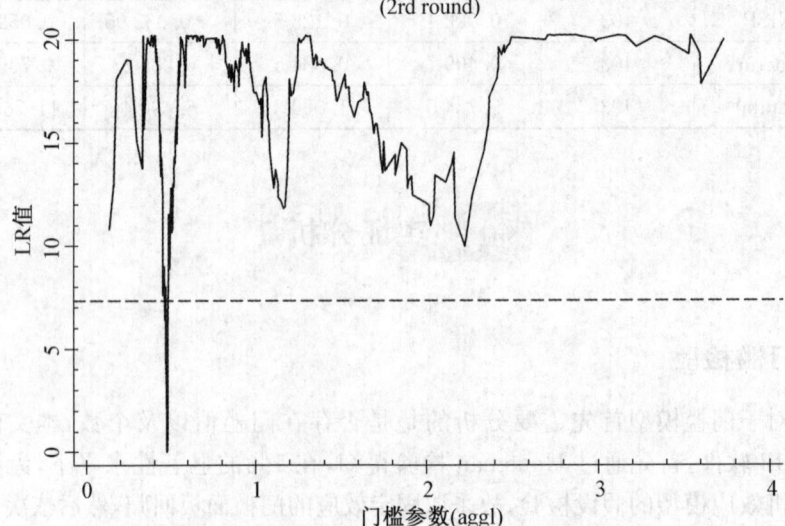

图 1　第一个门槛值的估计值和置信区间

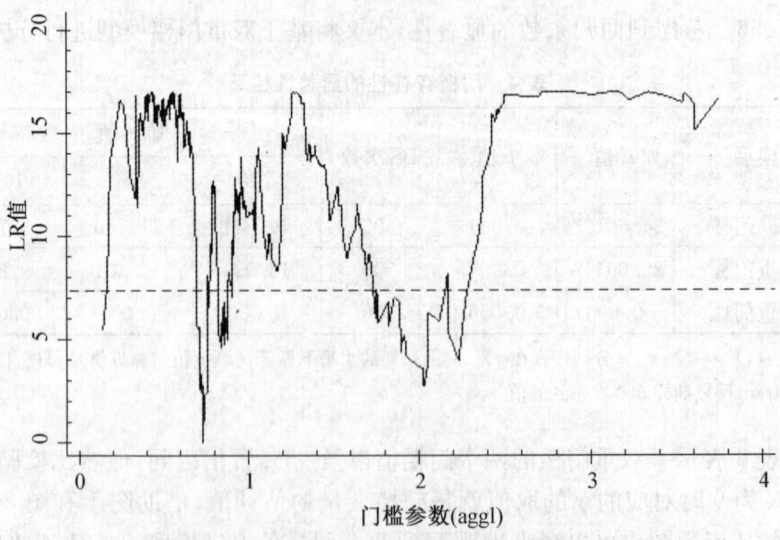

图 2　第二个门槛值的估计值和置信区间

2. 门槛回归结果

为了保证结果的稳健性,本文依据双重门槛回归模型的两个门槛值,逐步加入控制变量进行回归分析,具体结果列式在表6中。

表6 面板门槛模型回归结果

welfare	Coef.	Coef.	Coef.	Coef.	Coef.	Coef.
agg_1	0.208*** (4.25)	0.191*** (4.33)	0.204*** (4.53)	0.178*** (4.47)	0.174*** (4.04)	0.165*** (4.54)
agg_2	−0.091*** (−5.60)	0.051** (2.03)	0.063** (2.39)	0.043* (1.70)	0.052** (1.99)	0.044* (1.92)
agg_3		−0.060*** (−6.05)	−0.049*** (−3.91)	−0.051*** (−4.94)	−0.046*** (−3.70)	−0.029** (−2.56)
$urban$		0.681*** (15.65)	0.645*** (12.82)	0.674*** (14.53)	0.744*** (14.25)	0.433*** (5.51)
$transport$			−0.01 (0.158)	−0.016*** (−3.27)	−0.024*** (−3.10)	−0.038*** (−5.92)
$NISP$				−1.040** (−2.68)	−1.170*** (−3.01)	−0.710* (−1.92)
$structure$					−0.284*** (−3.88)	−0.178** (−2.23)
$lcapital$						0.040*** (4.63)
C	0.633*** (35.52)	0.249*** (12.62)	0.341*** (4.99)	0.394*** (7.94)	0.534*** (6.16)	0.367*** (4.61)

注:***、**、*分别代表在1%、5%、10%的水平下显著。

表6的结果说明产业集聚与居民福利之间的确存在一定的非线性关系,并具有一定的稳健性。当产业集聚水平低于第一门槛值0.475时,回归系数为0.165,并在1%的水平下显著,表明此时产业集聚对居民福利具有正向作用;当产业集聚水平介于第一门槛值0.475和第二门槛值0.731时,回归系数为0.044,并在10%的水平下显著,此时产业集聚对居民福利的促进作用正在减弱;当产业集聚水平高于第二门槛值0.731时,回归系数为−0.029,并在5%的水平下显著,此时产业集聚对居民福利存在显著的抑制作用。由上分析,随着产业集聚程度的加深,它与居民福利之间呈现出一种非线性关系,符合倒"U"型曲线,在临界点之前,产业集聚促进居民福利水平的提升,但这种促进作用越来越弱,在超越临界点之后,产业集聚对居民福利有抑制作用。

产业集聚和居民福利之所以会表现出如上的非线性关系,主要有以下几个方面的原因。首先当产业集聚水平较低且小于 0.475 时,厂商由于规模经济和较少的冰山成本而刚刚开始集聚,一方面会促进城镇地区的经济发展,从而提高居民工资,另一方面可以为居民节省生活成本,这会吸引劳动力迁入,更好地发挥人力资本的正外部性。同时集聚区的经济效益不断提升,也会增加公共产品的供给,极大地改善居民的福利水平。随着城镇地区人口数量增多,市场需求的扩大会引发更多的产业集聚,受限于地区的要素、资源和环境承载力,难以完全发挥集聚的正向效应,此时产业集聚对居民福利的促进作用越来越小,当集聚程度达到临界值 0.731 时,优势逐渐减弱,拥挤效应、恶性竞争、环境污染、资源枯竭等一系列的抑制性因素在不断加强,使得产业集聚对居民福利表现为抑制作用。

对于控制变量,城镇化水平与居民福利在 1% 的显著性水平下正相关,回归系数为 0.387,城镇化水平越高,意味着更多的非农人口流入城镇地区,有助于发挥人力资本的外溢效应,居民福利水平越高。交通事故情况与居民福利之间显著负相关,回归系数为 -0.0341,并通过了 1% 的显著性水平。交通事故情况反映了居民生活的安全程度,交通事故发生次数越多,对居民福利的抑制作用越强。人口净流入速度与居民福利显著负相关,回归系数为 -0.625,并通过了 10% 的显著性水平,受到城镇人口承载力的约束,人口迁入率越快,外部环境效应将会阻碍居民福利。产业结构与居民福利水平之间表现为负向关系,这与之前的研究存在一定差异,可能是因为,虽然第三产业在国民经济中占比升高,但是内部结构不合理导致产出效率低,发展成果无法较好地普及,对居民福利水平表现为抑制作用。资本存量与居民福利在 1% 的显著性水平下正相关,回归系数为 0.0426,这表明一个地区的资本存量越多,越能提升地区居民的福利水平。

3. 产业集聚对居民福利门槛效应的地区差异

考虑到区域间发展情况的不同,不同地区间产业集聚对居民福利的影响效果可能存在差异。基于全国层面的分析,本文又分别从东部、中部、西部三个区域探讨地区间产业集聚对居民福利水平的影响。门槛存在性检验结果如表 7 所示,门槛估计值和 95% 置信区间如表 8 所示,门槛回归结果如表 9 所示。

表 7 分地区门槛存在性检验

模型	东部		中部		西部	
	F 值	p 值	F 值	p 值	F 值	p 值
单一门槛	10.545	0.200	21.066	0.210	59.930**	0.046
双重门槛	25.032***	0.000	2.638**	0.034	29.293***	0.000
多重门槛	-14.391	0.680	-0.000	0.672	-0.000	0.699

注:***、**、* 分别代表在 1%、5%、10% 的水平下显著。

表 8 门槛估计值和 95% 置信区间

地区	门槛值 1		门槛值 2	
	估计值	95%的置信区间	估计值	95%的置信区间
东部	0.440	[0.440,0.440]	1.163	[1.073,2.167]
中部	0.434	[0.434,0.434]	1.118	[0.510,1.574]
西部	0.493	[0.469,0.494]	0.731	[0.350,0.738]

表 9 门槛回归结果

welfare	东部	中部	西部
agg_1	0.441*** (5.37)	0.407*** (2.82)	0.466*** (4.13)
agg_2	0.090*** (3.85)	−0.156*** (−3.10)	0.207*** (2.31)
agg_3	0.026** (2.02)	−0.116*** (−2.83)	0.044 (0.61)
urban	0.013 (0.12)	0.606*** (2.95)	0.654*** (5.68)
transport	−0.058*** (−5.74)	0.025 (0.98)	−0.030*** (−2.18)
NISP	−0.685 (−1.45)	0.768 (1.07)	−1.082** (−1.82)
structure	−0.034 (−0.36)	0.031 (0.14)	−0.192 (−1.16)
lcapital	0.087*** (8.85)	0.090*** (5.26)	−0.001 (−0.11)
C	0.162 (1.41)	−0.737*** (−1.98)	0.503*** (4.01)

注：***、**、* 分别代表在 1%、5%、10%的水平下显著。

对于东部地区,在新型城镇化背景下,产业集聚对居民福利的影响效果为正,其原因可能是东部地区具有丰富的资源禀赋和区位优势,城镇化进程较早,且制造业的集聚对物质福利的提升作用较为明显,就会不断吸纳劳动力,发挥人力资本的正外部性,技术扩散也有助于缓解来自资源、环境等方面的抑制性作用,因此在研究期内还未达到抑制作用的临界值。对于中部地区,产业集聚对居民福利的影响和全国层面的分析保持一致,符合倒"U"型曲线,但其门槛值低于全国水平,这可能是因为中部地区制造业主要为劳动密集型,处于价值链底端,加之东部地区的产业转移,加剧了地区拥挤效应和对资源环境的破坏,因此产业集聚后期表现为对居民福利的抑制作用。对于西部地区,产业集聚初期对居民福利表现为促进作用,主要原因可能是西部地区整体发展水平较低,国家政策不断促进城镇化进程,仍然具有较大的发展潜力,但受限于人口、资源和环境等方面的约束力,促进作用也在不断减弱,甚至在后期产业集聚对居民福利的促进效果并不显著。

4. 稳健性检验

为了检验新型城镇化背景下产业集聚对居民福利影响效应的稳定性,考虑到数据的可得性以及核心解释变量产业集聚的其他测量方法(罗胤晨,谷人旭,2014),采用 CR 指数来替换区位熵对实证结果再次进行检验。其中,CR 指数的计算公式为:

$$CR_i = \frac{x_i}{\sum_{i=1}^{N} x_i} \tag{18}$$

其中 CR_i 表示第 i 个省份的产业集聚水平,x_i 表示第 i 个省的制造业产值,N 表示省份的个数。从表10可以看出,稳健性检验的结果与前文实证的主要区别是显著性存在一定的变动,但实证结果依然证明了产业集聚初期对居民福利表现为显著的促进作用,随着集聚程度的上升,促进作用在减弱,当超过某一临界值,对居民福利表现为抑制作用,仍然符合倒"U"型关系。这说明本文得到的结论具有稳健性和可靠性。

表10 稳健性分析的门槛回归结果

$welfare$	$Coef.$
$agglo\_1$	4.246*** (4.10)
$agglo\_2$	0.678 (1.13)
$agglo\_3$	−0.492* (−1.77)
$urban$	0.185*** (4.07)
$transport$	−0.046*** (−7.52)
$NISP$	−0.203 (−0.54)

(续表)

welfare	Coef.
structure	0.069 (0.75)
lcapital	0.074*** (12.26)
C	0.115*** (1.35)

注：***、**、*分别代表在1%、5%、10%的水平下显著。

六 结论与政策建议

本文选取2003—2015年中国各省份的面板数据，基于Sen的可行能力分析(Sen, 1999)，通过模糊数学方法测算了新型城镇化背景下的居民福利水平，并利用区位熵计算了产业集聚程度，构造了面板门槛模型，实证分析了在新型城镇化进程中，产业集聚和居民福利之间存在非线性关系，得出了以下结论：产业集聚对居民福利最初具有正向影响，但这种影响关系随着集聚程度的增大而不断削弱，在超过某一临界值之后，产业集聚将会抑制居民福利。为了让新型城镇化中的产业集聚程度最大化地促进居民福利的提升，我们提出以下政策建议。

第一，提升产业集聚的效率，优化产业结构，转变经济增长方式。城镇地区目前的产业结构有待完善，促进经济增长过程中产生的"城市病"严重阻碍了居民福利，影响了新型城镇化进程。因此，一方面政府应该不断调整产业集聚程度，使其趋近门槛值并最大化地提升居民福利，另一方面要将城镇建设成为产业创新发展的集中区域，提升效率，促进可持续，同时政府应该从宏观层面调控资源的配置，合理分配公共资源，引导中小城市和农村地区的产业集聚。

第二，积极实施乡村振兴战略，促进集聚条件的公平。一直以来，我国的城乡发展不平衡，并集中表现在农村没有充分发展，没有完全发挥农村市场潜能，相比城镇地区，没有完备的集聚条件，导致了农村劳动力的迁出的恶性循环，政府应该依据城镇与乡村的行政空间尺度，统筹规划人口布局、产业结构、基础设施和财政支出等等，引导农村从被动地接受城镇地区的辐射与带动，变为主动通过挖掘乡村特色、乡村文化和乡村产业来增加活力，构建自己的产业集聚区，发挥自身比较优势，通过降低贸易成本和规模经济促进农村经济发展，吸引劳动力返乡，并带动城乡融合发展与区域协调发展。

第三,考虑居民的需求层次,在发展中改善和保障民生,以人民对美好生活的向往为奋斗目标。引导产业的科学发展和创新升级,顺应国际趋势,培育新的经济增长点。同时应该促进教育和养老产业等第三产业集聚,在提升劳动力吸纳能力的同时完善社会保障体系,并以将发展成果惠及全体人民作为立足点。

参考文献

[1] Behrens K. Industry and Welfare When Transport Costs are Endogenous[J]. Journal of Urban Economics, 2009, 65 (2): 195 - 208.

[2] Charlot S, Gaigne C, Robert-Nicoud F et al. Agglomeration and Welfare: The Core-Periphery Model in the Light of Bentham, Kaldor, and Rawls[J]. Journal of Public Economics, 2006, 90(1): 363 - 367.

[3] Ciccone A. Agglomeration Effects in Europe[J]. European Economic Review, 2002, 46(2): 213 - 227.

[4] Fafchamps M. Development Agglomeration and the Organization of Work[J]. Regional Science and Urban Economics, 2012(42): 459 - 472.

[5] Frank A. Urban Air Quality in Larger Conurbations in the European Union[J]. Environmental Modelling & Software, 2001, 16(4): 399 - 414.

[6] Fujita M, Krugman P. The New Economic Geography: Past, Present and the Future [J]. Regional Science, 2004, 83(1): 139 - 164.

[7] Haggett P, C liff A D, Frey A. Locational Analysis in Human Geography[J]. Geographical Review, 1967, 68(2): 363 - 367.

[8] Hansen B E. Threshold Effects in Non-Dynamic Panels: Estimation, Testing and Inference[J]. Journal of Economics, 1999(2): 345 - 328.

[9] Lucas R. On the Mechanism of Economic Development[J]. Journal of Economics, 1988, 22: 13 - 42.

[10] Martin P, Ottaviano G I P. Growing Locations: Industry Location in a Model of Endogenous Growth[J]. European Economic Review, 1999, 43: 281 - 302.

[11] Martin P, Ottaviano G I P. Growth and Agglomeration[J]. International Economic Review, 2001, 42: 947 - 968.

[12] Sara. Factor Analysis vs. Fuzzy Sets Theory: Assessing the Influence of Different Techniques on Sen's Functioning Approach [R]. CES Discussion Paper Series, Katholieke Universiteit Leuven, 2001.

[13] Sen A. Freedom, Capabilities and Public Action: A Response[J]. Notizie di Politeia, 1996(12): 107 - 125.

[14] Steven B, Harry G, Charles V M. An Introduction to Geographical Economics[M]. Cambridge University Press, 2001.

[15] 安虎森. 新区域经济学[M]. 大连:东北财经大学出版社,2008.

[16] 丛海彬,段巍,吴福象. 新型城镇化中的产城融合及其福利效应[J]. 中国工业经济, 2017,12(11):62 - 80.

[17] 范剑勇.城市化推进速度的地区差异:基于产业集聚视角的分析[J].江海学刊,2008,6(2):77-81+238.

[18] 傅十和,洪俊杰.企业规模、城市规模与集聚经济——对中国制造业企业普查数据的实证分析[J].经济研究,2008,12(11):112-125.

[19] 高文新,宋一弘.引资竞争、FDI流动与居民经济福利[J].暨南学报(哲学社会科学版),2016,38(10):103-111.

[20] 梁军,安虎森.关于我国乡镇企业的集聚化发展问题探讨[J].华东经济管理,2003,17(6):68-71.

[21] 刘军,张三峰.产业聚集能提升区域公共福利水平吗[J].财经科学,2015(12):58-67.

[22] 罗胤晨,谷人旭.1980—2011年中国制造业空间集聚格局及其演变趋势[J].经济地理,2004,34(7):82-89.

[23] 马剑锋,秦腾,佟金萍,等.工业集聚、城市集聚与水资源消耗——基于省际动态面板数据的系统GMM分析[J].软科学,2018,32(1):95-99.

[24] 王冰,钟晓华.城镇居民多维福利的追踪测度——基于可行能力理论的视角[J].城市问题,2014,12(5):2-8.

[25] 王建康,谷国锋,姚丽,等.中国新型城镇化的空间格局演变及影响因素分析——基于285个地级市的面板数据[J].地理科学,2016,36(1):63-71.

[26] 王新越,秦素贞,吴宁宁.新型城镇化的内涵、测度及其区域差异研究[J].地域研究与开发,2014,33(4):69-75.

[27] 王祖山,周明月,梁世夫.居住福利、人口流动与城镇化——基于江苏省的实证分析[J].中南民族大学学报(人文社会科学版),2017,37(4):135-140.

[28] 吴颖,蒲勇健.区域过度集聚负外部性的福利影响及对策研究——基于空间经济学方法的模拟分析[J].财经研究,2008,34(1):106-115.

[29] 熊湘辉,徐璋勇.中国新型城镇化进程中的金融支持影响研究[J].数量经济技术经济研究,2015,32(6):73-89.

[30] 杨爱婷,宋德勇.中国社会福利水平的测度及对低福利增长的分析——基于功能和能力的视角[J].数量经济技术经济研究,2012,12(11):3-17.

[31] 杨建林,张思锋,王嘉嘉.西部资源型城市产业结构转型能力评价[J].统计与决策,2018,5(5):53-56.

[32] 赵克勤.集对分析及其初步应用[M].浙江科学技术出版社,2009.

[33] 张先锋,刘有璐,杨新艳,等.动态外部性、集聚模式对城市福利水平的影响[J].城市问题,2016(3):4-12.

[34] 张文武,梁琦.劳动地理集中、产业空间与地区收入差距[J].经济学(季刊),2011,10(2):691-708.

论文执行编辑:韩剑
论文接收日期:2018年11月27日

Analysis on Industrial Agglomeration and Welfare in the Process of New Urbanization

Yanrong Hao Fuxin Jiang

Abstract: In order to investigate the impact and mechanism of industrial agglomeration on residents' welfare in the process of new urbanization, the paper is based on the Chinese provincial panel data from 2003 to 2015, uses fuzzy mathematics to measure the urban residents' welfare, and does the empirical analysis through the threshold panel. Results show that from the national perspective, there's inverted "U" shaped relationship between industrial agglomeration and the residents' welfare in the new urbanization, this indicates that there is an optimal agglomeration interval for the impact of industrial agglomeration on residents' welfare to a large degree and in this interval industrial agglomeration has a significantly positive influence on residents' welfare; from the regional perspective, industrial agglomeration significantly promotes the improvement of residents' welfare in the eastern region, but has an inverted "U" relationship with the residents' welfare in the central region, for the western region, industrial agglomeration promotes the residents' welfare initially, but the effect is not significant in the later stage. The conclusions of the study provide policy enlightenment for the government to adjust the industrial layout and improve the level of residents' welfare.
Key words: New Economic Geography Industrial Agglomeration Welfare Threshold Regression
JEL Classification: D60 O14

感知上级信任真的会促进员工建言行为吗？
——一个曲线关系的检验①

黄 勇 余江龙 李承晋*

【摘 要】 被信任是一把双刃剑，不总是会带来积极的结果。本文整合社会交换理论与资源保存理论，提出了感知上级信任与员工建言行为之间的曲线关系，并阐述了权力距离对感知上级信任与建言行为曲线关系的调节作用。在 459 份数据基础上实证检验了理论模型，分析结果表明，感知上级信任与建言行为之间存在倒 U 型曲线关系，较低和较高水平的感知上级信任均不利于员工的建言行为，中等感知上级信任水平下员工的建言行为较多；权力距离调节了感知上级信任与建言行为的曲线关系，员工的权力距离越高，感知上级信任与建言行为的曲线关系越弱，曲线拐点出现在更高的感知上级信任水平。

【关键词】 感知上级信任 建言行为 权力距离 倒 U 型关系

【JEL 分类】 M12

---

① 本文得到国家自然科学基金地区基金项目"西部民族地区企业包容性氛围营造及其对员工绩效的影响机制研究——以甘肃省临夏回族自治州为例"（编号：71662027）、教育部人文社会科学研究西部和边疆地区青年基金项目"西部民族地区企业人力资源管理实践、民族多样性氛围与员工绩效——以甘肃省民族地区为例"（编号：15XJC630002）的资助。

* 作者简介：黄勇（1984— ），男，甘肃平凉人，西北师范大学商学院副教授，研究方向为组织行为与人力资源管理，南京大学商学院管理学博士，Email：hyong-319@163.com。余江龙（1992— ），男，甘肃陇南人，西北师范大学商学院硕士研究生，研究方向为人力资源管理，Email：2277863099@qq.com。李承晋（1985— ），男，甘肃会宁人，管理学博士，西北师范大学商学院讲师，研究方向为市场营销与人力资源管理，Email：lichengjin@nwnu.edu.cn。

一 引 言

建言行为是指组织成员以改善组织现状为目的,以变化为导向并向组织主动提出建设性意见的人际沟通行为(LePine & Van Dyne, 1998)。作为一种"挑战-促进"性的角色外行为,它顺应了知识管理、团队建设等新理念的要求,并有益于组织变革和提高组织运行效率(Morrison, 2014; 段锦云和田晓明, 2011)。鉴于建言行为的积极影响,建言行为一经提出便受到学者们的高度重视,近十年来围绕员工建言的研究也在迅速增加。迄今为止,研究者主要基于不满意视角(dissatisfaction-based)和期望视角(expectancy-based),实证分析了员工建言的形式(e.g., LePine & Van Dyne, 1998; Liang, Farh & Farh, 2012)、个体与情境前因(e.g., Detert & Burris, 2007)、建言行为产生的心理机制(e.g., Liang, et al., 2012; Tangirala & Ramanujam, 2007)以及建言行为对个体、群体或组织的影响(Morrison, 2011, 2014)。由于建言行为具有风险性,蕴含着对现状的挑战,所以员工通常只有对环境感知到安全的情况下才会表现出建言行为。大量研究也指出,组织环境特别是良好的社会环境是激发员工建言行为的重要情境因素(e.g., Detert & Burris, 2007; LePine & Van Dyne, 1998; Morrison, 2011)。

在中国的组织中,上级常常拥有正式的职权并掌握着大量资源(Lau, Lam, & Wen, 2014),上级的信任无疑会降低员工行为的风险,从而会促进员工表现出风险性行为(Mayer, Davis & Schoorman, 1995),例如建言行为。实证研究也表明,领导信任是建言行为的重要前因变量(Gao, Janssen & Shi, 2011)。然而,学者们至今较多关注主动信任一方(truster)的信任行为,如同事信任、上级信任和组织信任(Gao, et al., 2011; 段锦云和田晓明, 2011),而缺少从被信任者(trustee)视角出发分析感知被信任对员工建言行为的作用。根据认知评价理论,上级的信任行为经由员工的自我认知评价后才能有效激发被信任者的行为。因此,从被信任者视角考察感知上级信任对员工建言行为的影响,能够更好地揭示信任的影响效应(Lau et al., 2014)。感知信任(feeling trusted)是指被信任者对信任者为他们不确定性行为进行风险承担意愿的感知。已有研究表明,感知上级信任是一种工作场所自我评价的积极因素,与员工的任务绩效正相关,有利于促进组织公民行为(Lau et al., 2014)。Lester and Brower (2003)的研究也发现,感知上级信任会提高被信任者的工作满意度,并显著提高其工作绩效与组织公民行为。但是 Baer et al. (2015)基于资源保存理论的研究得出了不一致的结论,即感知上级信任会增加下属的工作负担和声誉保持的担心,进而引致情绪耗竭和低的工作绩效。国内学者近期研究发现,被信任可能蕴含着成本,感知上级信任会给员工带来工作压力、角色负荷和情绪耗竭(王红丽和张筌钧,2017)。因此,虽然感知上级信任逐渐得到了学者们的关注,但是研究者对于感知上级信任的影响及其条件仍没有很好地进行阐释(见表1),并且主要考察了感知上级信任对具有亲和性的组织公民行为的影响,而非对具有挑战性的建言行为的影响(Nerstad, Searle, Černe, et al., 2018;孙利平、龙立荣和李梓一,2018)。

表1 感知上级信任实证研究结果汇总

作者	年代	理论基础	中介变量	调节变量	结论
Salamon & Robinson	2008	适当性理论	责任规范	无	感知上级信任与组织绩效正相关
Brower et al.	2009	社会交换理论	无	无	感知上级信任与下属的组织公民行为和任务绩效正相关,与离职倾向负相关
Lau et al.	2014	自我评价视角	基于组织的自尊	无	感知上级信任与员工的任务绩效和组织公民行为正相关
Baer et al.	2015	资源保存理论	感知工作负担 骄傲 声誉保持的担心	无	感知上级信任与下属的情绪耗竭正相关,与工作绩效负相关
Nerstad et al.	2018	成就目标理论	感知上级信任	无	感知上级信任与员工的知识共享正相关
王红丽和张筌钧	2017	角色理论 社会学习理论	下级的角色负荷 下级的工作压力	规范强度	感知上级信任与下属的情绪耗竭正相关
王红丽和吕迪伟	2018	自我决定理论 社会交换理论	感知义务	组织自尊	感知上级信任与下属的强制性组织性公民行为正相关

注:根据相关研究整理。

根据社会交换理论,被上级信任反映了上下级之间良好的社会交换关系,为了维护彼此间高质量的关系,下属会做出积极的反应或努力,例如建言行为以回报上级的恩惠(Blau, 1964;Cropanzano & Mitchell, 2005)。同时,资源保存理论指出,个体具有保存和获取资源的动机,当拥有的资源受到威胁或产生损失时,会给个体带来压力,为了减少资源的损耗,个体会实施特定的行为以防止资源受损(Hobfoll, 2001),因而当个体面临工作压力或工作负荷时可能会减少建言行为(Ng & Feldman, 2012)。基于此,结合管理研究中"过犹不及"的效应(the too-much-of-a-good-thing effect)(Pierce & Aguinis, 2013),本文认为,感知上级信任对员工行为影响结果不一致的原因,在于感知上级信任可能存在过犹不及效应,即感知上级信任对员工行为的积极影响依赖于感知上级信任的程度,因为它既可能使员工产生回报领导或组织的义务感,也会给员工带来工作负担。Baer et al.(2015)也建议研究者要深化对感知信任"双刃剑"效应的分析。此外,跨文化研究指出,中国人之间的交换并不一定遵循互惠法则,高权力距离的文化特征,使得组织中的员工易接受上级的工作指导或任务安排,并重视下属自身义务的履行(Farh,Hackett & Liang,2007;陆欣欣和孙嘉卿,2016)。这意味着员工的文化价值观会影响其互惠的方式或资源的损耗程度,从而影响了感知上级信任与员工建言之间的关系。综合以上分析,本文检验感知上级信任与员工建言行为的倒 U 型关系以及权力距离的调节作用,以深化对感知上级信任的"两面性"的认识,拓展对感知上级信任的影响结果及其边界条件的分析,弥补现有研究的不足,并促进相关理论的完善。

二 理论基础与研究假设

1. 感知上级信任

在信任关系中,信任和感知信任是高度相关但有本质区别的两个概念(Mayer et al.,1995)。信任的行为主体是信任者,而感知信任的行为主体是被信任者(Lau et al.,2014;Nerstad et al.,2018)。信任是基于对他人的积极预期而产生的愿意承担其行为风险的意愿(Mayer et al.,1995;Rousseau,Sitkin,Burt & Camerer,1998)。上级相信下属而把重要任务分配给他,这一意愿反映了信任行为,实际的授权反映了上级对这一关系的风险承担。而感知信任是被信任者觉察到主动信任一方对自己不确定性行为进行风险承担的意愿。员工察觉到上级把重要任务分配给自己,这一认识就反映了感知上级信任。虽然信任发生于双方之间,但信任通常是不对称的(Brower,Lester,Korsgaard & Dineen,2009),一方的信任并不总是会受到另一方的互惠,因为被信任者可能没有意识到他人的信任,或者误解了信任行为背后的意图(Lau et al.,2014),而他人的信任行为只有被被信任者感知并正确理解的前提下才能发挥其作用(Lester & Brower,2003)。因此,从被信任者视角出发的感知信任研究具有重要的理论和实践意义(Baer et al.,2015;Lau et al.,2014)。

感知上级信任是指,员工感知到上级对他的积极预期,体会到上级对他的行为风险进行承担的意愿(Lau,Liu & Fu,2007)。目前,学者们主要从依赖(reliance)和透露(disclosure)两个方面来表征感知信任(Gillespie,2003;

Lam, Loi & Leong, 2013)。员工感知上级信任因而也包括感知上级依赖和感知上级信息透露两个维度。感知上级依赖是指员工感知到上级的行为和决策对自己的技能、知识和能力的依赖程度,感知上级信息透露则是指员工感知到上级愿意与自己分享敏感信息的意愿,包括工作和私人生活中敏感信息分享和交流(Lau et al.,2014)。由于环境感知是行为唤起的前提,所以只有当上级的信任行为转化为下属可感知的信任时,才会引起下属态度和行为的改变(Lau et al.,2014;王红丽和张筌钧,2017)。因此,与上级对下属的信任相比,感知上级信任更能预测员工的行为与结果(Brower et al.,2009;Nerstad et al.,2018)。

2. 感知上级信任与建言行为

已有研究发现,感知上级信任对员工心理或工作绩效的影响结果存在两面性。这表明感知上级信任很可能是一把"双刃剑",被上级信任未必总会产生积极的结果。一方面,感知上级信任有益于形成良好的领导成员关系,增加员工回报上级的义务感(Nerstad et al.,2018),促使员工表现出更多的积极行为;另一方面,感知上级信任会带来压力和紧张,增加下属的心理负担与工作负荷(Baer et al.,2015),从而会降低其不确定性或风险性行为。

具体而言,在较低的感知上级信任水平下,员工会表现出较少的建言行为。首先,建言常常被理解为改变现状和挑战领导权威的风险性行为,员工感知到的风险和收益是产生建言行为的内在心理机制(Detert & Burris,2007;Morrison,2011)。中国社会具有高权力距离的文化特点,这使得员工建言因很可能威胁到他人利益或挑战领导权威而遭到反对的风险将更为突出(周建涛和廖建桥,2012)。较低的感知上级信任,意味着员工预期自身建议被采纳的可能性不大,即使他们发现问题并相信自己能提出合理的建议,但由于缺乏上级的信任使其建言的风险增大,出于个人得失的考虑员工很可能会减少建言行为。其次,社会交换理论认为,当个体受到他人的恩惠时,个体为回报他人的恩惠会做出更多有利于他人的行为(Blau,1964;Cropanzano & Mitchell,2005)。较低的感知上级信任水平意味着上级较少的授权,员工可获得的组织资源也非常有限,根据互惠原则,员工没有很强的义务感去做出角色外行为(王红丽和吕迪伟,2018)。此外,领导作为组织形象的代言人,领导的行为很多时候代表了组织对员工的重视和信任(梁建,2014)。因此,较低的感知上级信任会降低员工对组织的责任感和义务感(Salamon & Robinson,2008),从而抑制了员工做出建言行为的动机。

与此不同,在过高的感知上级信任水平下,员工很可能会感知到压力和负担,而解释压力及应对方式的资源保存理论提供了新的分析视角(Baer et al.,2015)。特别地,感知上级的过分信任同时包含高度依赖和频繁的敏感信息透露两个方面。上级的高度依赖意味着下属需要承担更多的工作任务,为回报上级的信任员工需要投入更多的精力和时间去尽力完成工作。根据资源保存理论(Hobfoll，2001)，员工的时间、精力和情绪资源是有限的，高水平的感知上级信任无疑会消耗员工更多的资源(Baer et al.，2015)。此时，员工感知上级的信任带来了压力，感知上级信任增加了下属的心理负担，出于资源保存的动机，员工会减少甚至放弃建言的机会，在行为上更多与同事保持一致并遵循上级的想法，从而避免以变化为导向的建言行为(Ng & Feldman，2012)。另一方面，中国社会强调个体的角色职责，上下级关系中注重义务性的回报，义务性成分是人际交往的关系基础，义务性所体现的交换关系强调个体必须履行角色关系所规定的义务(沈毅，2003)。高的感知上级信任意味着高质量的社会交换关系，而良好的上下级关系意味着双方的义务性成分增加，尤其是在权力和地位不对称的上下级关系中，下属将承担更多的义务(王红丽和吕迪伟，2018)。因此，在高感知上级信任水平时，人际信任的约束性特征将逐渐显现出来(翟学伟，2014)，下级将承担由这种关系产生的更多义务性任务，感知上级信任从而会消耗下属更多资源，员工也很可能会表现出较少的建言行为。

因此，中等程度的感知上级信任水平下的员工建言行为会较多。与较高水平的感知上级信任相比，中等水平的感知上级信任不会增加下属过多的心理负担和工作任务，同时感知上级信任也会使下属产生积极的情绪体验。根据资源保存理论，感知上级信任意味着下属可以获得上级一定的情感和资源支持，从而有助于其工作资源的增加(Baer et al.，2015)，而员工从中等水平的感知上级信任中获得的好处大于工作压力或工作负荷带来的资源损耗，从而有利于员工的建言行为。另一方面，中等水平的感知上级信任是一个合理的信任区间，有利于形成高质量的领导成员交换关系。而良好的上下级关系和轻松自由的组织环境构建了安全的"说话"环境(Morrison，2014；段锦云和田晓明，2011)。此外，与较低水平的感知上级信任相比，中等水平的被上级信任感知会明显增加下属的回馈意愿，作为回报员工会做出更多的建言行为。基于此，本文提出如下假设。

假设1：感知上级信任与员工建言行为之间存在倒U型的关系。在感知上级信任较低与较高水平时，员工表现出的建言行为较少，而在中等的感知上级信任水平下，员工的建言行为较多。

3. 权力距离的调节作用

作为一种个体层面的文化价值观，权力距离是指个体对组织中权力不平等分配的认可程度，它会影响员工的角色定位和沟通方式的选择(Farh et al.，2007；周建涛和廖建桥，2012)。已有研究考察了权力距离对领导行为与员工结果之间的调节作用。例如，Kirkman, Chen, Farh, Chen and Lowe (2009)检验了权力距离对变革型领导与下属程序公平感知关系的调节作用，下属的权力距离越高,变革型领导对程序公平感知的影响越小。梁建(2014)的研究发现,权力距离正向调节道德领导与员工建言的关系。古银华等(2017)关于信任的研究指出,认知依赖在主管信任与员工任务绩效关系之间起中介作用,权力距离调节了主管信任与认知依赖之间的关系,即员工权力距离越大,主管信任对其认知依赖的正向作用越强。一般而言,个体的权力距离越大,对环境的敏感性就越高。反之,权力距离越小,个体对上下级之间的地位和权威对比的敏感性越低。基于不同权力距离导向员工的特点,本文认为感知上级信任对员工建言行为的倒U型影响会因员工权力距离的不同而有所差异。

一方面,对于高权力距离的员工而言,感知上级信任与员工建言行为之间的倒U型曲线关系不明显。根据权力距离的内涵,高权力距离员工行为和决策较多受到领导或环境的影响,上级的信任是其行为的重要外在环境因素(周建涛和廖建桥,2012)。较低的上级信任感知意味着较大的行为风险,从而不利于员工的建言行为。另一方面,在上下级关系中社会交换理论的运用会受到下属权力距离导向的制约,高权力距离员工注重既定的义务规范,在上下级关系中并不完全遵循互惠规范(Farh et al.,2007;陆欣欣和孙嘉卿,2016)。因此,较低的感知上级信任水平可能并不会显著影响高权力距离员工的建言行为。另外,在感知上级信任水平较高时,上级的信任意味着更多的工作任务和责任。根据资源保存理论,实现上级的期望和完成工作要求会消耗员工更多的精力、时间和情绪资源。而个体的资源是有限的,资源的损耗会给下属带来不舒适感,出于资源保存的目的,员工可能会减少建言行为(Ng & Feldman,2012)。但是由于高权力距离员工往往认可上下级间的地位和权力差异,行为更愿意接受领导的指示和安排(Fock, Hui, Au & Bond, 2013)。因此,尽管被上级过高的信任意味着更多的工作负荷和消极的情感体验,但是上级分派的更多任务一定程度上符合高权力距离员工的角色规范或义务要求,高权力距离员工通常能够接受这样的工作安排,资源消耗的程度因而会相对较少,表现的建言行为将不会明显减少。

对于低权力距离的员工而言,感知上级信任与员工建言行为之间的倒U型曲线关系会较为明显。低权力距离的员工注重从自己的想法出发行事,其行为较少受到外在环境因素的影响(Farh et al.,2007;周建涛和廖建桥,2012),在上下级关系中更注重互惠规范的运用(Kirkman et al.,2009;陆欣欣和孙嘉卿,2016)。根据互惠规范,交换双方依据自己所得来回报对方提供的资源(陆欣欣和孙嘉卿,2016)。在感知上级信任水平较低时,上级的信任行为并不能引发下属回报上级的义务感,较低的义务感使员工表现的建言行为较少。另一方面,低权力距离的员工认可上下级之间的平等关系,适度的上级依赖和信息透露有利于形成良好的交换关系,但较高水平的上级信任感知会使其产生焦虑、紧张和压力。根据资源保存理论,感知上级信任会增加员工的工作压力和角色负荷,从而会消耗更多的精力和情绪资源(Baer et al.,2015)。由于建言行为具有一定的挑战性,需要员工投入更多的资源,在这种情境下,员工从事建言行为的工作资源不足,从而不利于建言行为的产生(梁建,2014)。同时,低权力距离的员工强调平等,喜欢独立做事,较高的被上级信任水平意味着频繁的咨询和信息透露,这会使员工产生厌烦和排斥心理,从而带来不舒服等消极的情感体验(Fock et al.,2013),进而消耗了较多的可用于建言的员工资源。最后,在中等感知上级信任水平下,上级的信任行为会唤醒员工的互惠规范,为防范上级的损失和回馈上级的恩惠,员工会积极地建言献策。此外,与较高水平的感知上级信任相比,中等水平的感知上级信任不会使员工产生明显的紧张和不舒适感,感知被上级信任还会增加员工建言的自信心。因此,低权力距离的员工在中等的感知上级信任水平下,表现出的建言行为最多。

假设2:权力距离调节了感知上级信任与建言行为之间的倒 U 型关系,即权力距离越大,感知上级信任与建言行为之间的曲线关系越不明显。

三 研究方法

1. 样本及调研程序

本研究主要选取甘肃兰州、陕西西安和宁夏银川地区的企业员工为调查对象,调查企业涉及制造、建筑、金融等行业。调查问卷采用纸质发放方式,研究者首先将打印好的问卷邮寄至企业的联系人,然后由联系人负责问卷发放。问卷指导语注明了匿名填答并提供了详细的填写指引。在调研企业相关部门领导的帮助支持下,2018 年 1 月到 2018 年 4 月共发放了 500 份问卷,回收问卷 480 份,回收率 96.0%。剔除字迹潦草、不认真作答和数据缺失过多等无效问卷后,最后得到有效问卷共 459 份,问卷的有效率为 95.63%。在有效样本中,男性 202 人(44.01%),女性 257 人(55.99%);调研对象的平均年龄 26.84 岁,在本单位的平均工作年限 3.55 年;大专以下学历 26 人(5.66%),大专学历 111 人(24.18%),本科学历 288 人(62.75%),硕士及以上 34 人(7.41%);普通员工 243 人(52.94%),行政岗 74 人(16.12%),基层管理者 53 人(11.55%),中层管理者 20 人(4.36%),高层管理者 9 人(1.96%),其他岗位 60 人(13.07%)。

2. 变量测量

感知上级信任采用 Gillespie(2003)编制的信任量表,共 10 个条目,示例条目为"上级愿意跟我分享他的心情和感觉"。已有研究表明,该量表具有良好的心理测量学特征,并被运用于中国情境的研究(Lam, et al., 2013;王红丽和张筌钧,2017)。虽然信任在双方之间经常发生,但被信任是单一方向的,信任者和被信任者对他们的信任关系有不同的感知和理解,进而会表现出不同的态度和行为,从而由员工评价上级的信任是最合适的(Lau et al., 2014;Lau et al., 2007)。采用Likert 5点计分量表,1代表非常不同意,5代表非常同意,该量表内部一致性系数为0.844。

建言行为采用Van Dyne and LePine (1998)编制的量表,共6个条目,示例条目如:"当自己的观点可能对部门有所帮助时,尽量让大家都知道。"采用Likert 5点量表记分,1代表非常不同意,5代表非常同意。该量表也被很多研究证明具有良好的信效度(段锦云和田晓明,2011)。由于本文的研究视角是被信任者,因此,建言行为由员工自评更能反映研究问题。该量表的内部一致性系数为0.849。

权力距离采用Dorfman and Howell (1988)编制的量表,共6个条目,示例条目如:"上级进行大多数决策时,并不需要咨询下属的意见。"采用Likert 5点量表记分,1代表非常不同意,5代表非常同意,由员工自评。该量表的内部一致性系数为0.765。

控制变量:已有研究表明,人口背景变量会影响建言行为(Morrison, 2011;王永跃和段锦云,2015)。因此,在研究变量间的关系时,把性别、年龄、工作年限、教育水平、岗位类型和企业性质作为控制变量处理。

四 数据分析与结果

1. 共同方法偏差分析

考虑到调查问卷均由被试者自我报告,同样的测量环境,数据容易出现共同方法偏差问题。本研究采用Harman单因子检测法来检验共同方法变异,根据周浩和龙立荣(2004)的建议,设定公因子数为1,以对"单一因素解释了所有的变异"做更为准确的检验。探索性因子分析结果显示,未旋转前析出的第一个因子的解释量为15.88%,这表明共同方法偏差问题不严重。

2. 验证性因子分析

为了检验变量间的区分效度,采用Mplus 7.40统计软件对理论模型中的3个核心变量进行了验证性因子分析。通过分析比较三因子模型和竞争模型的拟合指标优劣程度来检测各变量间的区分效度。从表2的分析结果可以看出,三因子模型的拟合指标($\chi^2=278.939$, df$=206$, TLI$=0.967$, CFI$=0.970$, RMSEA$=0.028$)优于其他两个替代模型。由此可知,三个变量之间具有良好的区分效度。

表2 验证性因子分析结果

模型	χ^2	df	χ^2/df	TLI	CFI	RMSEA
3因子模型:感知上级信任、建言行为、权力距离	278.939	206	1.844	0.967	0.970	0.028
2因子模型:感知上级信任+建言行为、权力距离	1 238.421	208	5.954	0.534	0.581	0.104
1因子模型:感知上级信任+建言行为+权力距离	1 705.447	209	8.160	0.327	0.391	0.125

注:+表示变量合并为一个因子。

3. 变量的描述性统计

表3是变量的均值、标准差和相关系数矩阵。相关分析结果表明,感知上级信任与建言行为在90%的置信水平上负相关($r=-0.085$, $p<0.1$),感知上级信任与权力距离正相关($r=0.142$, $p<0.01$),权力距离与建言行为的相关系数不显著($r=0.010$, $n.s.$)。

表3 均值、标准差及相关系数表(N=459)

	M	SD	1	2	3	4	5	6	7	8	9
1. 性别	1.560	0.497	1								
2. 年龄	26.841	5.732	−0.038	1							
3. 教育水平	2.719	0.682	−0.018	−0.117**	1						
4. 岗位类型	2.623	1.528	−0.061	0.035	−0.066	1					
5. 工作年限	3.545	5.810	−0.031	0.581***	−0.036	0.084*	1				
6. 企业性质	3.492	1.871	0.081*	−0.115***	−0.181***	0.081*	−0.045	1			
7. 感知上级信任	3.088	0.058	−0.017	−0.028	0.02	−0.108**	−0.015	−0.008	1		
8. 权力距离	3.247	0.535	0.076	0.060	−0.06	0.064	0.063	0.04	0.142***	1	
9. 建言行为	3.308	0.678	−0.068	0.011	0.037	0.067	−0.07	−0.002	−0.085*	0.010	1

注:* $p<0.1$, ** $p<0.05$, *** $p<0.01$,双尾检验,下同。

关于研究假设,本文采用SPSS 19.0统计软件,运用逐步回归方法进行检验。为降低变量间的多重共线性,首先对感知上级信任和权力距离进行标准化处理,然后构造乘积项进入回归模型。根据 Dawson and Richter(2006)提出的检验曲线关系的方法,运用一系列嵌套的回归模型来检验变量间关系的形式。第一步,把控制变量加入回归模型。第二步,把感知上级信任和权力距离加入回归模型。第三步,把感知上级信任和权力距离的交互项加入回归模型。第四步,把感知上级信任的平方项加入回归模型。第五步,把感知上级信任平方项和权力距离的交互项加入回归模型。

表4 层级回归分析结果

	M1	M2	M3	M4	M5
性别	−0.064	−0.068	−0.058	−0.052	−0.050
年龄	0.086	0.082	0.087	0.084	0.073
教育水平	0.048	0.050	0.045	0.047	0.043
岗位类型	0.073	0.062	0.062	0.060	0.058
工作年限	−0.126**	−0.126	−0.129	−0.122**	−0.118**
企业性质	0.010	0.009**	0.009**	0.010	0.005
感知上级信任		−0.084*	−0.077	−0.087*	−0.112**
权力距离		0.028	0.007	0.000	−0.062
感知上级信任×权力距离			0.149***	0.190***	0.177***
感知上级信任^2				−0.168***	−0.164***
感知上级信任^2×权力距离					0.118**
ΔR^2	0.021	0.007	0.022	0.026	0.008
ΔF	1.599	1.633	10.272***	12.832***	4.094**

回归结果如表4所示。在控制了人口统计学变量后,感知上级信任对建言行为具有显著的负向影响(M2,$\beta=-0.084$,$p<0.1$),感知上级信任与权力距离交互项的回归系数显著(M3,$\beta=0.149$,$p<0.01$),这表明权力距离调节了感知上级信任与建言行为之间的线性关系。在此基础上,在回归模型中加入了感知上级信任的平方项,分析结果显示,平方项的回归系数显著为负(M4,$\beta=-0.168$,$p<0.01$),这说明感知上级信任与建言行为之间存在倒U型曲线关系,假设1得到支持。同时,为清晰展现感知上级信任与建言行为之间的关系,根据周浩和龙立荣(2013)绘制曲线关系的方法,本文借助SPSS19.0软件绘制了感知上级信任与建言行为之间的曲线关系图(见图1)。如图1所示,感知上级信任对员工建言行为的作用关系存在一个拐点。在拐点左侧,感知上级信任对建言行为具有正向的促进作用,感知上级信任水平越高,员工的建言行为越多。在拐点右侧,感知上级信任对建言行为具有负向的抑制作用,即感知上级信任水平越高,员工表现出建言行为越少。

此外，模型5中加入了感知上级信任的平方项与权力距离的交互项，回归系数显著为正（M5，β＝0.118，$p<0.05$），表明权力距离对感知上级信任与建言行为之间的曲线关系具有正向调节作用，即员工权力距离越高，感知上级信任对建言行为的倒U型曲线关系的作用较弱，假设2得到支持。同时，感知上级信任与权力距离交互项的回归系数仍显著为正（M5，β＝0.177，$p<0.01$），这说明员工的权力距离越高，感知上级信任与建言行为之间的倒U型曲线的拐点出现在更高的信任水平。同样地，为展现权力距离对感知上级信任与建言行为曲线关系的调节作用，以均值加减一个标准差将员工区分为高、低权力距离组，分别绘制了权力距离的调节效应图（周浩和龙立荣，2013）（见图2）。最后，根据Weisberg（2005）的建议，本文计算了感知上级信任与员工建言行为曲线的拐点，具体是先对自变量进行标准化处理，再生成自变量的二次项，然后把一次项和二次项加入回归方程，分别得到一次项和二次项的系数。根据曲线拐点的计算公式（$-B1/2B2$）分别计算出高和低权力距离两组曲线的拐点值（见表5）。如图2和表5所示，员工的权力距离越高，倒U型曲线的拐点出现在更高的感知上级信任水平。

表5 感知上级信任与建言行为曲线关系的拐点

感知上级信任—建言行为	回归系数（B）			$Z_{inflection}=-B1/2B2$
	截距（B_0）	一次项（B_1）	二次项（B_2）	
低权力距离（-1.00 SD）	3.516	-0.232	-0.157	-0.739
高权力距离（$+1.00$ SD）	3.585	0.072	-0.075	0.480

注：$Z_{inflection}$反映了感知上级信任与建言行为之间关系的曲线拐点，对应的感知上级信任是标准化得分。

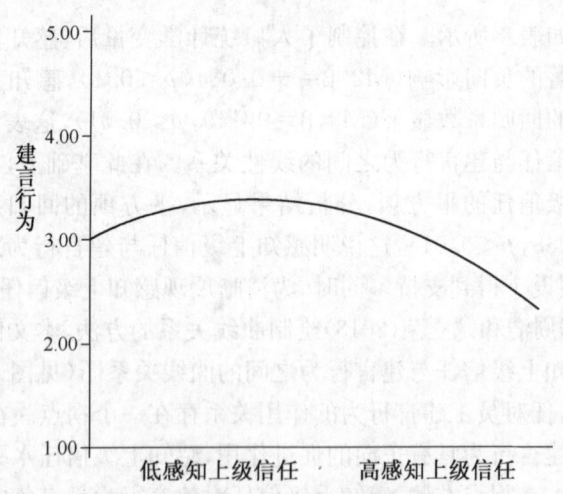

图1 感知被上级信任与员工建言行为之间的曲线关系

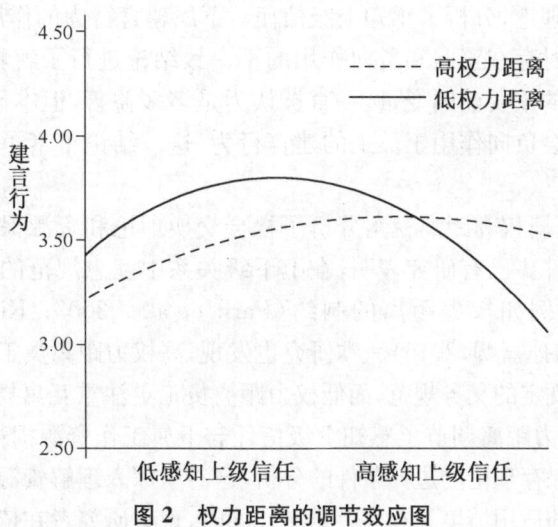

图 2　权力距离的调节效应图

五　结论与讨论

1. 研究讨论

积极响应 Brower et al. (2009)从被信任者视角探究人际信任的呼吁,以及 Baer et al. (2015)深化感知信任"双刃剑"效应分析的建议,本文根据已有研究中解释感知信任作用机制的思路以及"过犹不及"效应,分析了感知上级信任与员工建言行为之间的曲线关系,以及员工权力距离的调节作用。实证结果表明,感知上级信任与建言行为之间存在倒 U 型曲线关系,下属权力距离调节了感知上级信任与建言行为之间的倒 U 型曲线关系,即对高权力距离员工而言,感知上级信任与建言行为的曲线关系较为平缓,拐点出现在更高的感知上级信任水平。而低权力距离员工的感知上级信任与建言行为的曲线较为陡峭,拐点出现在较低的感知上级信任水平。这些结论具有显著的理论意义。

首先,本文整合了社会交换理论和资源保存理论,从两个理论视角全面阐述了感知上级信任与建言行为之间的倒 U 型曲线关系,调和了已有研究结果的不一致关系。已有感知信任的研究中,学者们基于不同理论视角得出了不一致的结论。社会交换理论认为,感知上级信任是员工行为的前因变量,有利于形成良好的领导成员关系(Brower et al., 2009)。资源保存理论认为,感知上级信任在增加下属骄傲的同时也会增加下属的心理负担进而引致情绪耗竭(Baer et al., 2015)。本研究基于员工建言行为的研究成果,整合社会交换理论和资源保存理论，分析了感知上级信任对下属建言行为的作用关系，并对感知上级信任同时存在正向和负向作用的不一致结论进行了解释。同时，信任作为建言行为的重要前因变量，一直被认为是多多益善，但本研究发现，感知被上级信任也会负向作用于员工的建言行为，这一结论丰富了对感知信任作用效果的探析。

其次，从下属权力距离视角分析了社会交换理论和资源保存理论的文化层面的边界条件。已有研究表明，在上下级关系中互惠规范的运用受到下属的文化价值观例如权力距离的制约（Farh et al.，2007；Kirkman et al.，2009；陆欣欣和孙嘉卿，2016）。本研究也发现，高权力距离员工在上下级关系中倾向于遵循既定的义务规范，而低权力距离员工更注重互惠规范的运用。本研究还发现，权力距离调节了感知上级信任与下属工作资源损耗的关系，从而拓展了对资源保存理论的边界条件的分析，这对于深入理解资源保存理论以及资源保存理论的适用情境具有重要意义。同时，现有研究者在依据资源保存理论分析感知信任时，较少考虑资源保存理论运用的文化背景。本文立足中国社会的文化背景考察权力距离的调节作用，弥补了现有实证研究的不足。

此外，已有感知信任研究更多的是考察其对工作压力、组织公民行为或任务绩效的影响，相对缺少对风险性较高的建言行为的检验。建言作为员工重要的绩效行为，对组织发展具有重要意义。本文从被信任者视角考察员工感知上级信任对其建言行为的影响，促进了对感知信任与建言关系的深入研究，有助于深化对感知信任与建言行为之间关系的探析，并深化了对建言行为发生机制的分析。

2. 管理启示

为适应组织创新、变革和发展的需要，管理者越来越希望员工更多地参与到组织管理中来。作为一种重要的组织参与行为，员工建言对于提高组织运营效率具有重要作用。本研究发现，上级的信任被员工认知评价后满足了下属建言的心理安全需要从而促进其表现出建言行为，如果领导者希望下属提出更多建设性的意见，信任员工并让其感知被信任是促使员工建言的有效措施。其次，感知上级信任是一把双刃剑，较低的信任和较高的信任行为均不利于员工做出建言行为。因此，领导者要理解信任的双重作用，把握好其信任行为的"度"才能有效促进员工的建言行为。员工感知上级信任包括感知上级依赖和感知上级信息透露两个方面，领导者可以通过积极的领导行为营造组织信任氛围，如授权、支持和沟通等，增加下属的被信任感知，从而促进其建言行为。此外，信任有效性的发挥也需要一定的条件才能被激活。权力距离导向不同，感知上级信任对建言行为的影响也存在差异，因而领导者要善于识别员工的文化价值导向并理解权变管理的思想，以便在不同情境展现不同的信任水平去最大化地促进员工的建言行为。

3. 研究不足与展望

本文也存在一些局限。首先,研究数据均采用员工自评方式,带来潜在的共同方法偏差问题,尽管分析显示共同方法偏差问题不严重,但由主管评价员工建言行为或者在不同时间点收集数据能够更严格地检验研究假设。其次,本文没有直接检验感知上级信任的影响机制,员工感知被上级信任到其行为改变存在一个过程,横截面数据不能反映出感知上级信任影响员工行为的因果关系,未来研究应考虑情境感知到行为改变的先后关系并收集纵向追踪数据以验证假设。第三,信任和感知信任是硬币的两面,本文的研究视角是被信任者。但信任产生于信任者和被信任者之间,后续研究者可以从信任者和被信任者两个视角研究人际信任关系,这对于理解信任和感知信任的区别以及二者之间的相互作用关系都具有重要意义。此外,本文从下属的权力距离导向出发考察了感知上级信任作用于建言行为的边界条件,但上述曲线关系是否还存在其他权变条件,例如传统性等文化价值观,还需要进一步研究。最后,本研究采用 Van Dyne and LePine(1998)编制的且被广泛运用的建言行为量表,并未区分建言行为的两个维度,即促进性和抑制性建言(Liang, et al., 2012),因而感知上级信任对这两类建言行为的作用效果也需要进一步检验。

参考文献

[1] Baer M D, Dhensa-Kahlon R K, Colquitt J A, et al. Uneasy Lies the Head That Bears the Trust: The Effects of Feeling Trusted on Emotional Exhaustion [J]. Academy of Management Journal, 2015, 58(6): 1637-1657.

[2] Blau, P. M. Exchange and Power in Social life [M]. New York: Wiley, 1964.

[3] Brower H H, Lester S W, Korsgaard M A, et al. A Closer Look at Trust Between Managers and Subordinates: Understanding the Effects of Both Trusting and Being Trusted on Subordinate Outcomes [J]. Journal of Management, 2009, 35(2): 327-347.

[4] Cropanzano R, Mitchell M S. Social Exchange Theory: An Interdisciplinary Review [J]. Journal of Management, 2005, 31(6): 874-900.

[5] Dawson J F, Richter A W. Probing Three-Way Interactions in Moderated Multiple Regression: Development and Application of a Slope Difference Test [J]. Journal of Applied Psychology, 2006, 91(4): 917-926.

[6] Detert J R, Burris E R. Leadership Behavior and Employee Voice: Is the Door Really Open? [J]. Academy of Management Journal, 2007, 50(4): 869-884.

[7] Dorfman P W, Howell J P. Dimensions of National Culture and Effective Leadership Patterns: Hofstede Revisited [J]. Advances in International Comparative Management, 1988, 3(1): 127-150.

[8] Farh J L, Hackett R D, Liang J. Individual-Level Cultural Values as Moderators of Perceived Organizational Support-Employee Outcome Relationships in China: Comparing the Effects of Power Distance and Traditionality [J]. Academy of Management

Journal, 2007, 50(3): 715-729.

[9] Fock H, Hui M K, Au K, et al. Moderation Effects of Power Distance on the Relationship Between Types of Empowerment and Employee Satisfaction[J]. Journal of Cross-Cultural Psychology, 2013, 44(2): 281-298.

[10] Gillespie N. Measuring Trust in Working Relationships: The Behavioral Trust Inventory[C]// Academy of Management Conference, Seattle, WA. 2003.

[11] Gao L, Janssen O, Shi K. Leader Trust and Employee Voice: The Moderating Role of Empowering Leader Behaviors[J]. The Leadership Quarterly, 2011, 22(4): 787-798.

[12] Hobfoll S E. The Influence of Culture, Community, and the Nested-Self in the Stress Process: Advancing Conservation of Resources Theory[J]. Applied Psychology, 2001, 50(3): 337-421.

[13] Kirkman B L, Chen G, Farh J, et al. Individual Power Distance Orientation and Follower Reactions to Transformational Leaders: A Cross-Level, Cross-Cultural Examination[J]. Academy of Management Journal, 2009, 52(4): 744-764.

[14] Lam, L. W., Loi, C. H., and Leong, C. Reliance and Disclosure: How Supervisory Justice Affects Trust in Supervisor and Extra-Role Performance[J]. Asia Pacific Journal of Management, 2013, 30(1): 231-249.

[15] Lau D C, Lam L W, Wen S S, et al. Examining the Effects of Feeling Trusted by Supervisors in the Workplace: A Self-Evaluative Perspective[J]. Journal of Organizational Behavior, 2014, 35(1): 112-127.

[16] Lau D C, Liu J, Fu P P, et al. Feeling Trusted by Business Leaders in China: Antecedents and the Mediating Role of Value Congruence[J]. Asia Pacific Journal of Management, 2007, 24(3): 321-340.

[17] LePine J A, Van Dyne L. Predicting Voice Behavior in Work Groups[J]. Journal of Applied Psychology, 1998, 83(6): 853-868.

[18] Lester S W, Brower H H. In the Eyes of the Beholder: The Relationship Between Subordinates' Felt Trustworthiness and Their Work Attitudes and Behaviors[J]. Journal of Leadership & Organizational Studies, 2003, 10(2): 17-33.

[19] Liang J, Farh C I C, Farh J L. Psychological Antecedents of Promotive and Prohibitive Voice: A Two-Wave Examination[J]. Academy of Management Journal, 2012, 55(1): 71-92.

[20] Mayer R C, Davis J H, Schoorman F D. An Integrative Model of Organizational Trust[J]. Academy of Management Review, 1995, 20(3): 709-734.

[21] Morrison E W. Employee Voice Behavior: Integration and Directions for Future Research[J]. Academy of Management Annals, 2011, 5(1): 373-412.

[22] Morrison E W. Employee Voice Andsilence[J]. Annu. Rev. Organ. Psychol. Organ. Behav. 2014, 1(1): 173-197.

[23] Nerstad C G L, Searle R, Černe M, et al. Perceived Mastery Climate, Felt Trust, and Knowledge Sharing[J]. Journal of Organizational Behavior, 2018, 39(4): 1-19.

[24] Ng T W H, Feldman D C. Employee Voice Behavior: A Meta-Analytic Test of the

Conservation of Resourcesframework[J]. Journal of Organizational Behavior, 2012, 33(2): 216-234.

[25] Pierce J R, Aguinis H. The Too-Much-of-a-Good-Thing Effect in Management[J]. Journal of Management, 2013, 39(2): 313-338.

[26] Rousseau D M, Sitkin S B, Burt R S, et al. Not So Different After all: A Cross-Discipline View of Trust[J]. Academy of Management Review, 1998, 23(3): 393-404.

[27] Salamon S D, Robinson S L. Trust That Binds: The Impact of Collective Felt Trust on Organizational Performance[J]. Journal of Applied Psychology, 2008, 93(3): 593-601.

[28] Tangirala S, Ramanujam R. Exploring Nonlinearity in Employee Voice: The Effects of Personal Control and Organizational Identification[J]. Academy of Management Journal, 2008, 51(6): 1189-1203.

[29] Van Dyne L, LePine J A. Helping and Voice Extra-Role Behaviors: Evidence of Construct and Predictive Validity[J]. Academy of Management Journal, 1998, 41(1): 108-119.

[30] Weisberg S. Applied Linear Regression[M]. John Wiley & Sons, 2005.

[31] 段锦云,田晓明. 组织内信任对员工建言行为的影响研究[J]. 心理科学,2011,34(6): 1458-1462.

[32] 古银华,李海东,苏勇. 主管信任真会促进员工任务绩效吗?——认知依赖和权力距离的作用[J]. 商业经济与管理,2017(1):34-43.

[33] 梁建. 道德领导与员工建言:一个调节——中介模型的构建与检验[J]. 心理学报, 2014,46(2):252-264.

[34] 陆欣欣,孙嘉卿. 领导-成员交换与情绪枯竭:互惠信念和权力距离导向的作用[J]. 心理学报,2016,48(5):566-577.

[35] 沈毅. 义务性关系:情感性关系与工具性关系之外[J]. 社会,2003(9):21-25.

[36] 孙利平,龙立荣,李梓一. 被信任感对员工绩效的影响及其作用机制研究述评[J]. 管理学报,2018,15(01):144-150.

[37] 王红丽,吕迪伟. 受控动机理论视角下的员工感知信任及其影响研究[J]. 管理学报, 2018,15(3):351-357.

[38] 王红丽,张笙钧. 被信任的代价:员工感知上级信任、角色负荷、工作压力与情绪耗竭的影响关系研究[J]. 管理世界,2016(8):110-125.

[39] 王永跃,段锦云. 政治技能如何影响员工建言:关系及绩效的作用[J]. 管理世界,2015 (3):102-112.

[40] 翟学伟. 信任的本质及其文化[J]. 社会,2014,34(1):1-26.

[41] 周浩,龙立荣. 共同方法偏差的统计检验与控制方法[J]. 心理科学进展,2004(6):942-950.

[42] 周浩,龙立荣. 基于自我效能感调节作用的工作不安全感对建言行为的影响研究[J]. 管理学报,2013,10(11):1604-1610.

[43] 周建涛,廖建桥. 权力距离导向与员工建言:组织地位感知的影响[J]. 管理科学, 2012,25(1):35-44.

论文执行编辑:贾良定
论文接收日期:2018年9月18日

Does Feeling Trusted by Supervisors Really Promote Employee Voice Behavior? A Test of the Curvilinear Relationship

Yong Huang Jianglong Yu Chenjing Li

Abstract: Feeling trusted is a double-edged sword that does not always bring positive results. Integrating social exchange theory and conservation of resource theory, this paper proposes a curvilinear relationship between feeling trusted by supervisors and employee voice behavior, and explores the moderating role of power distance on the curvilinear relationship between feeling trusted by supervisors and employee voice behavior. By using a survey sample of 459 employees, the theoretical model is then empirically tested. The results show that there is an inverted U-shaped relationship between feeling trusted by supervisors and employee voice behavior. The lower and higher level of feeling trusted are not conducive to the employees' voice behavior, and the employees' voice behavior is at the highest when the level of feeling trusted is moderate. Besides, the power distance significantly moderates the curvilinear relationship between feeling trusted by supervisor and employee voice behavior. That is the higher the employees' power distance, the weaker the relationship between feeling trusted by supervisors and employee voice behavior, and the infection point of the curvilinear relationship appears at the higher level of feeling trusted by supervisors.

Key words: Feeling Trusted Voice Behavior Power Distance Inverted U-shaped Relationship

JEL Classification: M12

赛事丑闻归因对赞助商品牌负面评价的影响
——赞助匹配的调节作用①

周寿江　王　虹　李　珊　张永韬*

【摘　要】本文运用实验法,从赞助匹配的视角探索了赛事丑闻归因对赞助商品牌负面评价的影响。结果显示,赛事丑闻责任归因对赞助商品牌负面评价的主效应显著,且道德归因所导致的负面评价显著高于能力归因导致的负面评价。赞助匹配在此过程中发挥了调节作用,即当赞助匹配程度高时,赛事丑闻道德归因导致的负面评价比能力归因时更为严重;当赞助匹配程度低时,赛事丑闻道德归因与能力归因所引起的赞助商品牌负面评价无显著差异。

【关键词】赛事丑闻　责任归因　赞助匹配　赞助商品牌评价

【JEL分类】M31

---

① 本文获得国家自然科学基金青年基金项目"触屏购买广告该如何设计?——来自眼动的研究"(71702119)、教育部人文社会科学研究项目"基于区域熵的位置广告语言风格对消费者购买行为的影响研究"(17YJC630065)、中国博士后科学基金面上项目(2018M640027),以及四川省科技计划软科学项目"体育赞助对赛事品牌资产的影响研究"(2017ZR0302)的资助。

* 周寿江(1995—　),四川大学商学院博士研究生,研究方向为赛事赞助,Email:zhoushoujiang@foxmail.com。王虹(1989—　)(通讯作者),北京大学光华管理学院博士后,研究方向为赛事赞助,Email:781617414@qq.com。李珊(1978—　),四川大学商学院副教授,硕士生导师,研究方向为产品伤害危机,Email:lishan@scu.edu.cn。张永韬(1982—　),清华大学经济管理学院博士后,研究方向为体育赛事赞助,Email:294026440@qq.com。

一 引 言

在与赛事组织签订赞助合同时,赞助商往往会制定相应条款来避免可能发生的赛事丑闻对赞助商造成的负面影响。赛事丑闻(sport-event scandal)是指持续一段时间的、涉及多个群体并会对赛事公正性产生影响的不合法或不道德的事件(Hughes & Shank, 2005)。赛事丑闻不仅会对赛事产生影响,更会通过品牌形象转移,对赞助商品牌产生影响。通过对近百个赛事丑闻案例进行分析,本文发现,赛事丑闻对赞助商的负面影响并非"一票否决"。有的赛事丑闻,如"2016年里约奥运会场馆危机",受众更多的是对其表达惋惜和同情之情,对赞助商品牌也未造成严重的负面影响。而有的赛事丑闻,如"2015年国际足联(FIFA)七名高级官员涉嫌贪污受贿"丑闻发生后,不仅损害了FIFA在公众心中的公正性形象,与其合作的众多品牌(如可口可乐、Visa、阿迪达斯、百威啤酒等)也纷纷表态,以与FIFA的不当行为和道德问题撇清关系,减轻受众对其品牌形象的负面评价。对此,本文提出以下问题:在发生赛事丑闻后,消费者对其赞助商的负面评价的差异可能是由什么原因导致的?

对这一问题,以往研究尚未给出确切回答。自Hughes和Shank(2005)正式定义了"赛事丑闻"这一概念以来,学术界不断有研究对其影响进行探索。以往关于赛事丑闻的研究,多是从赛事内部各主体(运动员、教练、团队、联盟)的角度进行探讨(Sato等,2015;Osborne等,2016),重点关注赛事丑闻对赛事内部各主体的负面影响和相应的应对策略。比如,Sato等(2015)基于实验发现,受众的赛事卷入度、丑闻是否在预期之内(意料之中 vs. 意料之外)、是否与赛事成绩相关会影响消费者对运动员的评价,且在消费者赛事卷入度高时,由赛事表现引起的意料之内的丑闻会导致更为负面的评价。类似研究不一一枚举,但上述对赛事丑闻的研究未能解决两个重要问题:第一,赛事丑闻不仅会对赛事本身造成严重影响,还会对其关联的外部主体,如相关赞助商(Hughes & Shank, 2005)等产生负面影响,但目前鲜有研究关注这一问题;第二,现有研究对赛事丑闻的现实解释力较弱,还没有一个研究视角能将众多的、现实当中发生的赛事丑闻纳入其解释范围内,这也限制了后续学者从整体视角对赛事丑闻进行深入研究。

赛事丑闻归因为解决上述问题提供了一个良好的视角。依据"消费者对赛事丑闻发生原因的不同认识(能力欠缺或道德败坏)",可以将赛事丑闻分为能力归因(2016年里约奥运会场馆危机)和道德归因(如OPBF拳王争霸赛假赛事件,2022年卡塔尔世界杯贿选丑闻)两类(Tomlinson & Mayer, 2009)。如果消费者认为赛事丑闻是由赛事各主体能力有限而导致的,则属于赛事丑闻能力归因；如果消费者认为赛事丑闻是因赛事各主体道德败坏而导致的，则属于赛事丑闻道德归因。由于归因植根于赛事消费者内心，赛事丑闻一旦发生，赛事消费者便会对赛事丑闻进行归因，所有单一的赛事丑闻均可被归入道德归因或是能力归因。另外，由于赞助在品牌曝光、产品销售、股票价值提升（Hughes & Shank, 2005）方面的作用，大量的企业和品牌投入了巨资赞助赛事，因此，赛事丑闻一旦发生，不仅会对赛事品牌形象产生负面影响，还会通过品牌形象转移，对赞助商品牌形象造成侵蚀，使企业蒙受品牌效应与经济效益的双重损失。因此，哪一类归因的赛事丑闻会对赞助商品牌产生更为严重的负面评价，就成了赞助商普遍关心的问题。

有鉴于此，本文基于归因理论，将赛事丑闻分为能力归因赛事丑闻和道德归因赛事丑闻两类，并引入赞助匹配理论，对不同赛事丑闻归因所导致的赞助商品牌负面评价进行了研究。本文研究有助于为赞助商识别赛事丑闻并采取相应措施提供理论借鉴，并为赞助商选择赛事提供参考，以更好地助其规避潜在的赞助风险。

二 文献回顾与研究假设

1. 赛事丑闻

如前文所述，赛事丑闻是指持续一段时间的、涉及多个群体并会对赛事公正性产生影响的不合法或不道德的事件（Hughes & Shank, 2005）。导致赛事丑闻的原因有很多，但大致可归为能力不足与道德缺陷两类（Tomlinson & Mayer, 2009）。其中，因赛事主体缺乏资金、技术、人员等造成的丑闻，属于能力型赛事丑闻，其典型案例为"2016年里约奥运会场馆危机"（因赛事缺乏资金而导致硬件设施不达标所导致的丑闻）。而因赛事主体腐败、诚信等道德问题造成的丑闻，属于道德型赛事丑闻，典型案例则为"2015年国际足联高管贪污丑闻"（因赛事管理人员贪污腐败所导致的赛事丑闻）。

相关研究表明，赛事丑闻会对赛事本身及其各相关主体产生影响。对于赛事本身而言，赛事丑闻会对赛事结果的公正性造成损害（Hughes & Shank, 2005），进而降低赛事的品牌资产。既有研究已从法律规制（黄璐，2015；姜世波等，2015；任海和于素梅，2001）、运动员权利（杨春然和董兴佩，2018）、危机公关（付晓静，2006）等角度讨论了赛事丑闻对赛事品牌自身的影响。比如，任海（2001）在国际奥委会盐湖城丑闻发生后，从组织管理的角度讨论了丑闻发生后的奥委会组织改革措施，发现丑闻后国际奥委会组织在民主化、透明化方面有了实质变化，但也导致了一些负面影响（如内部利益集团的合法化等）。

杨春然和董兴佩(2018)也从运动员权利的角度辨析了赛事丑闻处理中存在的问题。

从以上文献回顾可以发现，尽管关于赛事丑闻的文献有很多，但对于赛事外部主体而言，如赛事赞助商、举办地等，赛事丑闻会产生什么样的影响，鲜有研究对其进行关注。其次，现有对赛事丑闻的研究解释力较弱，无法从整体上对现实当中发生的众多的赛事丑闻进行分类与归纳。因此，为了增强本文的现实解释力，本文从归因视角出发，引入赞助研究当中广泛采用的赞助匹配理论，考察丑闻责任归因对赞助商品牌负面评价的影响，以及相应的作用边界。

2. 赛事丑闻归因对赞助商品牌评价的影响

赛事丑闻一旦发生，受众就会自动对其进行责任归因，且这种责任归因会对社会公众评价产生重要的影响。归因理论(Attribution Theory)认为，归因是人们对环境认知的一个部分，一旦对环境的认知开始，就会发生归因(Harvey & Weary, 1984)。归因发生的原因在于，当人们遇到某项社会活动(Social Event)时，基于其本能的需要(理解和控制环境)，其会倾向于进行因果分析来对相应事件进行理解(Harvey & Weary, 1984; Laczniak 等, 2001)，并根据原因决定后续处理措施(Siomkos & Shrivastava, 1993; Zhang & Yang, 2015)。学者们依据不同的分类标准对责任归因进行了不同的划分(范宝财和王虹, 2015)。其中，比较常用的是能力归因与道德归因。就能力归因而言，其是指对于事件的成败，都可以追溯至行为实施人的能力。行为实施人能力的高低强弱，决定了事情处理的角度、方向与力度，直接决定了事情的成败。就道德归因而言，事件的成败都可以追溯至行为实施人的道德(范宝财和王虹, 2015; 张永韬和王虹, 2018)。

以往关于赛事品牌危机与产品伤害危机领域责任归因的研究已经发现，当危机发生时，受众往往首先将其归咎于企业能力的不足(张永韬和王虹, 2018)，这是因为能力归因往往是人们心中的"第一归因"。即在危机发生的第一时间，人们常会将其归结为责任方能力的问题，并随着对危机内容及成因的不断了解，从而将其稳固为一种合乎道理与常规的原因，但这种归因所导致的负面评价不易长期维持(张永韬和王虹, 2018)。换言之，能力归因是一种暂时性且容易实现的归因(方正等, 2010)。相比之下，道德归因则是一种"隐性归因"，即一种必须经过深层次思考才能在情感方面感知到的归因，其植根于每个人的心底，当危机较为严重，人们不能将某事件的成败归因于行为主体的能力时，才会产生道德归因(张永韬和王虹, 2018)。换言之，道德归因是能力归因的一项重要补充(Laufer & Gillespie, 2010)。

综上所述，当赛事丑闻发生时，受众第一时间会思考责任方相关的能力问题。如果受众认为其是由能力的缺乏导致的非意愿丑闻，受众会对其采取较为宽容的态度，并较少地将这种丑闻与赞助商联系起来，因此不易损害赞助商的品牌形象。甚至,如果受众认为该丑闻并不是赛事各主体有意为之,而是被迫卷入,受众会将自己的同情心延展至赛事品牌及赞助商品牌之上,从而"转危为安",变赛事丑闻为品牌曝光机遇(Hughes & Shank, 2005; Tybout 等, 2009)。

然而,如果受众认为能力归因无法解释该丑闻,便会从道德归因的层面来寻求对赛事丑闻的解释以及自我调节,并形成比能力归因更加长远和深刻的认识及印象。因此,道德归因不会轻易出现,但其一出现,则会导致比能力归因更加强大的"破坏力"——长久且不易改变的负面刻板印象。据此,本文提出假设 H1。

H1:当赛事丑闻发生时,相比能力归因,道德归因将导致更为严重的赞助商品牌负面评价。

3. 赞助匹配的调节作用

一般而言,赞助匹配是指赞助商品牌与赛事之间的关联性或相似性(杨洋等,2015; Han 等,2013)。在赞助研究中,赞助匹配被众多学者认为是影响赞助效果的重要变量(Crimmins & Horn, 1996; Meenaghan & Shipley, 1999; Speed & Thompson, 2000)。此外,以往众多研究已取得共识——赞助商与赛事之间的匹配度会对赞助效果产生重要的影响,且匹配度越高,赞助效果越好(Beckerolsen & Simmons, 2002; Cornwell 等, 2005; Groza 等, 2012; Rifon 等, 2004; Simmons & Beckerolsen, 2006; Speed & Thompson, 2000)。比如,Eaton(1999)研究发现,赛事赞助商品牌与赛事之间的相似性愈高(如 NIKE 赞助 NBA),赛事与赞助商品牌之间的联想转移就越深,赞助的效果越好。相反,如果赞助商与赛事之间的差异越大(如联想电脑赞助 NBA),则很难取得良好的赞助效果。

同样,赛事丑闻也会通过形象转移对赞助商品牌形象造成负面影响。名人代言理论认为,当品牌代言人发生丑闻时,消费者会将名人的丑闻联系至代言品牌之上,并降低对品牌的评价(Till & Shimp, 1998)。同样,当赛事品牌发生丑闻时,消费者也会将其联系至赞助商品牌之上,从而对赞助商品牌形象造成损害。甚至当赞助商品牌对丑闻采取了不合适的应对策略时,这种负面评价会对品牌形象造成进一步损害(Tybout 等,2009)。此时,如果赞助商与赞助品牌之间存在高匹配度,则这种负面评价更可能传递至赞助商的目标客户之上。

如前文所述,赛事丑闻责任归因的不同会影响消费者对赛事品牌的评价,进而通过形象转移影响消费者对赛事赞助商的评价。在这一过程之中,赛事品牌与赞助商品牌之间联系愈紧密,匹配度或相似性愈高,形象转移的程度也就愈深。因此,对于高匹配度的赛事赞助,当赛事丑闻道德归因发生时,消费者就越发可能将其道德缺陷转至与赛事相关联的赛事赞助商之上,进而对赛事赞助商的道德产生怀疑。

根据产品伤害危机领域的研究结论——"消费者对赞助商品牌道德层面的怀疑将导致比对能力的怀疑更为严重的负面评价"(范宝财,2015),可以推论,当赛事丑闻道德归因发生时,消费者很可能会对其高关联度的赞助商品牌道德产生怀疑,从而导致对赞助商品牌更为负面的评价。同理,对于低匹配度的赛事赞助而言,赛事品牌与赞助商品牌之间的相似性低,二者之间形象转移的可能性也较低,消费者或受众更可能将其视为两个相互独立的行为主体。当赛事丑闻发生时,消费者很难将其立即归咎为赛事赞助商的责任,丑闻也会因其独立性而对赛事赞助商产生较小的负面影响。因此,不论是赛事丑闻道德归因,抑或是能力归因,二者对赛事赞助商品牌的负面影响无显著差异。

综上,本文提出假设 H2 及其相应子假设。

H2:赞助匹配在赛事丑闻责任归因对赞助商品牌负面评价的影响中发挥调节作用。

H2a:在高赞助匹配的情况下,相较于能力归因,赛事丑闻的道德归因所导致的赞助商品牌评价更加负面。

H2b:在低赞助匹配的情况下,赛事丑闻的能力归因与道德归因所导致的赞助商负面评价无显著差异。

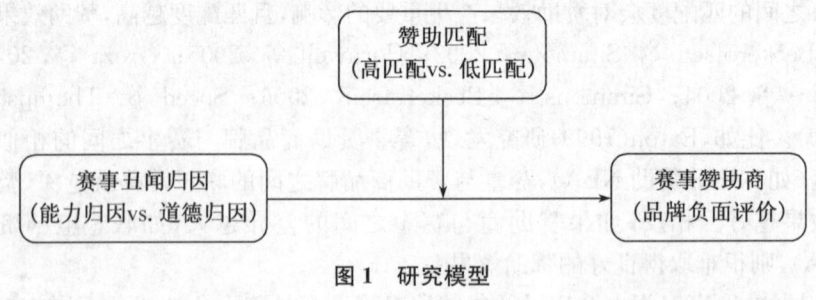

图 1 研究模型

三 实验一:赛事丑闻归因对赞助商品牌负面评价的影响

1. 实验设计和过程

实验采用单因子(赛事丑闻归因:道德归因 vs. 能力归因)组间设计,旨在检验赛事丑闻归因对赛事赞助商品牌负面评价的直接影响。134 名大学生被随机分配至"赛事丑闻道德归因"($n=77, M_{age}=20.49, SD=2.07$;女性 45 人,58.4%)、"赛事丑闻能力归因"($n=77, M_{age}=20.66, SD=1.94$;女性 40 人,51.9%)条件组。两条件组除刺激物存在差异外,无程序、步骤等方面的不同。

正式实验于某高校的 Mobile Consumer Data Science 实验室进行,其具备良好的隔音、抗干扰条件。待被试到达实验室后,将由研究人员向其介绍实验流程及注意事项。被试阅读[实验知情同意书]并签字确认后,将在 iPad Air2 上浏览指导语(由 PowerPoint 软件生成):"欢迎……稍后您将看到一段材料,请认真阅读并完成相应问题。"被试阅读完实验材料后,首先完成对赛事熟悉度、态度、卷入度的评价。之后,被试完成对赛事赞助商品牌负面评价的作答,并填写性别、年龄等人口统计信息。整个实验约需 5~10 分钟,结束后,研究人员向被试表示感谢,并赠送价值 3 元的小礼品。

2. 变量测量

本文量表均参考成熟量表并结合本文研究内容进行适度修改,题项均采用 7 点 Likert 量表(1-完全不同意,7-完全同意)进行测量。英文量表均通过回译的方法确保量表信度。

赛事丑闻归因 如前文所述,道德归因是能力归因的一项重要补充,且由于本文不研究道德归因和能力归因同时存在的情况,因此设计道德归因量表即可满足研究需求。参考范宝财(2015)的研究,以题项得分中值 4 为界,大于 4 分时为道德归因,小于 4 分时为能力归因。具体量表借鉴 Aggarwal 和 Iacobucci(2004)使用的 3 题项量表("该事件说明 A 赛事不具备道德";"该事件的发生原因是 A 赛事缺乏道德";"该事件说明 A 赛事为了获取利益宁愿损害其结果的公正性")。以 3 个题项的均值作为赛事丑闻归因得分。

赛事赞助商品牌负面评价 参考 Lee 和 Labroo(2004)、Kim 等(2017)、韩冰等(2018)的研究,使用 3 个 7 点语义题项对赞助商品牌负面评价进行测量(通过这场赞助,我认为该品牌是:1-非常优秀的/非常喜欢的/非常好的,7-非常糟糕的/非常不喜欢的/非常不好的)。以 3 个题型的得分均值作为赛事赞助商品牌负面评价得分。

3. 刺激物设计

在赛事品牌的选择方面,选择 2016 年里约夏季奥运会,并以其为蓝本,进行修改。里约奥运会(2016)丑闻不断,且同时包含能力导致的丑闻和道德导致的丑闻,能够满足实验需求。借助问卷星平台,31 名($M_{age}=21.03, SD=1.84$;女性 16 人,51.6%)在校大学生对里约奥运会(2016)的熟悉度、态度和卷入度进行评价,并将其与中值 4 进行单样本 t 检验。结果表明,被试对里约奥约会(2016)的熟悉度[$M=4.17, SD=2.05; t(30)=0.45, p=0.654$]、态度[$M=3.77, SD=1.61; t(30)=-0.81, p=0.425$]、卷入度[$M=3.70, SD=1.66; t(30)=-1.01, p=0.321$]均与中值无显著差异。此外,考虑到性别对赛事熟悉度、态度、卷入度可能存在的影响,对其进行单因素方差分析。结果表明,性别对赛事熟悉度、态度、卷入度均无显著影响($p's>0.23$)。综合来看,选择里约奥运会(2016)作为赛事品牌是合适的。

在赛事丑闻责任归因的具体刺激物制作方面,分别以"2016里约夏季奥运会场馆危机"和"2016里约夏季奥运会奥委会高官收受贿赂事件"为原型,对其进行修改和精简,形成赛事丑闻道德归因和责任归因刺激物。在能力归因赛事丑闻中,宣称因巴西经济低迷,里约缺乏资金用以修建场馆而导致危机;在道德归因赛事丑闻中,则宣称巴西官员将资金用以贿赂奥组委高官,导致资金不足,从而引致场馆危机①。赞助商品牌则通过在材料中加入"A品牌赞助了2016里约夏季奥运会"实现。

4. 实验结果

首先对赛事熟悉度等控制变量进行单因素方差分析。结果表明,两组被试在赛事熟悉度[$M_{道德}=4.68, SD=1.67; M_{能力}=4.77, SD=1.26; F(1,132)=0.14, p=0.714$]、赛事态度[$M_{道德}=3.75, SD=1.70; M_{能力}=3.66, SD=1.58; F(1,132)=0.10, p=0.753$]、赛事卷入度[$M_{道德}=3.70, SD=1.97; M_{能力}=3.82, SD=1.83; F(1,132)=0.14, p=0.713$]几方面均无显著差异(如表1所示),再次表明刺激物设计成功。此外,对问卷所有题项进行因子分析,未旋转的第一公因子值为37.312%(<40%),不占大多数。由此,实验一共同方法偏差情况不会对研究结论造成影响。

表1 实验一单因素方差分析结果

	$M_{道德}$	$M_{能力}$	$F(1,132)$	p
熟悉度	4.68(1.67)	4.77(1.26)	0.14	0.714
态度	3.75(1.70)	3.66(1.58)	0.10	0.753
卷入度	3.70(1.97)	3.82(1.83)	0.14	0.713
责任归因	5.68(1.80)	2.74(1.63)	152.12	0.000***
品牌负面评价	5.68(1.79)	4.65(1.65)	12.05	0.001**

注:括号内为标准偏差(SD);"*"、"**"、"***"分别表示在5%、1%、0.1%的水平上显著。

操控检验单 因素方差分析表明,两组被试在赛事丑闻责任归因方面存在显著差异[$M_{道德}=5.68, SD=1.80; M_{能力}=2.74, SD=1.63; F(1,132)=152.12, p<0.001$],表明赛事丑闻责任归因操控成功。

赛事赞助商品牌负面评价单 因子方差分析进一步发现,赛事丑闻归因对赛事赞助商品牌负面评价的影响显著[$F(1,132)=12.05, p<0.01, \eta_p^2=0.08$],且道德归因造成的负面评价显著强于能力归因($M_{道德}=5.68, SD=1.79; M_{能力}=4.65, SD=1.65$)。这与假设H1的推论一致,由此,假设H1得

---

① 注:实验刺激物为虚构事件,并非真实事件。

到了支持。

5. 结论

实验一通过实验室实验发现,当发生赛事丑闻时,相较于能力归因,道德归因将导致更为严重的赞助商品牌负面评价(支持假设 H1)。实验一的意义在于支持了假设 H1,但其依旧存在缺陷:未能探索这一影响的作用边界,即对于不同匹配程度的赛事赞助商,道德归因与能力归因所造成的负面影响是否依旧显著。实验一没有讨论这一问题,将在实验二予以解决。

四 实验二:赞助匹配的调节作用

1. 实验设计和过程

实验采用 2(赛事丑闻归因:道德归因 vs. 能力归因)×2(赞助匹配:高匹配 vs. 低匹配)组间设计。以赛事丑闻归因为自变量、赛事赞助商品牌负面评价为因变量、赞助匹配为调节变量对本文研究假设进行检验。共招募 442 名在校大学生参加实验,其中 42 人数据被剔除(因标准化后 Z 分数绝对值大于 2、甄别项判别无效和数据缺失而剔除,9.5%),剩余有效样本 400 人(M_{age} = 21.66,SD=1.17;女性 197 人,44.8%)。

正式实验于某高校"中华文化"公共选修课上进行,学生参与实验以获取 1%的额外成绩。该课程出勤人数 450 人,来自 28 个不同的学院。实验时,以教室中轴线、走道等为界,将学生分为四组,分别完成实验。各条件组除问卷结构、实验流程与实验一一致外,赛事丑闻归因、赞助商负面评价的测量也均与实验一一致。不同的是,实验二在刺激物材料中引入了不同匹配程度的赛事赞助商,以考察赞助匹配的调节作用。

对于赞助匹配,有学者将其分为自然匹配(natural fit)与感知匹配(perceived fit)两个维度(杨洋等,2015)。其中,自然匹配指赛事与赞助商品牌在物理层面的客观联系。感知匹配则不然,其是指消费者知觉上的关联性。二者均会对形象转移过程发生作用,因此本文不作细分。采用 Olson(2010)开发使用的 5 题项量表测量赞助匹配,并以其均值作为赞助匹配得分。以中值 4 为界,低于为低匹配,高于则为高匹配。

2. 刺激物设计

本文通过刺激物操控赛事丑闻归因和赞助匹配,并采用实验法收集数据以检验假设,使用真实赛事及真实赛事赞助商品牌进行实验,以拓展外部效度。

赛事丑闻归因刺激物 首先是赛事品牌的选择,参考杨洋等(2015)的研究,本文以2018年举行的世界杯(莫斯科)、冬奥会(平昌)、亚运会(雅加达)、青奥会(布宜诺斯艾利斯)四大赛事作为备选刺激物。使用7点Likert量表测量消费者对四项赛事的熟悉度、态度和卷入度。前测实验于某大学课堂举行,共有39名本科生($M_{age}=20.87, SD=1.26$;女性20人,51.3%)参加。以得分中值4进行单样本t检验,结果表明:冬奥会(平昌)在赛事熟悉度[$M=4.40, SD=1.24; t(38)=2.03, p=0.050$]、赛事态度[$M=4.47, SD=1.56; t(38)=1.87, p=0.071$]、赛事卷入度[$M=4.34, SD=1.53; t(38)=1.40, p=0.170$]几方面得分与中值均无显著性差异。此外,考虑到不同性别的人可能对赛事的偏好不同,以性别为分类变量对冬奥会(平昌)的熟悉度、态度及卷入度进行独立样本t检验,其结果表明,性别对三者均无显著影响($p's>0.05$)。综合以上结果,选择冬奥会(平昌)作为正式实验赛事场景可以避免赛事熟悉度、喜欢度及卷入度的影响。

就具体刺激物而言,本文分别以"2018平昌冬奥会禁药丑闻"以及"2018年平昌冬奥会多起误判事件"为原型,组合多家网站的报道,精修提炼文字,形成赛事丑闻能力归因与赛事丑闻道德归因刺激物。在能力归因赛事丑闻中,宣称裁判的视觉死角导致误判,且并非裁判有意为之;在道德归因赛事丑闻中,宣称裁判收受贿赂,偏袒某一运动员,导致比赛结果有失公允[①]。

赞助匹配刺激物 首先是赛事赞助商品牌的选择。为避免品牌熟悉度、态度、品牌声誉等变量的干扰,需选择分值处于中等水平并且以往赞助历史较少的品牌(杨洋等,2015)。其次,为确保不同匹配程度的赛事赞助,本文通过前期访谈、文献梳理(杨洋等,2015)得到候选品牌集(10个品牌),并使用30名本科生($M_{age}=21.03, SD=0.89$;女性17人,56.7%)对10个品牌的熟悉度、态度、赞助历史、声誉和赞助匹配进行测量。以中值4为检验值,进行单样本t检验,结果表明:"海信电子"在品牌熟悉度[$M=4.27, SD=1.15; t(29)=1.27, p=0.214$]、态度[$M=3.93, SD=1.01; t(29)=-0.36, p=0.720$]、卷入度[$M=3.77, SD=1.05; t(29)=-1.22, p=0.234$]、声誉[$M=3.81, SD=1.06; t(29)=-1.05, p=0.301$]几方面均与中值不存在显著差异,即处于中等水平。

采用同样方法对"德尔惠体育"进行检验。结果表明,该品牌在品牌熟悉度[$M=4.23, SD=1.09; t(29)=1.97, p=0.058$]、态度[$M=3.81, SD=1.91; t(29)=-0.98, p=0.537$]、卷入度[$M=3.84, SD=1.10; t(29)=-0.78, p=0.445$]、声誉[$M=3.88, SD=1.47; t(29)=-0.65, p=0.520$]几方面不存在显著差异,也即处于中等水平。此外,独立样本t检验表明,性别

---

① 注:实验刺激物为虚构事件,并非真实事件。

对这些变量均无显著影响(p's$>$0.05)。综上,本文选择"海信电子"与"德尔惠体育"两个品牌作为赛事赞助商品牌。

在具体刺激物方面,本文广泛收集"海信电子"与"德尔惠体育"的以往赞助活动、高管采访和有关赞助的广告语。根据本文研究目的对文字进行重组精炼,形成高赞助匹配与低赞助匹配刺激物。

3. 实验结果

单因素方差分析表明,性别对品牌负面评价[$M_{male}=5.31, SD=1.24; M_{female}=5.34, SD=1.16; F(1,398)=0.04, p=0.837$]、责任归因[$M_{male}=4.05, SD=2.00; M_{female}=3.85, SD=1.95; F(1,398)=1.09, p=0.297$]、赞助匹配[$M_{male}=3.79, SD=1.88; M_{female}=4.05, SD=2.05; F(1,398)=1.65, p=0.200$]均无显著影响。此外,对共同方法偏差的检验发现,本研究CMV值为35.679%,不占大多数($<$40%)。因此,共同方法偏差情况不会影响研究结论。

操控检验 对于接受道德归因与能力归因赛事丑闻的被试,其在责任归因方面存在显著差异[$M_{道德}=5.31, SD=1.53; M_{能力}=2.60, SD=1.34; F(1,398)=356.87, p<0.001$]。对于接受道德归因赛事丑闻的两组被试,其对丑闻的道德归因无显著差异[$M_{高匹配}=5.45, SD=1.40; M_{低匹配}=5.17, SD=1.64; F(1,198)=1.68, p=0.196$];同样,接受能力归因赛事丑闻的两组被试,其对丑闻的能力归因无显著差异[$M_{高匹配}=2.43, SD=1.25; M_{低匹配}=2.76, SD=1.41; F(1,198)=2.94, p=0.088$]。以上方差分析结果表明,赛事丑闻责任归因的组间差异性、组内同质性得到成功操控。

同样,对于接受高赞助匹配和低赞助匹配的被试,其在赞助匹配方面存在显著性差异[$M_{高}=5.25, SD=1.30; M_{低}=2.59, SD=1.58; F(1,398)=338.91, p<0.001$]。这表明赞助匹配的高低水平(组间差异性)得到成功操控。对于接受高赞助匹配的两组被试,其对赞助的匹配评分无显著差异[$M_{道德}=5.23, SD=1.45; M_{能力}=5.02, SD=1.52; F(1,198)=1.14, p=0.286$];接受低赞助匹配的两组被试,其对赞助的匹配评分无显著差异[$M_{道德}=2.57, SD=1.57; M_{能力}=2.60, SD=1.60; F(1,198)=0.02, p=0.894$]。这表明赞助匹配的组内同质性得到成功操控。

赞助匹配的调节作用 引入调节变量赞助匹配后,进行双因素方差分析。结果显示,赛事丑闻责任归因与赞助匹配的交互作用显著[$F(1,396)=4.75, p<0.05, \eta_p^2=0.02$];赞助匹配对赛事赞助商品牌负面评价的主效应不显著[$F(1,396)=1.27, p=0.261, \eta_p^2<0.01$]。因此,假设H2得到了支持,即赞助匹配在赛事丑闻责任归因对赞助商品牌负面评价的影响中发挥调节作用。

简单效应(Simple Effect)检验进一步发现:当赞助匹配程度高时,就赞助商品牌负面评价而言,赛事丑闻道德归因显著高于能力归因[$M_{道德}=5.76$,

$SD=1.52; M_{能力}=5.02, SD=1.39; F(1,396)=19.63, p<0.001, \eta_p^2=0.05$]；当赞助匹配程度低时,赛事丑闻道德归因所导致的赞助商品牌负面评价与能力归因时的负面评价不存在显著差异[$M_{道德}=5.37, SD=1.14; M_{能力}=5.14, SD=1.40; F(1,396)=1.82, p=0.178, \eta_p^2<0.01$]。这说明,对于高赞助匹配的赛事丑闻,相较于能力归因,道德归因所导致的赞助商品牌评价更加负面(假设 H2a)。但当二者间的赞助匹配程度低时,道德归因与能力归因所导致的赞助商品牌负面评价不存在显著差异(假设 H2b)。由此,假设 H2a、H2b 得到了支持。

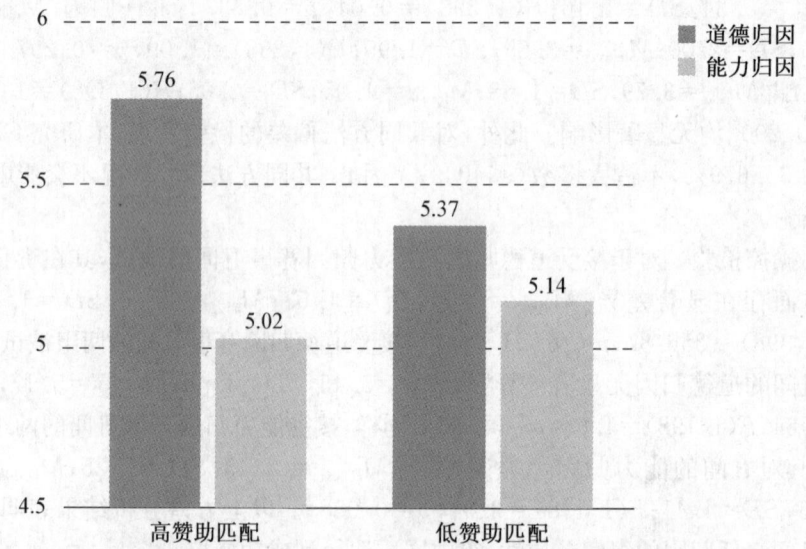

图2　赞助匹配程度不同时,不同责任归因的赛事赞助商品牌负面评价

赛事丑闻责任归因主效应　双因素方差分析结果还显示,赛事丑闻责任归因对赛事赞助商品牌负面评价的主效应显著[$F(1,396)=16.70, p<0.001, \eta_p^2=0.04$]。即对于道德归因的赛事丑闻,受众对其赞助商品牌负面评价显著高于能力归因时的负面评价($M_{道德}=5.56, SD=1.34; M_{能力}=5.09, SD=1.40$)。这与假设 H1 的推论一致,即当赛事丑闻发生时,道德归因将导致比能力归因更为严重的品牌负面评价。因此,假设 H1 再次得到了支持。

4. 讨论

实验二结果表明,赞助匹配程度会调节赛事丑闻责任归因对消费者赛事赞助商品牌负面评价的影响。具体而言,当赞助匹配程度高时,道德归因所导致的赛事赞助商品牌负面评价显著强于能力归因;而当赞助匹配程度低时,二者所导致的赛事赞助商负面评价无显著差异。此外,实验二结果再次支持了假设 H1 的推论,增加了研究结论的稳健性。

五　结论与讨论

1. 研究结论

本文基于归因理论，通过两个实验发现，赛事丑闻归因会对赞助商品牌负面评价产生影响，且当受众认为赛事丑闻是由赛事主体道德缺陷造成时（道德归因），其对赞助商品牌的负面评价比能力归因时更为严重，即赛事丑闻归因对赞助商品牌负面评价的主效应显著。当赞助商品牌与赛事间存在高关联性或相似性（高匹配）时，赛事丑闻道德归因所导致的负面评价比能力归因更严重；但当二者间匹配程度低时，道德归因与能力归因所导致的负面评价无显著差异。或言之，赞助匹配调节了赛事丑闻归因对赞助商品牌负面评价的影响。因此，赞助商应根据赛事丑闻的不同类别，选择合适的应对策略，以避免自身品牌形象因丑闻遭受侵蚀。

2. 理论贡献

研究结论在理论上有两点贡献。

第一，本文首次讨论了归因理论在赛事丑闻领域的应用，并发现其会对赞助商品牌评价产生影响。既有研究已从品牌关系承诺的视角，发现赞助商品牌的危机责任归因会对赛事品牌的评价产生影响，且品牌关系承诺的强度调节了这一作用过程（张永韬和王虹，2018）。在赛事丑闻研究领域，虽则姜世波等（2015）、黄璐（2015）、任海和于素梅（2001）对赛事丑闻发生后赛事主体的法制治理、权力规制等方面进行了理论探讨，但从实证层面考察赛事丑闻责任归因对赛事赞助商品牌评价的负面影响，本文尚属首次，这为后续学者开展赛事丑闻研究提供了理论基础。

其二，本文证明了赞助匹配在赛事丑闻归因影响赞助商品牌评价的过程中存在调节作用，确定了赛事丑闻归因影响赞助商品牌评价的一个重要边界条件。赞助匹配是赞助研究领域的一个重要概念，以往研究多从赛事赞助的正面影响中对其作用进行探索（杨洋等，2015）。本文首次将其引入赛事丑闻研究领域，发现赞助匹配在赛事赞助的负面影响中也能发挥作用，这不仅拓展了赞助匹配的研究范畴，也为学界加深对赛事丑闻的理解提供了理论借鉴。

3. 管理启示

研究结果可以从三个方面为赛事组织方和赞助商提供借鉴：一是为赛事组织方和赞助商识别、区分赛事丑闻提供借鉴，为其处理赛事危机提供理论基础。二是为已赞助赛事的赞助商应对赛事丑闻提供参考。对于道德归因的赛事丑闻而言,其会导致比能力归因更为严重的负面评价,因此,赞助商从道德角度对赛事危机进行解释和处理会取得更好的效果,且在赞助匹配程度高时效果更佳。但当赞助匹配程度低时,由于赛事丑闻道德归因与能力归因引起的赞助商负面评价不具有显著差异,因此,赞助商不必对赛事丑闻进行分类处理。三是为潜在赞助商进行"赞助抄底"提供依据。统计显示,当赛事发生丑闻之后,为使赛事仍能获取企业赞助,赛事组织方往往会下调赞助费用以吸引赞助商,这为潜在赞助商以低价获取较好的赞助资源提供了机会。如"2015年国际足联(FIFA)七名高级官员涉嫌贪污受贿"的丑闻发生之后,次年国际足联官方赞助费用下降了7%。出现这些由赛事丑闻形成的"赞助抄底"机会时,对于能力归因导致的赛事丑闻,潜在的、实力有限的赞助商可以对其进行赞助,其对赞助商造成的负面影响不显著;在高赞助匹配的情况下,潜在的、实力有限的赞助商可以对刚发生了能力归因赛事丑闻的赛事进行"赞助抄底",不会对赞助商造成负面影响,并且可以实现低成本赞助。

4. 研究不足与未来研究方向

本文存在以下不足:首先,本文的赛事类型刺激物选择的均为综合赛事,其仅是众多赛事类型中的一类,未来研究可以通过专项赛事刺激物(羽毛球赛事、足球赛事、篮球赛事等)进一步检验研究结论的稳健性。其次,本文的实验被试均为大学生,虽则大学生群体是体育赛事受众的重要组成部分,但该群体的高同质性(受过高等教育、经济实力有限等)可能会对研究结论的普适性造成影响,未来研究可以通过跨样本的方式来进一步对研究结论进行检验。最后,本文两个子研究均采用实验法对研究假设进行验证,可能会存在提问效应、观察者效应,后续研究可以通过采用其他研究方法(如田野调查、案例研究法等)或更为客观的行为数据来提升研究的外部效度。

参考文献

[1] Aggarwal P, Iacobucci D. The Effects of Brand Relationship Norms on Consumer Attitudes and Behavior[J]. Journal of Consumer Research, 2004, 31(1): 87-101.

[2] Beckerolsen K, Simmons C J. When Do Social Sponsorships Enhance or Dilute Equity? Fit, Message Source, and the Persistence of Effects[J]. Advances in Consumer Research, 2002, 29(1): 287-289.

[3] Cornwell T B, Weeks C S, Roy D P. Sponsorship-Linked Marketing: Opening the Black Box[J]. Journal of Advertising, 2005, 34(2): 21-42.

[4] Crimmins J, Horn M. Sponsorship: From Management Ego Trip to Marketing Success[J]. Journal of Advertising Research, 1996, 36(4): 11-21.

[5] Eaton J. Building Brand Image Through Event Sponsorship: The Role of Image Transfer[J]. Journal of Advertising, 1999, 28(4): 47-57.

[6] GrozaM D, Cobbs J, Schaefers T. Managing a Sponsored Brand[J]. International

Journal of Advertising, 2012, 31(1): 63-84.

[7] Han S, Choi J, Kim H, et al. The Effectiveness of Image Congruence and the Moderating Effects of Sponsor Motive and Cheering Event Fit in Sponsorship[J]. International Journal of Advertising, 2013, 32(2): 301-317.

[8] Harvey J H, Weary G. Current Issues in Attribution Theory and Research[J]. Annual Review of Psychology, 35(1), 427-459.

[9] Hughes S, Shank M. Defining Scandal in Sports: Media and Corporate Sponsor Perspectives[J]. Sport Marketing Quarterly, 2005, 14(4): 207-216.

[10] Kim N, Chun E, Ko E. Country of Origin Effects on Brand Image, Brand Evaluation, and Purchase Intention: A Closer Look at Seoul, New York, and Paris Fashion Collection[J]. International Marketing Review, 2017, 34(2): 254-271.

[11] Laczniak R N, Decarlo T E, Ramaswami S N. Consumers' Responses to Negative Word-of-Mouth Communication: An Attribution Theory Perspective[J]. Journal of Consumer Psychology, 2001, 11(1), 57-73.

[12] Laufer D, Gillespie K. Differences in Consumer Attributions of Blame Between Men and Women: The Role of Perceived Vulnerability and Empathic Concern[J]. Psychology & Marketing, 2010, 21(2): 141-157.

[13] Lee A Y, Labroo A A. The Effect of Conceptual and Perceptual Fluency on Brand Evaluation[J]. Journal of Marketing Research, 2004, 41(2): 151-165.

[14] Meenaghan T, Shipley D. Media Effect in Commercial Sponsorship[J]. European Journal of Marketing, 1999, 33(3/4): 328-348.

[15] Olson E L. Does Sponsorship Work in the Same Way in Different Sponsorship Contexts? [J]. European Journal of Marketing, 2010, 44(1/2): 180-199.

[16] Osborne A, Sherry E, Nicholson M. Celebrity, Scandal and the Male Athlete: A Sport Media Analysis[J]. European Sport Management Quarterly, 2016, 16(3): 255-273.

[17] Rifon N J, Choi S M, Trimble C S, et al. Congruence Effects in Sponsorship: The Mediating Role of Sponsor Credibility and Consumer Attributions of Sponsor Motive [J]. Journal of Advertising, 2004, 33(1): 30-42.

[18] Sato S, Ko Y J, Park C, et al. Athlete Reputational Crisis and Consumer Evaluation [J]. European Sport Management Quarterly, 2015, 15(4): 434-453.

[19] Simmons C J, Beckerolsen K L. Achieving Marketing Objectives Through Social Sponsorships[J]. Journal of Marketing, 2006, 70(4): 154-169.

[20] Siomkos G, Shrivastava P. Responding to Product Liability Crises[J]. Long Range Planning, 1993, 26(5): 72-79.

[21] Speed R, Thompson P. Determinants of Sports Sponsorship Response[J]. Journal of the Academy of Marketing Science, 2000, 28(2): 226-238.

[22] Till B D, Shimp T A. Endorsers in Advertising: The Case of Negative Celebrity Information[J]. Journal of Advertising, 1998, 27(1): 67-82.

[23] Tomlinson E C, Mayer R C. The Role of Casual Attribution Dimensions in Trust Repair[J]. Academy of Management Review, 2009, 34(1): 85-104.

[24] Tybout A M, Roehm M, 铃木英. Let the Response Fit the Scandal[J]. Harvard Business Review, 2009, 35(12): 82-88.

[25] Zhang J, Yang X. Stylistic Properties and Regulatory Fit: Examining the Role of Self-Regulatory Focus in the Effectiveness of An Actor's vs. Observer's Visual Perspective[J]. Journal of Consumer Psychology, 2015, 25(3): 449-458.

[26] 范宝财. 产品伤害危机归因对品牌污名化的影响研究[D]. 四川大学, 2015.

[27] 范宝财, 王虹. 产品伤害危机对品牌污名化影响: 基于品牌关系视角的实证研究[M]. 青岛: 中国海洋大学出版社, 2015.

[28] 方正, 江明华, 杨洋, 等. 产品伤害危机应对策略对品牌资产的影响研究——企业声誉与危机类型的调节作用[J]. 管理世界, 2010, (12): 105-118.

[29] 付晓静. 体育赛事传播中的危机公关[J]. 武汉体育学院学报, 2006, 40(8): 13-16.

[30] 韩冰, 王良燕, 余明阳. 社会阶层与品牌危机类型对品牌评价及购买意愿的影响探究[J]. 管理评论, 2018, 30(2): 212-221.

[31] 黄璐. 权力漩涡与民主的价值——国际足联腐败丑闻的深层思考[J]. 武汉体育学院学报, 2015, 49(10): 26-33.

[32] 姜世波, 姜熙, 赵毅, 等. 国际体育组织自治的困境与出路——国际足联腐败丑闻的深层思考[J]. 体育与科学, 2015, 36(4): 19-26.

[33] 任海, 于素梅. 论盐湖城丑闻发生后的国际奥委会组织改革[J]. 北京体育大学学报, 2001, 24(1): 1-4.

[34] 徐琳, 刘清早, 黄伟. 赞助商品牌危机事件对赛事品牌的影响研究[J]. 沈阳体育学院学报, 2010, 29(5): 28-30.

[35] 杨春然, 董兴佩. 从政府、协会到个人: 集体责任影响运动员比赛权的根据——兼论俄罗斯兴奋剂丑闻的处理[J]. 武汉体育学院学报, 2018, 52(4): 60-68.

[36] 杨洋, 方正, 江明华. 赛事赞助沟通对感知匹配的影响[J]. 上海体育学院学报, 2015, 39(2): 19-23.

[37] 张永韬, 王虹. 赛事赞助商品牌危机归因对赛事品牌评价的影响研究——品牌关系承诺的调节作用[J]. 中央财经大学学报, 2018, (1): 102-109.

论文执行编辑: 贾良定
论文接收日期: 2018 年 12 月 11 日

The Impacts of Sport-Event Scandal Attribution on Negative Sponsor Brand Evaluation: The Moderating Effect of Sponsorship Fit

Shoujiang Zhou   Hong Wang   Shan Li   Yongtao Zhang

Abstract: The current study explores the impacts of sport-event scandal attribution on negative brand evaluation, and the moderating role of sponsorship fit in this relationship. The results show that consumers evaluate the sponsor brand more negative when they attribute the sport-event scandal to the morality of sport stakeholders than to the ability. Further, the results demonstrate that the sponsorship fit moderates the relationship between sport-event scandal attribution and brand evaluation. Specifically, in terms of high sponsorship fit, the more salient sport-event scandal morality attribution is, the more negative sponsor brand evaluation is. In terms of low sponsorship fit, there are no significant differences between the sponsor brand evaluations that are caused by morality attribution and ability attribution sport-event scandal.

Key words: Sport-event scandal   Attribution   Sponsorship fit   Brand evaluation

JEL Classification: M31

基于内容分析法的母婴用品网络口碑促销组合策略研究①

曹凤怡　张晓飞　金玉芳*

【摘　要】 随着国家全面开放二孩政策,生育热潮带动母婴用品电商市场异常繁荣,电商之间的竞争也异常激烈。如何利用网络口碑提升母婴用品品牌忠诚度,成为电商面临的共同问题。通过采集母婴用品垂直电商网站"蜜芽"口碑社交板块"蜜芽圈"中的用户生成内容,运用内容分析法研究发现:母婴用品属于低价格弹性商品;母婴用品消费者购物行为呈现习惯性购买与复杂性购买相交叉的特性;消费者对产品质量敏感度最高,对价格敏感度最低;对母婴用品的购物便捷度要求非常高;消费者选购母婴用品时品牌忠诚度高,且对母婴用品品牌来源国不具有显著感知差异。本研究将内容分析得出的结论与网络口碑传播"5T"模型相结合,从传播者(Talkers)、话题(Topics)、工具(Tools)、参与(Taking Part)和跟踪(Tracking)五个方面,提出具有实施意义的网络口碑促销策略。

【关键词】 母婴用品　用户生成内容　网络口碑　内容分析法　5T

【JEL分类】 M31

---

① 本文得到中央高校基本科研业务费东北振兴专项"协同战略管理体制和运行机制研究"(N172410003-10)、辽宁省社会发展立项基金课题"限量购买对消费者购买意愿的影响研究"(2017lslktyb-041)的资助。

* 作者简介:曹凤怡(1994—),北京交通大学经济管理学院企业管理硕士在读,Email:17120682@bjtu.edu.cn。张晓飞(1973—),东北大学(秦皇岛)管理学院副教授,研究生导师,主要研究营销与行为科学,Email:zxffs@dlut.edu.cn,本文通讯作者。金玉芳(1975—),大连理工大学经管学院副教授。

一 引 言

在"全面二孩"政策推动下,2016 年我国新生人口数量为 1786 万,增速高达 7.9%。2017 年二孩数量进一步上升至 883 万人,比 2016 年增长 11%。中国婴童网(2015)预计 2015—2025 年中国每年将新增 1 800~2 000 万婴儿,0~6 岁的婴幼儿将构成一个超过 1 亿人的大型消费群体。罗兰贝格(2016)预计到 2020 年中国母婴行业市场规模将超 3.5 万亿,其中母婴用品和母婴服务平分秋色,2015—2020 年 CAGR 将达到 15%。中国母婴市场的广阔前景吸引了大批电子商务企业入局。随着 80 后、90 后逐渐进入适婚适育年龄,该群体成为母婴用品消费的主力军,网络购物是该群体购物的习惯途径,购物品类随着人生阶段的更新逐渐延伸到母婴用品。追求品质消费已经成为中国消费升级的一大特征(黄隽、李冀恺,2018),消费者对母婴用品的品质要求也随之变得更加严格。母婴用品是典型的间接购买商品,使用者婴幼儿具有敏感、免疫力低等特殊性,消费者在选购过程中更加自主、精明、谨慎,母婴电商所承载的海量产品在线评论成为母婴消费者网购中不可缺少的重要参考内容。母婴电商目前"社区+电商"的发展趋势,正是迎合母婴消费群体对产品使用信息的需求,平台发展为其提供了观点浏览和分享的社区。互联网用户生成内容作为网络口碑的一种形式,对企业和消费者都具有相应的经济价值。本研究重点包括三个部分:母婴用品市场的特点;母婴用品消费者在电商平台的购买特征与口碑传播特性;母婴网络口碑促销组合策略。

二 研究综述

1. 网络口碑营销相关研究

Stauss(1997)认为网络口碑是消费者在网络上分享与交流的与消费商品或服务相关的信息。互联网的出现促使消费者的行为特征发生了互联网化的改变。日本电通公司就此对传统的消费者行为模式 AIDMA 进行重构,加入双 S(Search,Share)使之成为 AISAS(Attention 注意、Interest 兴趣、Search 搜索、Action 行动、Share 分享)模型(Kobayashi,2009)。Verklin 和 Kanner (2007)通过实验得出在互联网环境下消费者喜欢针对性地搜索商品信息且搜索行为为频繁的结论。用户对信息的需求更加主动,用户对发表意见的需求更加强烈,双 S 成为网络口碑传播的关键节点,口碑传播更容易产生。电子商务

"社交+电商"的一体化商业模式，正是从企业端进行改变，满足了消费者对双S需求，海量的用户网络口碑也反哺电商业务，起到口碑营销的作用，相关的研究大大促进了扩散模型在网络环境下的理论发展。

网络口碑是一把双刃剑，有正负面口碑之分。施光荣（2013）认为，互联网促进新媒体的诞生和发展，客户在购买决策过程中重视产品体验者传递的负面信息。陶晓波等人（2013）通过研究用户产生的负面信息对消费者态度的负面影响，发现负面信息将潜意识地影响客户对品牌的看法。刘红艳（2014）与戢芳等（2013）学者认为消费者决策更容易受负面口碑影响。Lim 和 Chung（2011）认为，对于陌生品牌，负面口碑对信任属性产生的影响远高于对搜索属性的影响，负面口碑比正面口碑更能影响顾客品牌评价。

综上，网络口碑是消费者形成购买决策的重要参考依据，特别是负面网络口碑，应予以格外重视，亟待从关系营销理论和促销理论出发，深化和细化网络环境下的口碑促销组合理论。

2. 用户生成内容相关研究

用户生成内容，即 UGC（User-Generated Content），是基于 Web2.0 环境兴起的。李鹏（2012）从狭义和广义两个层面对 UGC 进行界定，狭义的 UGC 指用户以互联网为平台把自己原创的内容展现给感兴趣的其他用户；广义的 UGC 即微内容，指用户借助互联网上传的任何信息。世界经济合作与发展组织（OECD）（2007）提出，用户生成的内容具有一定程度的创新性，用户生成的内容是为了在网络上发表，生成内容的用户不是内容所属领域的专业或权威人员。张艳丰（2018）认为，在线评论是用户生成内容的一种重要产生形式，在线评论既是企业的在线口碑真实信息披露，也是消费者购买和应用感知的自愿反馈。国内学者有关用户生成内容的研究大致可分为四个方向：用户生成内容发表动机的研究，用户生成内容对消费者购买意愿的影响研究，用户生成内容情感特征的研究，用户生成内容法律问题研究，如表1所示。

Owusu 等（2016）建立了贝叶斯方法，提出了一种高质量的分析方法，用于验证购买意愿的各个影响因素，并且通过实验得出用户生成内容确实能够对消费者的网上购物意愿产生影响。Jin 和 Phua（2016）通过实验归纳出在旅游类社交网站中，用户生成内容的正负面态度将影响其他用户生成内容的态度。当消费者的用户生成内容是负的，消费者表现出更多的负面产品评价和较低的购买意向。当消费者和已有的用户生成内容态度相匹配，消费者将表示获得了更高的信息价值和满意度。Kumar 等人（2016）将用户生成内容的研究延伸至企业生成内容，阐明电视广告和电子邮件营销对客户的行为具有显著的正效应，且对精通技术和社交媒体倾向的客户效果会更加显著。

目前国内外学者的研究中，很少有针对母婴用品用户生成内容进行的研究。已有的针对母婴用品的研究大多是关于母婴用品市场发展或具体母婴品牌市场营销策略的研究。杜法庆(2016)针对小型母婴用品公司提出了针对性的网络营销策略,建议小型母婴用品公司着重在资金、技术、人才三个方面进行投资,重点提升产品创新能力。王紫璇等(2015)以"好孩子"童车为切入点,建议国产童车要保证产品质量,提高创新研发能力,建立多元化的销售渠道。李雅青(2016)分析了乐友孕婴童集团的网络营销现状,结合乐友集团存在的问题,提出了建立第三方物流联盟、引进第三方检测机构等发展建议。陈宝城(2016)分析了母婴用品网络销售渠道现状,归纳出目前网络销售渠道主要包括以京东为代表的B2C平台,以淘宝为代表的C2C平台,以蜜芽、宝宝树为代表的O2O移动社区模式。因此,对母婴用品行业的用户生成内容特征进行挖掘具有理论意义和现实意义。

表1 国内学者UGC研究方向及研究内容概览

研究方向	作者	年份	研究内容
用户生成内容发表动机的研究	孟健 姜燕	2015	从社会驱动(社会交往、社会信任)、技术驱动(感知有用性、感知易用性)、个体驱动(享乐动机、利他动机、外部奖励)层面分别提出假设,结果表明社会信任、感知易用性、享乐动机和外部奖励促进用户生成内容行为。
	孙少军 张宇红	2017	以小红书为例,归纳出娱乐性收益、自我效能收益、利他主义、声誉地位、社会存在等因素激励用户参与UGC。
用户生成内容对购买意愿的影响研究	魏如清 唐方成	2016	用户生成内容的数量、质量、信息互动性、人际互动性是购买意愿的关键影响因素,结构资本起调节作用。
	程小燕	2016	消费者购买决策的认知阶段,影响最大的是营销生成内容的数量;在态度形成阶段,影响最大的是用户生成内容的质量;在最终决策阶段,影响最大的是用户生成内容的数量。
用户生成内容情感特征的研究	Yang J Yecies B	2016	提出了改进的Apriori算法,通过UGC情感分析对用户行为进行预测。
	李宏媛 陶然	2017	采用线性回归模型和支持向量机回归模型等方法,发现商品评论情感倾向对产品销售量的具体影响。
用户生成内容法律问题研究	李妙玲 岳庆荣	2015	从宏观和微观两方面阐述我国用户生成内容版权侵权问题,并从宏观(法律政策)、微观(网站、用户)方面提出改进措施。
	刘珊 黄琴	2018	建议借鉴知识共享模式,建立版权当然许可制度,完善避风港规则,建立版权内容过滤机制。从事前预防和事后治理两个方面提升版权制度对网络用户生成内容版权侵权治理成效。

资料来源:根据相关文献整理。

三 母婴用品市场分析

母婴用品指孕妇和婴儿日常生活必需品和其他消费品的总和,可分为母婴产品和母婴服务。母婴产品包括奶粉、辅食、喂养用品、洗护用品、童车童床、玩具书籍、服饰等类别,涵盖衣、食、住、行、用、娱、教等各方面产业;母婴服务包括教育、医疗保健、娱乐等产业。本研究以母婴产品为对象。

1. 母婴用品市场趋势分析

(1) 母婴用品市场规模仍在扩大。艾瑞咨询预计到2018年年末,中国母婴家庭群体规模将达到2.86亿,与2010年相比增长21.2%。我国人均可支配收入持续提高,在消费升级的驱动下,母婴用品消费者也将不断增加在母婴用品上的消费。

(2) 母婴用品线上销售渠道占比扩大,线下销售渠道仍占主导地位。根据罗兰贝格测算结果,2020年母婴用品线上销售渠道将占40%,较2015年提高8%。单纯的销售模式已经滞后,线上线下整合出完整的衣、食、住、行、用、娱、教生态圈,发展综合性实体连锁店,才是母婴品牌生存和发展的正确选择。网络购物是80后、90后以及部分70后的重要购物渠道,成为母亲后,该群体网购品类逐渐延伸至母婴用品,该群体成为线上渠道的主力消费者(杨珩,2015),网络上用户生成内容对消费者网购决策的参考意义越发明显。

(3) 母婴用品销售渠道逐渐向三、四线城市渗透。中国0~3岁的婴幼儿中,仅有约20%在一线城市。前瞻产业研究院数据显示,母婴消费用户一线城市占比9.9%,二线城市占比37.3%,三线城市占比20.3%,四线城市占比21.6%,五线城市占比为10.9%。二线、三线和四线城市的比重较大,未来二三四线城市将成为母婴渠道下沉的重点。

2. 母婴用品市场存在问题分析

(1) 质量安全性缺乏保障。母婴用品市场的扩大,使得众多中小企业加入竞争大军,渴望以低价博取市场占有率。然而,随着低价而来的,是质量安全缺乏保障,假冒伪劣充斥市场。毒奶粉事件给婴幼儿带来的伤痛还没有完全散去,毒湿巾含有丙二醇成分又被召回,假纸尿裤导致宝宝皮肤溃烂等质量安全事件还在发生,母婴用品市场乱象使消费者选购安全感低下,消费者对母婴用品市场整体持谨慎态度,诚信环境脆弱。

(2) 购物区域局限性明显。大品牌专营店布局局限于一线大中型城市,且主要分布在大型购物商场中。二、三线城市虽有母婴用品店,但很少见到品牌专营店,母婴用品店内产品鱼龙混杂,产品质量难以甄别,售后服务难以保障。二三线城市的母婴用品消费者想要购买到品牌母婴用品大多通过网络购物,同时又担心买到假货。由于母婴用品的卫生要求高,7天无理由退换货规则对母婴用品可能提出更严格的要求,甚至不予退换,因此网购仍不能完全满足消费者对购物便捷度的要求,母婴用品购物的区域局限性明显。

(3) 国产母婴用品品牌竞争力弱。随着跨境购物平台的发展,大量国外品牌被引进中国市场。由于国内假冒伪劣泛滥,诚信环境脆弱,国产母婴用品呈现"大市场里弱品牌"的状态,大部分品牌没有辨识度和影响力,中小型母婴用品企业集中在中低端市场挣扎,仍有部分品牌进行价格战。但实际上进口母婴用品是否一定优于国产母婴用品,国外的产品是否完全值得信赖,消费者在选购时是否盲目跟风,对产品质量是否进行了客观的评价,这些问题值得讨论。

3. 母婴用品市场用户生成内容特点分析

用户生成内容具有自然语言输出、表达形式自由、观点鲜明丰富、篇幅相对短小等特点,母婴用品用户生成内容也同样具有以上特点。此外,依据京东(2016)发布的《2016中国母婴产品消费趋势报告》,母婴用品消费者有着显著区别于其他行业的特征,如女性、更关注商品评论等,内容产出者的特征使得母婴用品用户生成内容具有以下鲜明的特征。

(1) 女性。京东女性母婴用户比重比全站平均水平高出43%,是母婴用品消费的绝对主力。女性消费群体更加细腻,购后心得的分享愿望更强烈(Barletta,2006)。母婴用户生成内容非结构化特征明显,多涉及使用过程中的多方面,样本具有良好的分析特性。

(2) 更关注商品评论。京东母婴用户对商品评论的关注度高于全站平均水平近7%,说明母婴用品消费者相较于其他行业更加依赖产品的网络口碑,消费者决策容易受网络口碑影响,因此母婴市场的用户生成内容具有较高的研究价值。

依据前文的分析与讨论,本研究将通过抓取垂直母婴电商网站蜜芽的口碑社交板块蜜芽圈中的用户生成内容,运用内容分析法,探究以下三方面问题,以帮助母婴用品企业发现母婴用品消费者UGC的特征,有针对性地制定网络口碑促销组合策略。

a. UGC关注焦点研究:母婴用品消费者选购母婴用品时的关注因素顺序是怎样的?

b. UGC情感特征研究:母婴用品消费者是否对品牌的来源国具有显著态度差异?

c. UGC负面态度影响因素研究:负面态度用户生成内容的影响因素有哪些?

四　研究设计

内容分析法是对已记录归档的文本进行分析的一种方法。第一位给出内容分析法系统定义的学者Berelson(1952)认为,内容分析是客观地、系统地、定量地描述显性传播内容的一种研究方法。Krippendorff(1980)提出定性分析并非绝对的不客观,也需要被写入定义。Holsti(1969)建议同时使用量化和质化的方法以互相补充,并将研究范围拓展至编码绘画、影像作品等领域。内容分析法作为本研究的重要研究方法具有高度适应性。一是内容分析法具有定性与定量相结合的特点。研究母婴用品市场的用户生成内容,不仅需要通过定性方式明确素材选取、编码框架等纲领性问题,更需要通过定量方式对各分析单元进行统计。二是内容分析方法是非接触式的。研究母婴用品消费者在用户生成内容中表现出的选购关注焦点、品牌来源国态度差异、负面态度影响因素等问题,内容分析法可使研究者基于消费者的真实感受单方面分析而不影响研究对象,提高了研究的客观性。

周翔(2014)综合不同学科研究者的分析路径和方法归纳出内容分析法的六大基本要素和步骤:a. 根据主题设计研究问题和/或研究假设;b. 界定总体和选取样本;c. 确定分析单位;d. 类目构建与制定编码方案;e. 编码/记录与编码员信度测试;f. 数据分析与报告。本研究偏向质性的浮现式编码表设置,以每条用户生成内容为分析单元,首先通过词频统计,选择高频词进行聚类分析,发现样本规律,再结合既有研究共同确定编码表类目,以保证编码表能够符合穷尽性和互斥性原则。

1. 样本平台选择

蜜芽设置的蜜芽圈口碑社交板块,打通了购物评论与社会化功能之间的壁垒,用户既可以通过购后评论的通道分享心得,也可以无购物直接在蜜芽圈分享笔记内容。消费者的购后评论不仅显示在该款商品的页面之中,而且可以被其他用户在蜜芽圈内通过搜索关键词所得。蜜芽圈以瀑布流形式显示用户生成内容,并且将优质内容通过算法实现优先显示,类似产品的用户生成内容也会连带显示出来,给消费者选购母婴产品提供了不同维度的真实参考信息。

2. 样本品牌及具体产品选择

依据前文提出的三个问题,本研究将选择国内外不同品牌进行横向对比研究。且为保证用户生成内容样本的数量和质量,本研究结合实验开展当日在蜜芽网站搜索关键词"湿巾"显示的销量顺序,最终选定排名靠前的4个品牌作为本研究的样本品牌,分别是好孩子、子初两款中国品牌,贝亲、NUK两款外国品牌。另外,本研究分别选择4个品牌中销量高、商品价格相近的4款婴儿手口湿巾作为具体产品。销量高保证了用户生成内容的数量;商品价格相近可减少各品牌间因价格过于悬殊而产生的用户生成内容差异性;限定湿巾的功能性为手口湿巾的原因同理。品牌及具体产品选择结果见表2。

3. 抽样过程设计

由于蜜芽圈不按时间顺序展示用户生成内容,因此不设采集时间跨度,本研究运用八爪鱼采集器V7.5.8爬取每款产品采集前1 000条数据,不足1 000条即采集全部数据;在所取得的蜜芽圈笔记中,剔除无效的样本(例如:"好评"、"很好"、"非常好"或少于10字的样本),将清洗过的数据保存为文本数据(.txt);运用ROST CM 6软件对保存的文本文档进行中文分词和词频统计分析;检测首次分词效果,在ROST CM 6软件中将母婴产品常用词汇加入到分词词典中,再将"我"、"的"、"我们"等无意义的词加入过滤词表,以提高分词的准确性。

表2 样本品牌与样本采集情况

品牌	产地	产品	价格(元)	原有笔记	有效笔记
好孩子	中国	好孩子gb宝宝手口专用木糖醇湿纸巾80抽×5包	59	1 792	167
子初	中国	子初Springbuds婴儿湿巾手口湿巾80抽×3包带盖	29.9	4 722	437
贝亲	日本	贝亲Pigeon婴儿柔湿巾80片×3包(新老包装随机发)	35	12 917	409
NUK	德国	NUK湿巾婴儿湿巾新生儿湿巾手口湿巾80抽×3包	39.9	5 460	251

资料来源:根据样本数据整理。

4. 进行内容编码

(1)特征词提取

将清洗过的.txt文本使用ROST CM 6进行中文分词和词频统计,并将词义相近的词频进行合并,剔除无效词语,得到分样本及总样本44个高频特征词及使用频率,如表3所示。

表3 分样本及总样本44个高频特征词及使用频率

好孩子高频词	子初高频词	贝亲高频词	NUK高频词	所有品牌	好孩子	子初	贝亲	NUK
湿巾	好用	专用	好用	湿巾	0.256 00	0.224 00	0.292 00	0.228 00
宝宝	宝宝	贝亲	湿巾	好用	0.119 83	0.314 05	0.297 52	0.268 60
好用	囤货	宝宝	一直用	宝宝	0.142 20	0.307 34	0.380 73	0.169 72
好孩子	湿巾	湿巾	宝宝	囤货	0.081 76	0.383 65	0.421 38	0.113 21
一直用	子初	好用	牌子	一直用	0.162 16	0.128 38	0.378 38	0.331 08
包装	收到	囤货	厚实	牌子	0.092 78	0.278 35	0.288 66	0.340 21
划算	划算	一直用	出生	划算	0.159 57	0.351 06	0.255 32	0.180 85
囤货	水分	值得信赖	囤货	贝亲	0.000 00	0.000 00	1.000 00	0.000 00
购买	牌子	包装	水分	包装	0.220 93	0.302 33	0.383 72	0.093 02
正品	包装	柔软	购买	购买	0.171 05	0.223 68	0.381 58	0.223 68
第二次	质量	购买	划算	收到	0.071 43	0.500 00	0.342 86	0.085 71
牌子	物流	实惠	质量	信赖	0.106 06	0.075 76	0.696 97	0.121 21
实体店	一直用	牌子	回购	质量	0.098 36	0.426 23	0.245 90	0.229 51
放心	实惠	收到	蜜芽	水分	0.050 85	0.457 63	0.220 34	0.288 14
信赖	购买	划算	一如既往	实惠	0.000 00	0.327 27	0.509 09	0.090 91
出生	评价	新包装	大张	柔软	0.092 59	0.185 19	0.574 07	0.148 15
质量	出生	屁屁	第二次	第二次	0.188 68	0.301 89	0.339 62	0.169 81
优惠	第二次	方便	纸张	子初	0.000 00	0.745 10	0.000 00	0.000 00
味道	蜜芽	第二次	柔软	蜜芽	0.093 02	0.372 09	0.302 33	0.232 56
朋友	味道	发货	包装	屁屁	0.050 00	0.275 00	0.525 00	0.150 00
快递	第一次	质量	信赖	方便	0.081 08	0.351 35	0.486 49	0.081 08
收到	方便	水分	朋友	物流	0.000 00	0.666 67	0.222 22	0.111 11
柔软	满意	蜜芽	满意	第一次	0.117 65	0.411 76	0.323 53	0.147 06
安全	快递	出生	味道	放心	0.242 42	0.242 42	0.333 33	0.181 82
问题	屁屁	正品	放心	回购	0.000 00	0.322 58	0.258 06	0.354 84
蜜芽	很快	放心	屁屁	味道	0.200 00	0.466 67	0.000 00	0.233 33
好评	柔软	第一次	合适	朋友	0.214 29	0.321 43	0.214 29	0.250 00
防伪	回购	很快	收到	满意	0.000 00	0.428 57	0.285 71	0.250 00
第一次	朋友	值得	快递	快递	0.222 22	0.407 41	0.000 00	0.222 22
打开	回来	物流	真心	好孩子	1.000 00	0.000 00	0.000 00	0.000 00
追加	放心	满意	实惠	正品	0.458 33	0.000 00	0.458 33	0.000 00
纸箱	打开	回购	大宝	评价	0.000 00	0.708 33	0.208 33	0.000 00

(续表)

好孩子高频词	子初高频词	贝亲高频词	NUK高频词	所有品牌	好孩子	子初	贝亲	NUK
真心	期待	好评	第一次	新包装	0.000 00	0.000 00	1.000 00	0.000 00
相信	预产期	刺激	孩子	一如既往	0.000 00	0.272 73	0.227 27	0.454 55
细菌	发货	合适	物流	好评	0.200 00	0.000 00	0.400 00	0.200 00
水分	好几张	优惠	分量	发货	0.150 00	0.350 00	0.800 00	0.150 00
干净	三包	舒服	大包	合适	0.000 00	0.000 00	0.411 76	0.352 94
方便	刚刚	湿度	好评	打开	0.235 29	0.411 76	0.000 00	0.000 00
发货	时间	朋友	厚度	值得				
担心	一如既往	经济	盖子	真心	0.200 00	0.000 00	0.000 00	0.333 33
大人	光顾	婴儿	选择	实体店	0.533 33	0.000 00	0.333 33	0.000 00
最好	好大	一如既往	不连	刺激	0.000 00	0.571 43	0.214 29	0.000 00
植物	完了	提前	擦屁股	优惠	0.461 54	0.000 00	0.461 54	0.000 00
随时	不连	实体店	三包	舒服	0.000 00	0.416 67	0.500 00	0.000 00

注:使用频率为所有样本合并在同一.txt文档中进行分词及词频统计后,计算分别在4个品牌样本中的使用频率而得。

资料来源:根据数据分析结果编制。

本研究结合特征词聚类分析和 ROST CM 6 的语义网络和社会网络分析结果,对 1264 份样本进行综合分析,更可视化地区分出样本涉及的类目,以帮助确定编码表类目。分析结果如图 1 和图 2 所示。

研究发现,消费者的关注点集中在产品质量与实用性(质量、方便)、品牌口碑(大品牌、信赖)、价格(划算、团购)、物流(发货、快递)、促销活动(团购、囤货)、销售渠道(蜜芽、实体店)、消费者自身购买体验/经验(第二次、回购)等方面,因此本研究设计将样本编入 7 大类目进行编码。类目分别为:产品、品牌、价格、物流、促销、渠道、消费者自身。

(2) 设置分析单元

本研究采用 Glaser 和 Strauss(1967)态度编码方式,并结合阮露莎(2014)设计的主轴编码表和艾瑞咨询发布的《2018 年中国互联网母婴童行业研究报告》编制编码说明,如表 4。

本研究采用 Nvivo 10.0 进行质性分析的编码环节,将 7 大类目设置为 7 个上层树状节点,16 个分析单元设为下层子节点。编码员首先将样本总结出一个主题归入 7 个上层树状节点之一,再将每个样本根据语言表达,编码进其下层子节点。一个样本只能编码进一个上层树状节点,但是可以编码进多个下层子节点,同时编码样本的正、中、负情感偏向。

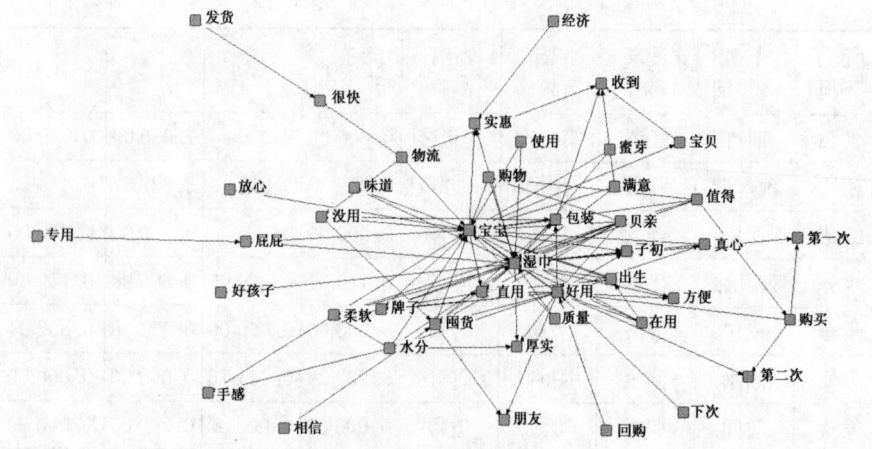

图1 社会网络及语义网络分析

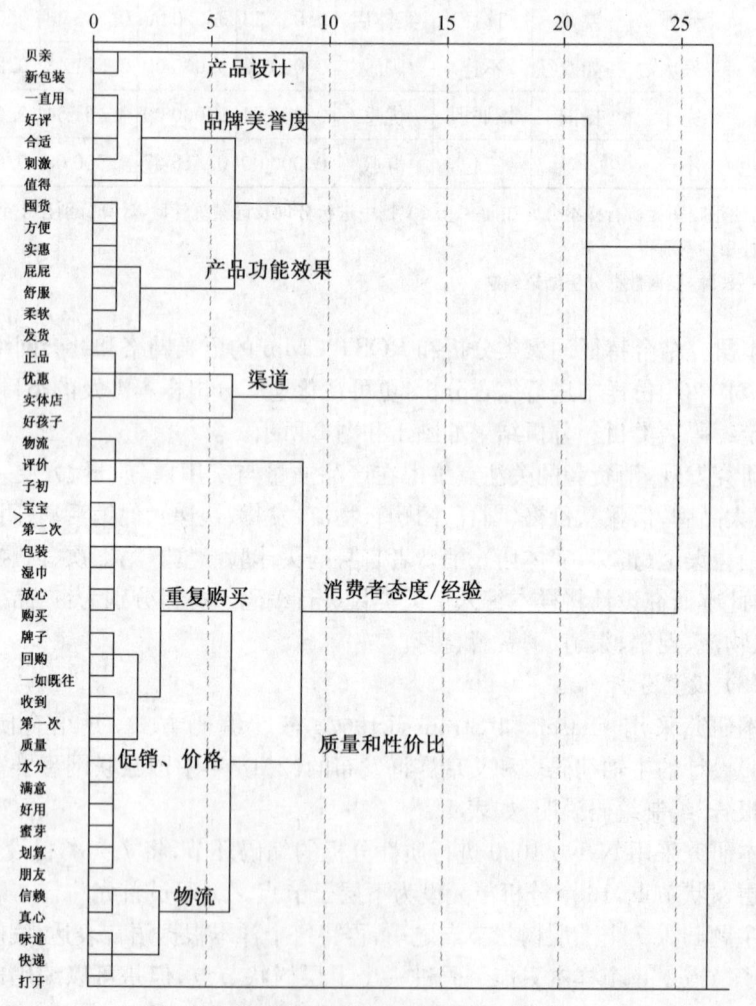

图2 高频特征词聚类分析谱系图—瓦尔德法

表4 母婴用品用户生成内容分析编码说明

类目	分析单元	单元注释	关键词举例
A 产品	A1 品质	产品是否安全、质量是否合格	安全、正品
	A2 功能	使用是否有效	味道、柔软、水分
	A3 包装	包装设计是否合理	便捷、卫生
	A4 替代性	和其他品牌比是否有优势	比……好用
B 品牌	B1 知名度	是否认识品牌	第一次购买
	B2 美誉度	是否赞美品牌	好评、推荐、放心
	B3 忠诚度	是否信赖品牌	认准、信赖
C 价格	C1 售价	消费者是否感知到便宜	便宜、贵
D 渠道	D1 购买渠道	购买是否便捷	蜜芽、实体店、商场
	D2 售后渠道	退换货是否顺利	客服、售后
E 物流	E1 物流	物流速度是否满意	快、慢
	E2 包装	快递包装是否合格	包装严实、包装破了
F 促销	F1 活动力度	促销力度是否明显	活动价、打折
	F2 活动频次	促销活动是否丰富	活动多、少
G 消费者	G1 态度/行为	情感上的偏好和依赖、行为上是否重复购买	一直购买、第二次
	G2 经验/体验	提及购买建议的来源	朋友推荐

资料来源:根据相关文献进行改编并选取本研究内容分析中出现的词语进行关键词举例。

(3) 信度检验

根据Lombard等人(2010)的统计分析,采用Holsti(1969)方法检验编码信度的文献占比最高,本文也选用Holsti的方法进行信度检验。取各品牌10%的样本,请两位经管领域研究生进行独立编码。经过检验计算,本研究两位编码者的编码一致率是82.67%>80%,符合接受标准。

五 数据分析与结果

1. 用户生成内容关注焦点研究

编码员规范录入样本数据后,使用 SPSS 24.0 进行数据统计分析,如表 5。

表 5 样本各类目占比与样本品牌交叉分析表

产品品牌	产品	品牌	价格	渠道	物流	促销	消费者	合计
好孩子	55	24	11	11	10	6	50	167
	32.93%	14.37%	6.59%	6.59%	5.99%	3.59%	29.94%	100%
子初	220	63	26	14	34	13	67	437
	50.34%	14.42%	5.95%	3.20%	7.78%	2.97%	15.33%	100%
贝亲	191	86	23	23	10	15	61	409
	46.47%	20.92%	5.60%	5.60%	2.43%	3.65%	14.84%	100%
NUK	112	53	18	6	15	2	45	251
	44.62%	21.12%	7.17%	2.39%	5.97%	0.79%	17.92%	100%
合计	578	226	78	54	69	36	223	1264
	45.73%	17.88%	6.17%	4.27%	5.46%	2.85%	17.64%	100%

资料来源:根据数据分析结果编制。

同时生成图 3 和图 4。通过图 3 可以看出母婴用品消费者在用户生成内容中体现出的关注焦点强弱顺序为:产品>品牌>消费者态度/经验>价格>物流>渠道>促销。图 4 显示,超过一半的消费者会在用户生成内容中提到产品品质(正品、成分等),对产品的包装设计(是否连抽、是否带盖、每包张数等)的在意程度超过功能(水分、纸质、味道等),成为消费者第二关注点。母婴用品消费者在选购和使用婴儿湿巾类产品时最关注产品本身,最不关注的是促销活动。由此可以得出母婴用品对该群体来说是刚性需求,消费者的价格敏感度低,对质量和实用性高的产品的支付意愿高。

另外值得关注的是消费者对品牌和自身经验的提及频次占比,分别达到了 17.88% 和 17.64%。消费者在用户生成内容中习惯于表达对品牌的赞美和对产品的依赖,如提及一直信赖某品牌、不断回购、一直在用、朋友推荐等,表明母婴用品消费者对其已选定品牌的美誉度和忠诚度较高,一旦选定某品牌将不易更换。其中母婴用品消费者的"囤货"行为不仅印证了湿巾类产品消耗量大,同时也表现出母婴用品消费者具有高行为忠诚度的特殊性。从普通湿巾类产品角度考虑,消费者对消耗品的品牌的敏感度应为低,但婴幼儿手口湿巾具有其特殊性,产品转换可能给婴幼儿带来不适,产品转换成本高使得消费者不会轻易更换品牌,表现出高行为忠诚度。

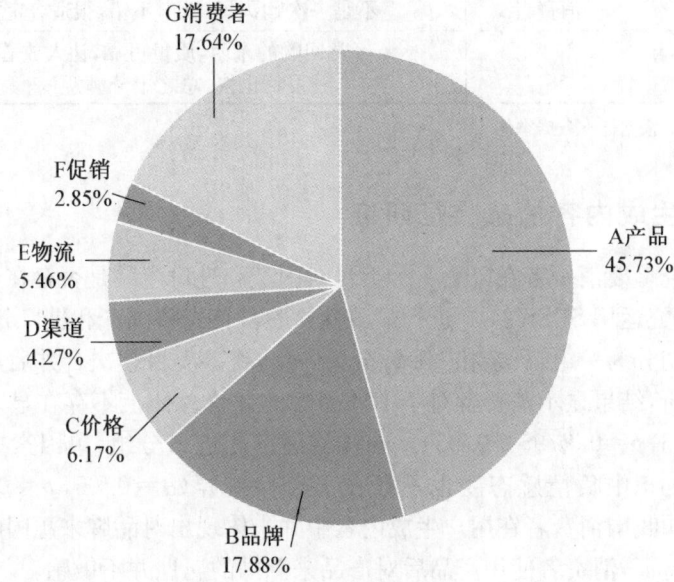

图 3　各类目样本频次占比

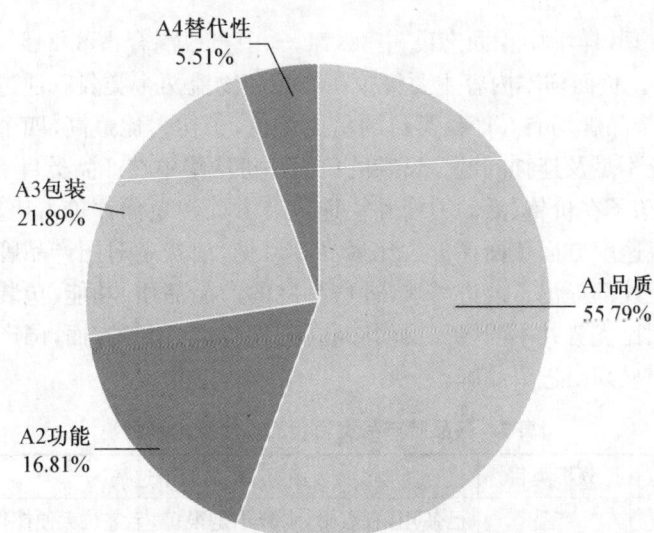

图 4　产品类目分析单元提及频次占比

表6 品牌及消费者类目样本举例

产品品牌	分析类目	样本句子选摘
好孩子	品牌	很好用,一直用好孩子湿巾,大品牌值得信赖
子初	品牌	一直用子初家的湿巾,从宝宝出生到现在一岁了
贝亲	消费者	不是一次购买了,纸巾不错,很适合宝宝
NUK	消费者	经常回购的东西,质量可靠,让人放心, 发货也快,总之十分满意!

资料来源:根据样本数据举例。

2. 用户生成内容情感特征研究

为探究母婴消费者在以上7个类目对国产和进口产品是否存在显著态度差异,本研究运用 SPSS 24.0 进行显著性检验。首先将国产和进口分组,将好孩子和子初分为一组,贝亲和 NUK 分为一组,将各类目频次合并后进行单因素方差分析,结果显示消费者对于中外品牌的评价总体上不存在显著的差异性($\alpha=0.05, p=0.8795>0.05$)。同样将国产和进口分组,单因素方差分析显示两组的正中负情感态度也不存在显著性差异($\alpha=0.05, p=0.9389>0.05$),表明我国消费者在用户生成内容中并未体现出对品牌来源国的明显的情感偏向特征,消费者使用产品后对产品来源国的属性并不敏感。

3. 用户生成内容负面态度形成影响因素研究

统计发现,样本中正面态度占 86.74%,中立或混合占 3.24%,负面态度占 10.02%。负面样本内容主要集中在产品和物流两个类目。通过图6也可以看出,四个品牌均有在产品类目的负面评价,子初占比最高,四个品牌都提及产品水分不足及连抽问题。贝亲的负面评价均集中在产品类目下的四个细分单元,好孩子在价格、活动力度和快递包装方面的负面评价占比显著较高,子初在物流速度方面负面评价占比最高。可见,消费者对国产品牌和进口品牌的产品设计都提出了改进需求,进口品牌的产品品质、功能、包装设计等与国产产品相比优势并不明显。反而在物流、售价、促销等方面,国产品牌负面评价占比明显高出进口品牌。

表7 各品牌产品类目负面态度样本举例

产品品牌	分析类目	样本句子选摘
好孩子	产品	已使用,有点干,水分不是很多,宝宝拉大便擦得不太干净
子初	产品	有点连抽,感觉水分不是很多,马马虎虎吧
贝亲	产品	纸巾水分大,纸巾不大,抽出来不太方便,容易黏连
NUK	产品	抽出来的纸基本是干的,买这么多次,这次最差,无法用

资料来源:根据样本数据举例。

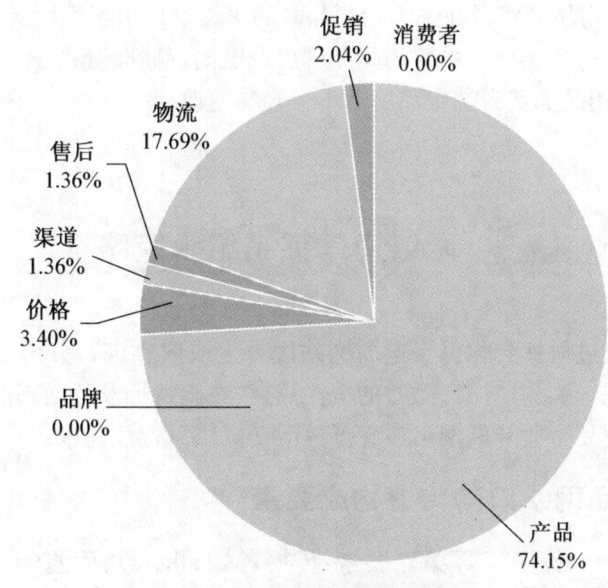

图 5　各类目负面评价占比

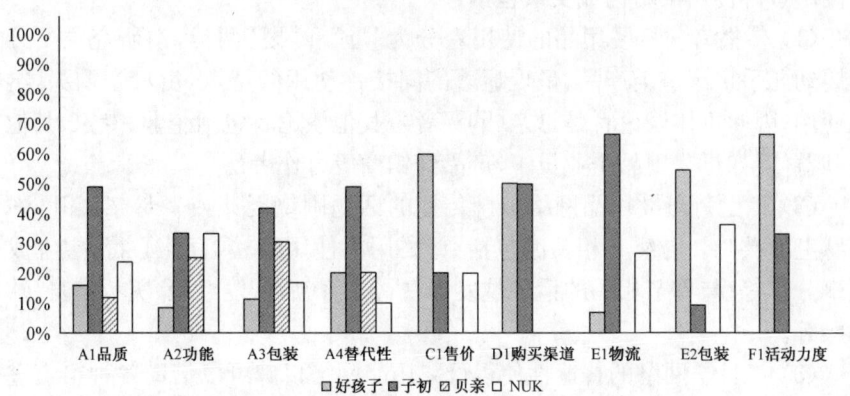

图 6　各品牌负面态度评价在分析单元占比

4. 内容分析总结

（1）消费者在选购母婴用品时关注因素排序为：产品＞品牌＞消费者态度/经验＞价格＞物流＞渠道＞促销。母婴用品属于低价格弹性商品，母婴用品消费者在选购母婴用品时最关注产品本身，对促销和低价不敏感，母婴用品消费者愿意投入更多金钱换取品牌带来的安全感。

（2）母婴用品消费者对品牌来源国的情感差异不明显，进口品牌产品设计不一定优于国产品牌，国产品牌应着重提高产品设计和品牌影响力。

（3）母婴用品消费者对购买母婴用品的便捷度要求高，网购母婴用品的消费者对物流质量要求高，包括物流包装及物流速度。

(4) 母婴用品消费者在选购消耗品时的决策呈现出习惯购买与复杂购买相交叉的购买行为类型。母婴用品品牌忠诚度高，品牌转换成本高，出于安全性考虑，母婴用品消费者选定品牌后不会轻易更改。

六　网络口碑促销组合策略

本研究通过对社会化母婴电商网站用户生成内容进行分析，探究出母婴用品消费者在选购和使用产品时的关注焦点、情感特征及负面态度形成因素，进而为母婴用品企业开展网络口碑促销活动提供可行性建议。

1. 母婴用品网络口碑传播构成要素

Andy(2012)提出"5T"策略要素：传播者(Talkers)、话题(Topics)、工具(Tools)、参与(Taking Part)和跟踪(Tracking)。根据5T传播模型，母婴用品网络口碑传播策略构成要素包括：

(1) 传播者。母婴用品的使用者分为"母"和"婴"两类，本研究主要分析了婴幼儿手口湿巾类产品，呈现显著的间接性使用的特点，由母亲购买，给婴儿使用，因此主体谈论者是母亲(购买者)，其他谈论者包括企业、专家、其他相关利益体(如母婴用品企业员工、产品经销商等合作者)。

(2) 话题。母婴用品网络口碑传播的话题围绕婴儿或者母亲展开，强调情感上的共鸣。与婴儿相关的包括：母婴用品使用经验、育儿心得、宝宝成长故事分享等；与母亲相关的话题越发丰富，包括产后恢复经验、美妆健身、饮食健康等。

(3) 工具。网络的普遍性使得母婴用品网络口碑可以借助各种渠道进行传播，如网络购物平台在线评论、企业微信、微博、社会化母婴电商口碑社交板块、母婴知识型APP、论坛、贴吧、QQ群、微信群等等，渠道的多样性提高了口碑传播的效率，根据营销内容选择适合的传播渠道才能起到营销效果。

(4) 参与。网络的即时性与跨时空性增强了企业与消费者接触途径，企业参与网络口碑传播，尤其是出现负面网络口碑时第一时间参与处理，能够减少负面口碑带来的影响。

(5) 跟踪。跟踪的信息主要涵盖两方面，一是用户注册信息的收集，二是母婴用品消费者网络口碑中反馈出的对产品或服务的诉求。经营者可以通过用户注册信息了解口碑主体谈论者的结构特点以及兴趣爱好等信息，通过对消费者诉求的挖掘发现产品改进方向。

2. 母婴用品网络口碑促销组合策略

结合内容分析结论和母婴用品网络口碑传播要素，其网络口碑促销组合策略为：

（1）在保障产品质量的前提下，挖掘意见领袖，多渠道多话题的传播者共同参与。

菲利普·科特勒（2012）提出，意见领袖是在某群体中因自身某种特质（人格、知识、技能等）而能给群体或其他成员产生影响力的人。母婴用品网络口碑的谈论者包括购买者（主要是母亲）、企业、专家和其他相关利益体。经营者需要采取直接和间接两方面举措，让各层次意见领袖起正向引导作用。

在此过程中坚持内容为王，围绕焦点话题，多种工具组合传播促销。这包括：

一是直接发布专业性内容。可以通过专家发言。母婴消费者在选购湿巾类产品时，最关注产品的安全性和卫生性。经营者需要培养被消费者信赖的合作机构或者研发团队为自己发言，以专业的、科学的视角向消费者展示产品，如湿巾类产品可以出具细菌含量抽测结果、成分检测报告，湿巾纸张环保性说明等，技术类的正面口碑素材能够起到正向引导作用。也可以通过企业发言。企业掌握着自身产品最深层次的信息和全部传播渠道，自身就是意见领袖。通过企业给出关于产品的产地信息、工厂环境、销量信息、试用报告、口碑排名等，向消费者做出承诺，或者提供更多与企业间接相关的内容如母婴知识科普，缩短与消费者的心理距离，逐渐渗透品牌理念。

二是间接选送优质用户生成内容。可以激励自发意见领袖。通过算法将互动活跃的用户生成内容优先展示，设置优选内容及奖励机制。蜜芽圈没有完全按照时间顺序显示用户生成内容，而是在关键词搜索的前提下，在时间线中融入点赞或者评论多的优质内容，提升了浏览者的信息获取效率，并且注重激励口碑内容的发布者继续发布内容。也可以招募签约意见领袖。经营者可以招募领域达人，以发表一定量有主题限制的原创帖为工作内容，以现金或其他福利为报酬，以保持母婴用品用户生成内容的活跃度、新鲜度，对新产品口碑导向起到正向作用。

（2）以培育品牌忠诚为目标，围绕产品特征，组织主题活动，创造有效传播话题。

意见领袖的组成成分足够丰富后，应当不断创造有吸引力的话题，吸引消费者关注、参与、讨论。重点宣传产品设计改进点。研究发现消费者最关注产品的品质，其次就是产品的包装，对产品使用过程中的人性化设计要求高。这提示经营者在产品描述时，重点突出创新设计点，创造话题，让消费者想到该类产品就想到该品牌的该产品，而不是盲目进行价格战来吸引消费者。编码过程中发现，贝亲手口湿巾在样本采集跨度中换了新包装，但在其产品描述部分并没有对新版本所具优势进行说明,有很多消费者表示更喜欢老包装。经营者可以借助多种渠道针对产品设计改进点进行宣传,比如子初的硬盖设计,重点宣传密封性更强、取用更便捷,告别连张更卫生,对提及新包装的网络口碑进行突出展示,吸引消费者尝试购买并参与到体验效果的话题中来。

促进线上线下主题互动活动。设计定期和不定期相结合的趣味活动,重点强调消费者参与,活动规则要尽量简单,参与门槛要低,奖品要及时发放,消费者在参加活动的同时可以增进母亲与孩子的关系,同时也可以增强企业与消费者的联系。开展针对性公益活动。树立有责任感的品牌形象,更容易赢得母婴用品消费者的支持。母婴用品企业可以通过捐赠育儿书籍、建立乡村图书馆等公益活动,给需要帮助的群体带去温暖,树立企业正面形象,获得消费者的认同,创造参与度高的正面话题。

(3) 企业参与话题讨论,保持直接互动,及时解决消费者问题,防止负面口碑扩散。

产品研发部门参与母婴用品网络口碑传播。产品研发部门了解产品设计的初衷,也最希望听到消费者的声音。如在负面态度样本中,反馈贝亲湿巾水分较少的样本较多,并且用词极端,贝亲产品部门可以及时对负面态度用户生成内容进行回复和解释,不仅可以让内容发布者感到自己被重视,而且可以让其他浏览者从双方面客观了解产品,削弱负面用户生成内容的影响力。积极主动应对的态度反而可以赢得消费者的好感和宽容,体现了大品牌在处理负面事件过程中的成熟。

仓储物流部门参与母婴用品网络口碑传播。母婴用品消费者关注焦点中物流排名靠前,且多数与物流相关的负面评价用词极端。现阶段消费者已经不满足于仅仅是足不出户的购物,而是对物流速度、物流包装、物流服务都提出了更高的要求。仓储物流部门应当及时通过用户生成内容调整产品打包方式及合作的物流公司,及时发现异常订单,先于顾客发声处理。

(4) 巩固传播渠道,完善专业团队,持续跟踪消费者行为,建立长期关系。

选择和巩固合适的传播渠道可以起到事半功倍的效果。建立专业运营团队,管理好传播渠道,选择合适的工具,才能使网络口碑传播效果达到预期。首先,要建立协同的媒体矩阵。母婴用品企业的产品组合呈现出长且宽的特点。企业的事业部很多,渠道合作伙伴也非常多,各自建立的社会化媒体会使得消费者感到混乱,因此确定一种协同的媒体矩阵有利于网络口碑按照希望的节奏和趋势传播。其次,要选择适合的传播渠道。想要进行"事件营销"、"病毒营销"或者化解负面舆论等,微博型"短、平、快"的特点可以保证时效性,如果想培养长期的用户关注,缓慢渗透品牌理念,可以选择知识分享型和社区论坛型网站作为传播渠道。社会化母婴电商板块的兴起是电子商务与知识分享型社区创新结合的新产物,可以通过口碑社区为自身的电商客流量造血。

建立专业的运营团队,持续跟踪消费者行为。建设自媒体渠道后,维持粉丝活跃度和参与度要重视以下方面：一是保持内容的原创。母婴用品媒体目标读者群体鲜明，除了在自建传播渠道中加入对产品的宣传，更多的是要给消费者带来知识营养，而不是以完成内容发布任务为目标。二是保持同粉丝的互动。关注粉丝后台留言，及时回复；定期或不定期开展活跃粉丝的主题活动，如蜜芽的"我家有个小梵高——蜜芽圈涂鸦艺术节"，让消费者、孩子和其他家人都能参与进来，保持与粉丝的双向沟通。三是保持传播的连续性。可以增强消费者信任，企业媒体要坚持每周或每日定量优质内容推送，培养粉丝习惯，增强用户粘性。四是加强信息跟踪，实现精准营销。无论是通过微博、社区论坛还是电商网站，用户想要在上面生成内容必须进行资料登记。目前通过绑定的其他账号登录网站越来越便捷，这也使得用户资料后台数据库社会化程度更高。经营者将用户资料充分利用起来，了解消费者的年龄、兴趣、区域、宝宝年龄，对消费者行为进行跟踪分析，发现消费者需求，进行精准营销。

七 研究结论与启示

本研究运用内容分析法，对社会化母婴用品网站蜜芽的用户生成内容进行分析，并提出了网络口碑促销组合策略。结合前文分析结果和母婴产品的需求特征，整体结论与启示为：

（1）可能是基于婴儿使用安全需求优先的原则，消费者在选购低价格弹性的母婴用品时，对产品质量敏感度最高，对价格敏感度最低；消费者对母婴用品的购物便捷度要求高。

（2）母婴用品消费者购物行为，呈现习惯性购买与复杂性购买交叉综合的性质，这可能与购买者多为正在哺育婴儿的妇女及其日常行为和心理密切相关。

（3）消费者选购母婴用品时，品牌忠诚度较高，对母婴用品品牌来源国不具有显著感知差异，品牌转移成本高，这可能与直接购买者的购买习惯及产品整体质量趋同性有关。

本研究结合5T口碑传播模型的网络口碑促销组合策略，对企业的网络传播促销策略有一定的指导意义，特别是结论中对直接购买者的心理和日常生活行为及网络行迹特征的把握，为企业进行定制化营销和深度开发客户长期价值有重要价值。以母婴用品为对象，基于5T口碑传播模型的网络口碑促销组合策略，是对促销理论在网络环境下的聚焦专业细化，也是对口碑扩散理论在网络环境下的检验和深化，这对于丰富网络环境下的关系营销理论和深化促销组合策略理论，有一定的支持和补充作用。此外，网络口碑促销策略提出过程，以多类客户中的意见领袖为突破口，以长期维系客户换取市场范围扩展，突出了多维中的重点论和持续时空转换的逻辑思维，可能会为策略设计提供一定的理论借鉴。

尽管本研究有所创新，但下述局限性在进一步研究中仍然需要继续完善：一是编码表需不断完善，研究的编码类目设置主观因素较强，仍不能概括和提炼所有的内容分析类目；二是数据分析方法尚不够全面，没有能够借助自然语言分析最新技术手段得出更多创新性结论；三是结论普适性有待检验，研究仅限于四款湿巾类产品的调查，所得网络口碑促销理论的普适性仍需进一步检验。对于本研究得出的网络口碑促销策略，需要在进一步研究中对蜜芽网继续跟踪观察。四是重点研究了网络口碑促销策略，但实际的促销价值实现，需要系统化规划运作，实践指导还具有一定的单一性。此外，出于对理论的深化与细化以及抽象提升需要，进一步研究中仍需扩展产品范围并高度提炼多个研究结果的结论，以期获得理论突破。

参考文献

[1] Andy S. Word of Mouth Marketing: How Smart Companies Get People Talking[M]. Austin: Greenleaf, 2012.

[2] Barletta M. Marketing to Women: How to Understand, Reach, and Increase Your Share of the World's Largest Market Segment[M]. 2nd ed. Boston: Kaplan Business, 2006.

[3] Berelson B. Content Analysis in Communications Research[M]. New York: Hafer, 1952.

[4] Glaser B G, Strauss A L. The Discovery of Grounded Theory: Strategies for Qualitative Research[M]. Chicago: Aldine, 1967.

[5] Holsti O R. Content Analysis for the Social Science and Humanities[M]. London: Addison Wesley, 1969.

[6] Jin S V, Phua J. Making Reservations Online: The Impact of Consumer-Written and System-Aggregated User-Generated Content (UGC) in Travel Booking Websites on Consumers' Behavioral Intentions[J]. Journal of Travel & Tourism Marketing, 2016, 33(1): 1-17.

[7] Kobayashi Y. A Study of Engagement in Japan[J]. Aoyama Journal of Business, 2009, 43(4): 39-60.

[8] Krippendorff K. Content Analysis: An Introduction to its Methodology[M]. Beverly Hills, CA: Sage, 1980.

[9] Kumar A, Bezawada R, Rishika R, et al. From Social to Sale: The Effects of Firm-Generated Content in Social Media on Customer Behavior[J]. Journal of Marketing, 2016, 80(1): 7-25.

[10] Lim B C, Chung C M Y. The Impact of Word-of-Mouth Communication on Attribute Evaluation[J]. Journal of Business Research, 2011, 64(1): 18-23.

[11] Lombard M, Snyderduch J, Bracken C C. Content Analysis in Mass Communication: Assessment and Reporting of Intercoder Reliability[J]. Human Communication Research, 2010, 28(4): 587-604.

[12] Organisation for Economic Co-operation and Development (OECD). Participative Web: User-Created Content, 2007.

[13] Owusu R A, Mutshinda C M, Antai I, et al. Which UGC Features Drive Web Purchase Intent? A Spike-and-Slab Bayesian Variable Selection Approach[J]. Internet Research, 2016, 26(1):22-37.

[14] Stauss B. Global Word of Mouth: Service Bashing on the Internet Is a Thorny Issue [J]. Marketing Management, 1997, 6(3): 28-30.

[15] Verklin D, Kanner B. Watch This, Listen Up, Click here: Inside the 300 Billion Dollar Business Behind the Media You Constantly Consume[M]. New Jersey: John Wiley & Sons, 2007: 25-32.

[16] Yang J, Yecies B. Mining Chinese Social Media UGC: A Big Data Framework for Analyzing Douban Movie Reviews [J]. Journal of Big Data, 2016, 3(1): 1-23.

[17] 艾瑞咨询. 2018年中国互联网母婴童行业研究报告[EB/OL]. https://www.iresearch.com.cn/Detail/report? id=3296&isfree=0,2018.11.17.

[18] 陈宝城. 妇婴卫生用品企业网络营销渠道建设策略研究[J]. 中国管理信息化,2016, 19(1):166-168.

[19] 程小燕. 营销生成内容和用户生成内容对消费者购买决策的影响研究[D]. 广东工业大学,2016.

[20] 杜法庆. 论小型母婴用品公司的网络营销策略[J]. 科技展望,2016(17):240.

[21] 菲利普·科特勒. 营销管理[M]. 北京:中国人民大学出版社,2012.

[22] 黄隽,李冀恺. 中国消费升级的特征、度量与发展[J]. 中国流通经济,2018,32(4):92-101.

[23] 戢芳,周庭锐,尹训国. 负面网络口碑特征对消费者品牌态度变化的影响——信息易获得性与诊断力理论视角[J]. 财经论丛,2013(5):95-99.

[24] 京东. 2016中国母婴产品消费趋势报告[EB/OL]. https://www.useit.com.cn/thread-12284-1-1.html,2016.05.27.

[25] 李宏媛,陶然. 服装电商评论情感分析研究[J]. 智能计算机与应用,2017,7(1):27-34.

[26] 李妙玲,岳庆荣. 我国用户生成内容的版权侵权问题治理模式研究[J]. 新世纪图书馆,2015(5):54-59.

[27] 李鹏. Web 2.0 环境中用户生成内容的自组织[J]. 图书情报工作,2012,56(16):19-126.

[28] 李雅青. 浅析乐友孕婴童集团的网络营销现状及发展策略[J]. 科技视界,2016(2):230,195.

[29] 刘红艳. 网络口碑效应因人而异?——个体独特性需求在网络口碑影响消费决策中的作用[J]. 商业研究,2014(2):97-104.

[30] 刘珊,黄琴. 网络用户生成内容版权侵权自治模式的法治化探索[J]. 中国出版,2018 (12):62-66.

[31] 罗兰贝格.中国母婴童市场研究报告[EB/OL],https://www.rolandberger.com/zh/Media/罗兰贝格％EF％BC％9A中国母婴童市场规模五年后翻倍％EF％BC％8C企业需把握市场趋势.html,2016.07.20.

[32] 孟健,姜燕.社会化商务环境下用户生成内容的动机研究——以"大众点评网"为例[J].现代情报,2015,35(11):31-37.

[33] 阮露莎.海外消费者对中国品牌态度评价的探索性研究——基于Amazon购物网站消费者评论的分析[D].华东师范大学,2014.

[34] 施光荣.负面信息对消费者品牌态度的影响研究[J].消费经济,2013,25(2):51-55.

[35] 孙少军,张宇红.社交化电子商务UGC平台用户参与动机研究——以小红书为例[J].2017(7):33-35.

[36] 陶晓波,宋卓昭,张欣瑞,等.网络负面口碑对消费者态度影响的实证研究——兼论企业的应对策略[J].管理评论,2013,25(3):101-110.

[37] 王紫璇,侯锦娟,吴帆.从"好孩子"看中国童车的核心营销策略[J].中外企业家,2015(2):49-50.

[38] 魏如清,唐方成.用户生成内容对在线购物的社会影响机制——基于社会化电商的实证分析[J].华东经济管理,2016,30(4):124-131.

[39] 杨珩.浅论母婴用品购买者消费心理行为及其营销对策[J].中国市场,2015(14):10-23.

[40] 张艳丰.在线用户评论行为时间序列关联特征规律研究[D].吉林大学,2018.

[41] 中国婴童网孕婴童产业研究中心.2015中国婴幼儿湿巾产业报告[EB/OL],http://www.baobei360.com/subject/news/wipes-report/,2015.09.28.

[42] 周翔.传播学内容分析研究与应用[M].重庆:重庆大学出版社,2014.

论文执行编辑:何健
论文接收日期:2018年12月10日

IWOM Promotion Marketing Strategy Research of Maternal and Child Supplies Based on Content Analysis Method

Fengyi Cao   Xiaofei Zhang   Yufang Jin

Abstract: After the state fully implemented the two-child policy in 2016, the segment market for maternal and child has become an extremely prosperous and competitive battleground for each e-commerce platform with a boom in new births. It has become a common problem that e-commerce has to implement online word-of-mouth marketing and enhance the brand loyalty of maternal and child products. Data of the UGC (User-Generated Content, UGC) of "Honeybud Circle" were collected in the social section of "mia. com", a vertical e-commerce company for maternal and child supplies. Then, content analysis method was used to study the UGC of "Honeybud Circle". Analysis results can be concluded that maternal and child products are low-price flexible products; the shopping behavior characteristics of maternal and child supplies consumers show the mix types of habitual purchase and complex purchase; consumers have the highest sensitivity to product quality and have the lowest price sensitivity when purchasing maternal and child products; maternal and child supplies consumers demand a high degree of convenience in shopping; the cost of brand transfer of mother and baby supplies is high and consumers have high brand loyalty when purchasing maternity products; consumers do not have significant perceived differences in the country of production of maternal and child products. According to the above conclusions, this article extends the word of mouth "5T" model to Internet word-of-mouth. This paper puts forward the word-of-mouth promotion marketing strategy from five aspects as "Talkers", "Topics", "Tools", "Taking Part", "Tracking" according to the characteristics of maternal and child supplies consumers.

Key words: Maternal and Child Supplies　Internet Word of Mouth　User Generated Content　Content Analysis Method　5T

JEL Classification: M31

领导风格组合作用机理的多案例研究[①]

刘 洋 马钦海 闫 俊 郝金锦[*]

> 【摘 要】 在领导实践中领导风格存在组合的客观现象。本文采用多案例研究方法,探索领导者的领导风格组合特征和作用机理,在研究过程中结合项目生命周期相关情境特征,选取5位企业项目的领导者作为研究对象。从计划行为理论的视角研究发现,领导风格在具体事件中呈现自我导向维度组合、下属导向维度组合,及自我导向维度和下属导向维度之间组合的特征。本文构建的领导行为组合模型可以更好地梳理各个领导风格的特点,有利于领导者采取适当有效的领导风格组合。
>
> 【关键词】 领导风格 领导风格组合 计划行为理论 项目生命周期
>
> 【JEL分类】 C93

[①] 本文得到国家自然科学基金面上项目"情绪劳动、服务导向、组织公民行为的多观点多层次集成研究"(71272162)的资助。感谢南开大学许晖教授、北京大学周长辉教授、厦门大学成瑾教授。感谢中国圣商学院。本文内容一方面修改自"首届中国质性与管理案例研究论坛——青年学者案例研究训练营"宣讲论文(全会3篇),另一方面修改自"中国质性与管理案例研究论坛2018"分论坛宣讲论文,感谢各位匿名评审专家、分论坛现场专家和学者,当然文责自负。

[*] 刘洋(1975—),东北大学工商管理学院博士研究生,沈阳师范大学教师,研究方向为领导力、服务管理、创新管理,Email:lord777@163.com。马钦海(1963—),东北大学工商管理学院院长,教授,研究领域为服务营销与服务管理。闫俊(1980—),沈阳师范大学讲师,博士,研究方向为领导力、教育管理、人力资源管理。郝金锦(1985—),沈阳大学讲师,博士,研究方向为领导力、服务营销、服务管理。

一 引 言

一些优秀的领导者在长期的企业发展或者短期的项目中会表现出多种领导风格的不同行为特征(领导风格维度)的"混合"、"融合"或"组合"现象,这种现象称为领导风格组合(Casimir,2001;吴春波等,2009;曹春辉等,2014;Li等,2016;刘静和李朋波,2015;刘洋和马钦海,2018)。领导者通过领导风格组合以有效影响下属,实现领导目标(Casimir,2001;Li等,2016)。领导风格的组合有利于不同领导风格的彼此促进、取长补短,形成对下属的有效影响(Bass和Avolio,2003;于海波和郑晓明,2014)。任务导向型领导和关系导向型领导的不同组合对下属情绪会产生不同影响(Casimir,2001)。领导者情绪智力会影响领导风格组合,进而影响下属情绪(Li等,2016;Wolff等,2002)。

尽管已有研究探讨了领导风格组合的特征及其对下属行为的作用机理,但是并不充分。一些领导风格不仅表现为下属导向的领导行为特征而且还具有鲜明的领导者自我导向特征(Avolio等,2005)。基于领导行为影响下属行为的逻辑链条,已有对领导风格组合特征及对下属行为影响机制的相关研究没有对领导风格的下属导向行为特征和自我导向行为特征加以区分,因而对领导风格组合特征及其效应机制的认识不足,需要进一步深入探讨。

本研究的目的就是将领导风格的下属导向行为特征和自我导向行为特征结合起来,运用计划行为理论,遵循领导行为影响下属行为的逻辑链条,揭示领导风格组合特征及其对下属行为的作用关系。相关研究可以更好地梳理已经呈现"丛林"状态的各种领导风格理论在领导过程中的特点、优势和局限性;有助于发现更多积极有效的领导风格,为形成新的领导理论提供可参考的视角;有助于为实践中的领导者进行积极有效的领导风格组合提供有价值的建议。

计划行为理论为我们更好地理解个体行为发生机制提供了有益的基于心理认知的理论框架(Kim等,2013)。Behrendt等(2017)强调,有关领导理论最基本的发现与计划行为理论等成熟心理学相结合的研究会弥补已有领导理论的相关缺陷,使领导理论取得更大的研究创新。该理论强调个体行为要素涉及四个方面,分别是影响对象、时间、环境和行动。Avolio和Gardner(2005)的研究也认为领导者的影响对象需要区分为下属和领导者自我,这样会更全面地体现领导过程。基于行为要素,我们发现项目管理表现在一定时间范围内完成的工作,会较充分地展示出时间对领导行为的作用。项目生命周期作为比较重要的环境特征,各个阶段的情境、领导目标或者任务往往有较大的区别和变化,有可能会导致领导者使用不同的领导行为去实现目标。而且已有研究发现项目生命周期动态变化的各个阶段情境会影响领导风格(刘洋和马钦海,2018)。项目生命周期为多案例研究的差别复制提供了较好的研究背景,便于我们更好地研究领导风格组合特征对下属行为的作用关系,考察研究结论是否具有更大的稳健性。

基于此,本研究考察已有研究较多的领导风格,通过5位领导者在项目生命周期不同阶段的典型具体事件中领导风格的自我导向维度组合与下属导向维度组合的多案例研究,使用计划行为理论探索领导风格组合特征。

二 理论背景

1. 领导风格

领导风格是领导者的风度格调,是由领导行为的一惯性与常态性养成(尹晓峰等,2015),具有习惯化行为特点(尹奎等,2018)。有学者认为不同的领导风格之间具有不同的文化背景(于海波和郑晓明,2014),不同的哲学或者理论基础,并可以划分为不同的层次(Fry等,2009)。

本研究之所以考察多种领导风格,是因为,一方面已有实证研究说明这些领导风格的信效度都较高,得到学界的较多关注,已有研究成果便于本研究对领导风格的区分、明确研究问题及研究方法。有研究表明领导风格层出不穷,彼此间的关系比较模糊,并具有较大的重叠,难以建立有效且连续的因果模型(Van等,2013;Behrendt等,2017)。这些领导风格基于不同的理论基础,由低到高可划分为若干个不同层次,层次之间具有较明显的区别。交易型领导处于物质层次,变革型和魅力型领导处于印象和想象层次,真实型和伦理型领导处于心灵层次,服务型和精神型领导处于精神层次(Fry等,2009;张军成和凌文辁,2011)。关于家长型领导,还没有研究说明其归属于哪个层次,但它是具有明显中国情境特征的领导风格。另一方面亦有研究发现这些领导风格可以涵盖大多数非消极的领导类型,具有比较广泛的普适性和参考性(蔡宁伟等,2019)。以往有关领导风格组合的文献涉及交易型、变革型、服务型和家长型领导,但对较高层次的伦理型、真实型领导,以及被誉为企业终极竞争力的精神型领导风格还罕有关注。这可能与过去企业和学者们较专注绩效、员工满意和重视物质激励有关,忽视了领导者和下属的伦理建设、心灵和精神激励。本研究涉及的领导风格如下。

精神型领导是指内在地激励自我和他人以便他们能够基于使命和成员身份拥有一种精神存在感所需要的价值观、态度和行为的总和。本研究主要参考了学者们使用的信效度较高的Fry等(2011)总结出的精神型领导的三个维度,分别是愿景、希望/信念、利他之爱。并参考了Sendja等(2002)的研究结果,其认为精神型领导包括宗教性的维度。

服务型领导是把下属的需求、愿望和利益放在自身利益之上,领导者以服务他人而不是控制他人为首要动机,以使下属变得更加健康、明智、自由和善于自我管理的领导风格。所划分的七个维度分别是:与员工建立友好关系、授权、帮助员工发展和成功、具有概念化思考能力、遵守道德准则、把下属放在首位和为本组织外的共同体创造价值(Ehrhart, 2004)。

真实型领导认为领导者的行动理论和宣称理论是一致的,他们根据个人价值观和信仰进行决策,以便于建立可信度,获得追随者的尊重和信任。本研究采用Hies等(2005)的观点,将真实型领导划分为四个维度:自我意识、平衡处理、内化道德和关系透明。

伦理型领导是指个人在行动和人际交往中表现出符合道德规范的行为,同时通过双向沟通、强化以及制定规范等方式向员工推广这些行为(Brown和Trevl, 2006)。其维度是:以人为本、正直、角色澄清、权力分享、关注可持续、公平、伦理导向(Kalshoven等, 2011; Lee等, 2017)。

变革型领导以自信自尊树立良好形象,关怀每一位追随者的发展需求,建立相互信任的氛围,促使追随者超越个人私利,共同为组织愿景付出额外努力。一般分为四个维度:理想化影响、智能启发、精神激励和个性化关怀(Bass, 1985)。

魅力型领导指使下属信任、认同、热爱并追随领导者、对于实现组织目标有着强烈使命感的领导风格。一般将其划分为以下维度:战略愿景的制定和阐述、下属需求敏感性、环境敏感性、非常规行为和个人冒险(Banks等, 2017)。

交易型领导是建立在领导与下属之间彼此互惠基础上的,通过契约和交换来激励下属努力工作的领导风格。一般将其划分为两个维度,即权变奖励和积极例外管理(Bass, 2003)。

家长式领导是一种表现在人格中的、具有强烈的纪律性和权威性、同时包含父亲般的仁慈和德行的领导风格。一般将其划分为以下维度:威权领导、仁慈领导和德行领导(樊景立和郑伯埙, 2000)。

2. 领导风格组合

已有领导风格组合的研究是通过领导风格维度组合进行考察(吴春波等, 2009; 曹春晖等, 2014; Li等, 2016; 刘洋和马钦海, 2018)。领导风格及其维度组合的代表性研究成果如表1所示,例如,领导行为(领导风格维度)的组合结构(组态或者构型)内各个不同的领导行为的组合方式的不同会导致不同的领导结果。Avolio和Gardner(2005)研究发现,领导风格的维度可区分为领导者下属导向行为特征(即领导者下属导向维度)、领导者自我导向行为特征(即领导者自我导向维度,涉及领导者内在心理认知过程中的自我认知和自我调节)。

有关领导风格组合下属导向的研究,涉及领导风格的互相补充作用、文化对领导风格组合的影响作用,另外也可通过次序、时间和恒常性三个方面考察领导风格组合等,见表1。Casimir(2001)通过对个体心理认知过程的考察,研究发现下属将多种领导行为视为非独立的整体集合,下属对不同的领导行为组合结构赋予不同的含义,并具有不同的偏好,从而引发下属不同的情绪。领导行为整合研究也体现出领导行为组合的特征,任务导向领导行为和关系导向领导行为是领导行为的两个最基本类别的领导行为组合,彼此之间具有互相补充的作用(Behrendt等,2017)。

领导风格组合相关研究不仅涉及下属,也越来越倾向于领导者影响自我的分析。已有研究发现领导者自我的情绪智力会影响领导行为组合。情绪智力对任务导向和关系导向的领导行为的组合结构存在影响,表现在次序、时间和恒常性的差异上(Li等,2016)。领导者情绪智力,特别是同理心通过影响领导者的任务导向行为,从而影响支持(发展)导向领导行为(Wolff等,2002)。

领导者影响自我的因素并不局限于情绪智力,领导风格自我导向维度也是领导者影响自我的一个方面。有关领导风格中自我导向维度的研究主要涉及领导者自我意识和自我调节。已有研究认为,真实型、魅力型、变革型、精神型、服务型领导风格都有自我意识和自我调节的特征,但是程度不同,其中以真实型领导更为明显(Avolio和Gardner,2005)。其各个维度不仅影响自我,也影响他人,聚焦于自我与他人真实和互动的关系。精神型领导者亦被认为具有自我导向的特征,既激励下属也激励领导者自我。

综合以上分析,领导风格组合需要结合领导风格下属导向维度组合和领导风格自我导向维度组合综合考察,研究过程需要运用心理科学的成熟理论深入剖析领导风格组合中的下属和领导者自我的微观心理认知过程。

表1 领导风格组合主要研究汇总

来源	领导者影响对象	主要内容	领导风格或者领导行为	研究方法
Fulk和Endler(1982)	下属	成就导向的领导行为与其他领导行为的组合结构对下属具有积极和消极的不同影响作用	成就导向领导行为,资源支持、偶然奖励、武断和惩罚行为	实证假设检验
Pavlova等,(2005)	下属	领导行为组合结构影响下属对组合内的多种领导行为的认知	领导者主导和专横的领导行为、顺从的领导行为	实验研究
Casimir(2001)	下属	领导行为不同的组合结构对下属具有不同的影响效果,考察领导行为组合的变量为次序、时间和恒常性	任务导向领导行为、社会情感导向领导行为	情景实验研究

(续表)

来源	领导者影响对象	主要内容	领导风格或者领导行为	研究方法
Bass 等,2003	下属	领导行为具有互相补充作用	变革型领导和交易型领导	实证假设检验
于海波等,2014	下属	彼此取长补短,取得下属高绩效和高满意度	家长式领导和服务型领导	实证假设检验
于海波和郑晓明,2014	下属	多种领导风格中的相关领导行为维度会形成新的领导风格	变革型领导、交易型领导、服务型领导、家长式领导	实证假设检验
刘洋和马钦海(2016)	下属	领导风格组合和演变之间的关系	变革型领导、真实型领导、伦理型领导、精神型领导	基于犹太历史《尼希米记》的案例研究方法
刘洋和马钦海(2018)	下属	基于计划行为理论,领导者影响下属行为态度、下属主观规范、下属感知行为控制的领导行为(领导风格维度)组合,会有效影响下属行为	交易型领导、变革型领导、魅力型领导、真实型领导、伦理型领导、服务型领导、精神型领导、家长式领导	基于现代案例研究结合统计测量的混合研究
Behrendt 等(2017)	下属	系统梳理领导理论和研究方法的不足,构建领导行为整合模型。领导行为的基本类别为任务导向的领导行为、关系导向的领导行为,二者互相补充	任务导向的领导行为、关系导向的领导行为。每个类别基于多种心理学理论又细分为更多项具体领导行为	对研究方法提出严谨的建议,构建出的领导行为假设还有待实证检验
Thomas 等(2015)	下属	情境对领导风格组合的作用	变革型领导、真实型领导和服务型领导	定性比较分析
Wolff 等(2002)	领导者自我、下属	领导者情绪智力,特别是同理心通过影响领导者的任务导向行为,影响支持(发展)导向领导行为,进而影响下属行为	任务导向领导行为、支持(发展)导向领导行为	实证假设检验
Li 等,2016	领导者自我、下属	情绪智力影响领导行为组合结构。领导行为组合结构决定下属对领导行为的认知和下属的情绪	关系导向领导行为、压力导向领导行为	情景实验研究、数据排序、统计测量

3. 计划行为理论

已有研究趋向于将领导行为与成熟的心理学理论结合起来研究,从而避免理论基础和研究方法的不足(Behrendt等,2017)。计划行为也称为行为意向,是个体行为最显著的预测因子(Han等,2017)。相比其他有关行为研究的理论,计划行为理论可以更加准确地解释个体理性行为(Wynveen和Sutton,2015)。Behrendt等(2017)在领导行为整合研究中,发现计划行为理论处于个体行动阶段模型(Rubicon model)中执行意向前的动机决策前阶段和意志行动前阶段的重要理论组成部分。已有研究说明计划行为理论作为一个可靠的理论框架适用于本研究涉及的下属和领导者本人。个体从事计划行为主要受三个因素的影响:一是行为态度,即个体对从事特定行为积极或消极的评估;二是主观规范,即个体在决定是否从事特定行为时所感受到的社会压力;三是感知行为控制,即个体感知到从事特定行为的难易程度(Ajzen,2006)。

计划行为理论有助于下属或者员工行为的影响因素和形成机理的研究。探究下属计划行为的下属行为态度、下属主观规范、下属感知行为控制有助于理解和预测下属的实际行为。例如,Choi(2012)研究发现,在员工计划行为的形成过程中,领导行为会发挥重要作用。Bakari等(2017)实证研究发现,真实型领导风格会通过以上三个影响因素影响下属的合作和支持等行为。刘洋和马钦海(2018)通过案例研究发现,多种领导风格相关行为通过计划行为可以影响下属行为。

计划行为理论有助于领导行为的影响因素和形成机理的研究。例如,李柏洲等(2014)实证研究发现,领导者的合作创新行为态度、主观规范、感知行为控制对领导者合作创新行为发挥作用。Westaby等(2010)研究发现,原因性(reasons)对领导者行为态度、领导者主观规范和领导者感知行为控制有影响作用。领导风格亦属行为范畴,探究领导者的计划行为的三个影响因素有助于理解和预测领导者的实际行为。已有研究说明,变革型领导行为的形成受领导者的行为态度、主观规范和感知行为控制的影响(Bommer等,2004;郑晓峰,2016)。

已有研究多是分别通过下属和领导者的行为态度、主观规范和感知行为控制研究下属行为和领导行为,并取得较好的理论发现。Conner和Armitage(1998)研究发现,导致个体行为发生的各个因素都是通过行为态度、主观规范、感知行为控制这三个影响因素发挥作用。本研究也分别着重考察下属和领导者的行为态度、主观规范、感知行为控制与领导风格组合的作用关系。以上研究给予本文重要的研究启示,但是多种领导风格相关行为通过下属行为态度、下属主观规范、下属感知行为控制影响下属行为是否具有普遍性,有待进一步考察。领导风格中的哪些方面会影响领导者本人的领导者行为态度、领导者主观规范、领导者感知行为控制进而影响领导者针对下属的领导行为还罕有研究涉及。对个体行为的研究要符合四要素,包括对象、行动、环境和时间(Ajzen,2006)。由于领导风格属于行为范畴,因而本研究也结合计划行为四要素进行研究,特别是将领导者的影响对象区分为下属和领导者自我。

三 研究方法

1. 方法和案例选择

(1) 方法选择

本研究采用案例研究方法。本文的研究目的是探讨领导者在项目环境中,领导风格怎样组合可以积极有效地实现领导目标,属于"如何(How)"问题的范畴,采用案例研究方法涉及领导过程,并对项目各阶段表现出的领导风格进行深入的描述、诠释,对可能具有启发性的理论进行探索(Eisenhardt等,2007)。Yin(2017)引用Miyahara等涉及教师针对学生的教学策略的研究,说明个体行为可使用案例研究的方法。本文从两个方面探析领导者在项目生命周期各阶段具体典型事件中的领导风格组合情况。第一个方面是领导风格下属导向维度组合的情况。该方面涉及领导者具体事件中的领导行为。第二方面是领导者影响自我行为的微观心理认知的方面,探析领导风格自我导向维度的组合情况。该方面是在领导者第一个方面的众多领导行为中理论抽样出某特定领导行为,分析其内在心理活动。本研究结合两个方面中的领导风格下属导向和自我导向维度,构建组合模型。

(2) 案例选择

在案例选择上,研究遵循了理论抽样原则,兼顾案例典型性和研究数据可获得性,以及案例背景适合多案例研究的差别复制的原则。已有研究说明,动态变化的长期的企业生命周期和短期的项目生命周期都会影响领导风格(吴春波,2009;刘洋和马钦海,2018)。而且项目背景凸显时间对领导行为的影响,更加符合计划行为理论的基本要素的要求,因而本研究以项目生命周期作为差别复制的背景,便于考察研究结论是否具有更大的稳健性。

本研究选择的案例符合以下条件:① 每个项目是完整的项目,具备项目生命周期的四个阶段。基于权变领导理论,领导情境是影响领导行为有效性的重要因素。而且环境的变化程度同样影响领导的有效性。本研究中,我们将每个案例划分为不同阶段,每个阶段对应不同的环境变化特征和领导行为。借鉴Gido和James(2003)的项目生命周期四阶段的划分方法,分别是项目的启动阶段、计划阶段、实施阶段、收尾阶段。此划分方式普遍应用并能够明显区分项目不同阶段的任务和情境变化,较适合本研究对各案例进行差别复制的案例研究方法的要求。② 每个项目是生命周期较短的项目。Behrendt 等 (2017)强调在纵向的研究设计中考察可以独立实现短期效果的领导行为,可以更有效地进行研究。③ 在案例选择上,为了更好地控制案例与研究问题不相关变量的变异,聚焦领导过程相关变量的变异,聚焦研究问题对应的现象。选择同一城市的企业,消除地区对研究变量的影响,以提高研究的内部效度。领导者的选择基于代表性、典型性和适配性原则,在 15 个项目中选择了 5 位领导者。④ 复制原则。出于保密需求,本文隐去公司名称、受访者姓名,仅以字母命名。对一手资料来源的编码:项目经理的上一级领导编码为 G1;5 位项目经理编码为 W、K、A、L、X;相关下属和第三方编码为 C0,二手资料统一编码为 SH。在案例选择上,为了更好地符合多案例研究的差别复制原则,首先是对具有相似背景特征的同一个企业 JX 中的多个项目展开调研。JX 企业是以会议营销咨询为主的企业。业务主要是为其他企业做推广产品的会议营销咨询。例如,某培训行业的企业期待在高校中推广其培训课程,JX 企业协助其进行会议营销相关策划、实施和顾客邀约等。并且 JX 企业与高校的会展专业合作,在人力资源和服务流程等方面深入合作。研发的咨询流程等是由 JX 公司统一规定。项目组织结构为项目经理 1 人、产品咨询顾问 3 人、产品讲师 1 人、项目监督 1 人。各个项目涉及的产品不同,可由 JX 企业营销部门寻找合作企业,也可由项目团队自己寻找企业合作。然后,探讨项目领导者背景是否会影响本研究理论发现的稳健性,调研了项目经理 W 的化妆品营销咨询项目的案例,作为研究背景的差别复制。W 的项目涉及互联网线上和线下营销咨询。项目经理 W 也是企业 QN 的总经理。项目组成员为:W 经理、合作方企业项目经理、运营主管、互联网技术主管、市场主管。

本研究选取具有可对比性的不同项目同一阶段,和同一项目不同阶段的具体事件进行分析以提高研究的效度。具体事件的选择遵循事件系统理论,即以事件的强度、空间和时间因素作为选择标准(刘东和刘军,2017)。① 不同项目同一阶段的事件。JX 企业 K 经理的案例是一个失败的项目,在项目启动阶段失败的领导行为影响项目各个阶段,该项目没有销售出任何产品。K 经理项目启动阶段对应 W 经理的下一个项目启动同时也是第一个项目收尾阶段的成功事件。项目收尾阶段往往是紧接着下一个项目的启动阶段,两个阶段往往重合,具有承前启后的特点。K 经理和 W 经理面临的综合情境压力有较多相似之处,但是结果截然不同。例如,虽都面对下属公开质疑的挑战,但领导结果为截然不同的失败和成功。② 同一项目不同阶段的事件。选择 JX 企业 A 经理在项目计划阶段和实施阶段的领导失败和成功的事件进行分析的事件。不同的领导风格和同一领导风格的同一维度,在不同项目的不同阶段和相同阶段复制。具体为伦理型领导的伦理导向维度在不同的 A 和 L 项目的成功事件。真实型领导的关系透明维度在三个项目中表现出来的不同结果,即适当的透明、缺少透明、过度的透明。

2. 数据收集

为了更好地了解项目在短期内发生领导风格组合的情况，本研究选择项目生命周期为2个月至7个月的短期服务项目。数据的收集过程严格遵循理论原则、分析和记录。2016年6月至2017年6月，共调查了15个项目，根据案例研究理论抽样的原则，最终选择了5个项目进入跨案例分析。本研究团队的一名成员是QN和JX的企业顾问和培训师，他与相关被访谈人员在工作中比较熟悉，很受员工和项目经理的尊重且建立了信任，容易获得二手资料，保证访谈和问卷测量的有效性。

本研究数据收集包括三个部分：第一部分是对各项目中的下属进行深度访谈，以考察在项目生命周期各阶段的典型具体事件中下属积极行为的影响因素和领导风格下属导向维度组合情况。为进一步提高数据的信度和效度，本研究对项目经理的所有下属考察多种领导风格的存在情况，目的是尽可能捕捉和覆盖领导者可能的领导风格和相关行为，提供更好的构念测量基础，并深入访谈以挖掘其心理认知过程和特征。第二部分是对项目经理进行深度访谈（3次），目的是在典型具体事件中深入发掘领导行为涉及领导风格下属导向维度的影响因素，涉及领导风格自我导向维度的组合情况。第三部分是对JX企业项目经理的上级领导和其他同事访谈（1次），对没有上级领导的QN企业总经理兼项目经理W的好朋友与合作伙伴进行访谈（1次）。是为了从第三者的角度看领导者的领导过程，以验证所得信息的准确性和充分性。另外每部分进行多次半结构化深度访谈，全面收集项目中的二手资料，并对每次的访谈进行录音、整理，形成案例研究所需要的素材资料。案例相关统计信息如表2所示。

表2 案例相关统计信息

项目经理	所属企业	企业所处阶段	下属人数	涉及产品	项目时间跨度	启动阶段	计划阶段	实施阶段	收尾阶段	访谈对象	累计访谈时间
W	QN	创业期	6	化妆品	2016年2月至9月	110天	14天	14天	30天	W经理下属	470分钟 530分钟
A	JX	创业期	5	服装	2016年9月至11月	21天	30天	7天	20天	A经理下属	286分钟 532分钟
L	JX	创业期	5	食品	2017年3月至6月	34天	28天	7天	21天	L经理下属	214分钟 515分钟
K	JX	创业期	5	培训	2016年8月至10月	3天	7天	4天	40天	K经理下属	321分钟 832分钟
X	JX	创业期	5	工艺品	2017年3月至6月	32天	35天	7天	15天	X经理下属	194分钟 543分钟

3. 数据分析

首先,研究团队将整理好的资料分析归类并划分到与本文主题相关的构念当中进行编码。构念均来自权威理论文献。领导风格已在理论背景部分介绍,本文对计划行为理论中的构念的定义如下。行为态度包含个体对行为的客观评价和其主观的情感性成分,即喜欢-不喜欢、愉快-痛苦等。主观规范中的指令性规范是指行为个体所预期到的对其而言具有重要影响的他人或团体对其是否应该实施某项特定行为的期望。示范性规范是指行为主体顺从对其具有重要影响的他人或团体对其行为所抱期望的动机。感知行为控制分为内部因素与外部因素。内部因素主要包括行为主体对其自身所具有的技术、专业知识及相关信息的识别和获取能力等方面所具有的信念。外部因素则主要是指行为主体对达成行为所感知的时间压力、利益相关者、生产经营成本及必要的生产经营设备等(机会、资源)方面所具有的控制能力(Fry等,2009)。有关领导者在项目各个阶段的综合影响因素借鉴 Thomas 等(2015)有关情境构型的研究成果,并结合计划行为理论的行为四要素。综合影响因素具体内容为,包括挑战威胁和项目聚焦的环境、关键任务、时间跨度,同时考虑领导者的影响对象。

为提高研究信度,研究团队根据数据和以上构念,分为两个编码组,各自独立进行领导风格维度和领导者内在心理活动相关质性数据的甄别和分类。然后在一起比较和讨论各自发现的领导风格相关维度,提炼出共同认可的构念。对有疑问的难以达成共识的数据,会邀请两位资深专家进行讨论,直到达成共识。

其次,对每个案例独立分析,探索每个案例关于研究问题的答案。计划行为理论强调行为要区分影响对象,且领导风格有必要区分为下属导向维度和自我导向维度(Avolio 和 Gardner,2005),因而本研究将数据分析划分为两个分析单元,分别是具体事件中领导风格下属导向维度组合的案例分析、领导者在事件中的微观心理认知过程中的领导风格自我导向维度组合的案例分析。下属导向分析单元涉及具体事件中领导者影响下属行为的情况,是通过对下属和领导者本人的深度访谈和二手资料获得的数据,理论抽样出领导风格影响下属行为的具体事件。通过计划行为理论探索事件中的下属行为怎样受到领导行为影响的下属微观心理认知过程。目的是在具体事件中探析领导风格下属导向维度组合的内在机理。领导者自我导向分析单元涉及领导者微观典型心理认知过程,是在下属导向分析单元的典型具体事件中的众多领导行为组合中,通过对领导者本人进一步深度访谈和二手资料获得的数据,理论抽样出某些特定领导行为,分析其背后的领导者内在心理活动。目的是在领导过程的内在更加微观的心理认知过程中,再次结合计划行为理论探析领导风格自我导向维度组合的内在机理,以及其它因素对领导行为(领导风格下属导向维度)的影响情况。例如,W经理导致下属暂不辞职的领导行为是第一个分析单元,涉及真实型领导的关系透明、变革型领导的精神激励等5个领导行为,见表3。在第二个分析单元,针对第一个分析单元的5个领导行为,理论抽样出的领导行为是其中的关系透明、希望/信念、权力分享领导行为。并进一步分别分析导致这些领导行为的领导者内在心理认知中的领导风格自我导向维度和其它因素,涉及真实型领导、精神型领导和其它情境因素,见表4、表5、表6。

再次,在每个分析单元分别进行跨案例分析。分析案例的共同特征与差异,以便发现其中可能蕴含的作用机理,并使用图表进行上述比较(Miles等,2008)。形成构念并建立初步的各构念间的关系,再回到数据中反复验证,不断迭代强化构念间的理论关系(Eisenhardt,1989)。当数据、涌现的理论命题和模型与以往文献高度匹配时,才暂停比较和分析。

最后,两个分析单元的整合分析。在两个分析单元中发现各自的组合规律后,探索两个分析单元之间的联系,构建领导风格维度组合模型。数据分析过程中,研究团队和受邀专家共同分析和解释数据,提出竞争性理论,审核并修正理论模型。

为保证本研究的信度和效度,本研究还采取了其它多种方法提高内外部效度。三角验证、匿名方式鼓励被访谈者回答问题、访谈项目的外部客户和内部上级领导、实地观察和参加项目内部会议等验证被访者提供的信息是否准确(刘洋和应瑛,2015)。

四　案例基本发现与分析

本研究通过对下属和领导者的分别深度访谈,发现项目生命周期各个阶段具体事件中的领导风格组合可以划分为两个方面:一方面为领导风格下属导向维度组合;另一方面为领导风格自我导向维度组合。本研究就领导风格在这两个方面中的组合状况分别进行跨案例分析,着力探究每一方面领导风格组合的模式,并进一步将两个方面领导风格组合模式进行整合分析,构建领导风格组合作用机理模型。

1. 多种领导风格的下属导向维度组合跨案例分析

本部分研究目的是探索领导风格下属导向维度组合的状况,针对项目生命周期每个阶段典型具体事件中的领导风格的下属导向维度影响下属行为,进行逐项复制和差别复制的跨案例研究。由于项目收尾阶段往往是接下来下一个项目的启动阶段,因此收尾阶段的具体事件放在启动阶段分析。本文充分体现了这个特点。W经理在第一个项目的收尾阶段面临下属可能集体辞职的事件,并有效解决这个风险,带领大家在下一个项目中获得成功,该事件也是启动阶段的事件。

表3总结了5位领导者在具体事件中的领导风格下属导向维度、领导风格下属导向维度影响下属行为的中介因素及下属行为之间的关系。计划行为理论说明导致个体行为发生的各个因素都是通过行为态度、主观规范、感知行为控制这三个中介因素发挥作用的(Conner和Armitage,1998)。通过跨案例分析研究发现,下属行为态度、下属主观规范、下属感知行为控制全部被领导风格下属导向维度影响时,会出现领导者期待的积极的下属行为。表3中的各个对立事件等都说明了这个研究发现。例如,K经理的启动阶段的失败事件与W经理的下一个项目的启动阶段也是第一个项目的收尾阶段的成功事件互为对立事件。A经理的计划阶段和实施阶段的失败和成功事件互为对立事件。本文案例涉及的精神型领导的有意义的愿景强调工作意义对下属的影响,而工作意义既促进工作态度中的情感性评价也促进工具性评价(Michaelson等,2014)。案例中涉及的伦理型领导的伦理导向强调领导者对下属要以身作则的示范性作用(Kalshoven等,2011),符合下属主观规范中的示范性规范的要求。精神型领导强调下属个体的精神性,具有下属私人的需求与职场需求相统一的特征,使下属获得导致工作成功的更多的希望和信念(Fry和Kriger,2009)。领导者X将下属环境中他人期待的较高标准的工作目标调整为基于下属自我满意的目标,是从下属个体能力出发的目标,降低了工作的难度,从而提高了对行为控制的感知。而从下属个人兴趣出发的目标,也满足了下属行为态度中的情感性评价的要求。

表3 领导风格下属导向维度与下属行为之间关系的典型证据

领导风格下属导向维度和证据(典型援引)	领导风格下属导向维度影响下属行为的中介因素和证据(典型援引)	下属行为、证据(典型援引)和相关具体事件所在阶段
关系透明-真实型领导 证据:我就是说心里话,希望大家也是有什么,说什么。 精神激励-变革型领导 证据:如果说我们的平台又进驻了很多品牌,我们这个钱需要做品牌推广,这个时候能融到某某百万左右吧。 权变奖励-交易型领导 证据:坚持留下来的员工就有奖金发啊。(W,CO)	行为态度:情感性评价,客观性评价 证据:我感觉他是坦诚的,我是有内心的共鸣的,我们离开这个团队不能带着屈辱走,让外人看笑话;我就感觉未来利润会很多。我留下就有我的利益。(CO)	下属暂不辞职,继续工作 证据:我们暂时不会辞职,看下一个项目发展怎样,这个阶段会继续工作。(CO) W经理在第一个项目收尾阶段,同时也是下一个项目启动阶段的具体事件
权力分享-伦理型领导 证据:别看需要工作的事情很多,这个事是我们所追求的,不是说我一拍大腿、脑袋一热就做的决定,而是大家商量后做决定。(W,CO)	主观规范:示范性规范,指令性规范 证据:做这个项目的确是集体做的决定,我们不能损害团队的氛围。(W,CO,SH)	

(续表)

希望/信念-精神型领导 证据:合作方已经邀请明星代言产品了。产品一经明星代言,我们的产品很可能就火了。(W,CO) 走向成功的道路基本都是曲折的,关键在于坚持。(W,CO)	自我感知行为控制:自我效能感,资源 证据:合作方现在有产品推广的具体措施,而且好像也可行。(CO,SH)	
——	行为态度:情感性评价,工具性评价 证据:K之前早就想好了她要做什么,但她不让我们知道。到了最后的时候才告诉我们,不尊重我们。我们心里很难受。(K,CO)	下属拒绝执行任务 证据:我不想与合作方见面,这个项目不可能做好,我也不想做。(K,CO) K经理在启动阶段的具体事件
领导魅力-变革型领导 证据:她对工作特别认真,总有很大的热情(K,CO)	主观规范:示范性规范,指令性规范 证据:她的热情会感染我,我也被带动了。(CO)	
——	自我感知行为控制:自我效能感,资源 证据:我们没有资格证书销售的经验,超过我们的能力,销售难度是很大的。(K,CO,SH)	
关系透明-真实型领导 证据:经理心里有什么,全告诉我们。 权力分享-伦理型领导 证据:遇到难题,经理往往集思广益。我的建议好,然后项目经理就直接采纳了。(A,CO,SH)	行为态度:情感性评价,工具性评价 证据:经理喜欢采纳我的建议,我很开心。(CO)	
精神激励-变革型领导 证据:经理激发团队的集体荣誉感(A,CO)	主观规范:示范性规范,指令性规范 证据:经理说这个项目做不好,团队和每个人都会很丢人,我们听后也觉得很有压力,就觉得咱们一定得把这个项目做好。(A,CO)	不明确 证据:我们不知道接下来的工作怎么进行。(A,CO) A经理在计划阶段的具体事件
——	自我感知行为控制:自我效能感,资源 证据:经理A说:"没办法与合作方协调。我感觉这个项目没有出路。"与合作商开会后,项目经理A说:"对方没给我们一个卖点,都不知道他要卖啥!"经理还允许组员彼此传递负面信息。我也觉得很迷茫,就在想这项目挺难做的。(A,CO)	

(续表)

伦理导向-伦理型领导 证据:拍摄真实销售视频,不能找演员作假。有一次作假,就开始培养作假习惯了,危害深远。 个性化关怀-变革型领导 证据:经理一直鼓励我,没什么害怕的,勇敢点,可以成功的。(L,CO,SH)	行为态度:情感性评价,工具性评价 证据:我感觉经理说的对,诚实做事肯定有好处。尽管我害怕请陌生人帮助,但是经理反复鼓励我,我越来越感觉没那么可怕了。(CO)	拒绝虚假,真实销售 证据:起初有人提议找演员来做顾客拍摄销售视频。但是最终大家都同意做真实的销售广告视频。拒绝做虚假广告。(L,CO)
领导魅力-变革型领导 她对工作特别认真,总是会在有困难时帮我们解决问题,私下默默做很多工作,总有很大的热情。(L,CO)	主观规范:示范性规范,指令性规范 证据:我很受经理的影响。她是我的榜样。(L,CO)	L经理在计划阶段的具体事件
希望/信念-精神型领导 证据:我真的担心组员不去执行,组员不愿突破自己,她们缺少一种力量。我先解决她们感觉最困难的工作。(L,CO)	自我感知行为控制:自我效能感,资源 证据:开始觉得如果让我去和陌生顾客进行开场白和采访,我感觉很难,但是经理说,"最容易遭受拒绝的开场白她来做,其余的工作由下属来做",我就觉得容易多了。	
关系透明-真实型领导 证据:领导勇于向成员坦言自己的不足,愿意改正,共同把项目做好。	行为态度:情感性评价,工具性评价 证据:那时就感觉经理都这么坦诚了,是发自内心想把项目做好,我也得好好配合。(CO)	
伦理导向-伦理型领导 证据:第一次彩排不如预期,项目经理就给我们说,"我们都要有感恩的心,要有知恩图报的价值观。总经理对我们这么信任,给我们这么大鼓励,还要请政府官员和投资公司支持咱们,咱们必须要好好做。总经理那么看重名誉,不能让他丢脸"。(A,CO)	主观规范:示范性规范,指令性规范 证据:自己就觉得有压力,不能让对我们特别好的总经理没有面子。(CO)	继续努力工作 证据:尽管彩排不顺利,但是我们不气馁,相信在经理的带领下,一定成功。我们继续加油干。(A,CO)
希望/信念-精神型领导 证据:当时第一次彩排效果不是很好。项目经理A就安慰我们:没关系,第一次咱们成功经历了流程,往后还有时间,咱们争取下次就提高质量。(CO,SH) 希望/信念-精神型领导 证据:当面夸奖合作商,并表达出对项目的信心。(A,CO)	自我感知行为控制:自我效能感,资源 证据:我就没那么担心了,感觉时间还来得及。这样演练下去,应该没有问题。(A,CO)合作方这次诚意增加了不少,合作应该更有希望了。(A,CO)	A经理在实施阶段的具体事件

（续表）

把下属放在第一位-服务型领导 证据:经理说,"团队每个人把自己本身喜欢的事情做好"。(X,CO,SH)	行为态度:情感性评价,工具性评价 证据:我做的是我感兴趣的事情,能锻炼我能力的事情。对我未来有好处。(X,CO)	
伦理导向-伦理型领导 证据:经理对下属反复强调,在项目平台上找到并做好喜欢的事情,让自己满意就好。这是她自己的价值观,也是她希望我们拥有的目标。她认为这样最好,也期待我们这样。(X,CO,SH)	主观规范:示范性规范,指令性规范 证据:经理是我的榜样,她的价值观对我影响比较大。(X,CO)	放下思想包袱,继续努力工作。 证据:我受经理的激励,放下包袱,努力加油干。(CO,SH) X经理在实施阶段的具体事件
希望/信念-精神型领导 证据:经理对我说:"你可以解决所有困难。咱们每个人做的是最想锻炼的工作内容,所以不管在别人眼中好不好,让自己满意就好了。找到让自己最舒服的做事方式。"(X,CO,SH)	自我感知行为控制:自我效能感,资源 证据:完成属于自己有兴趣且能完成的目标,而不是别人期待我的目标。这样感觉就不难了。(CO,SH)	

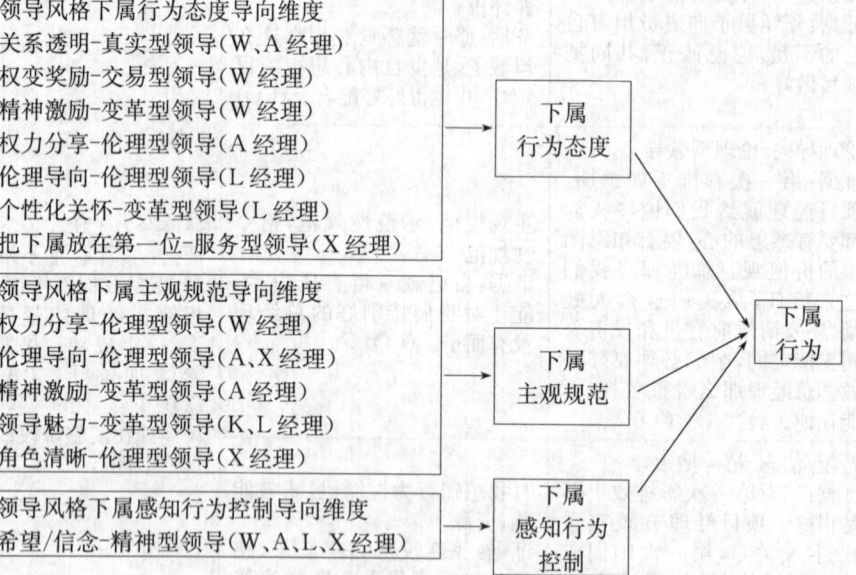

图1 领导风格的下属导向维度组合与下属行为关系图

领导行为的发展过程,体现出领导风格下属导向维度通过影响下属行为态度、下属主观规范和下属感知行为控制,间接影响下属行为。期间不是一种下属导向维度发挥作用,而是多种下属导向维度发挥作用,从而体现出领导风格下属导向维度组合,表现为图 1 中的因果链条。研究发现,领导风格下属导向维度组合特征与下属计划行为三个影响因素,即行为态度、主观规范和感知行为控制都要发挥作用有关(刘洋和马钦海,2018)。态度越积极、重要他人影响越大、感知行为控制越强,计划行为发生的可能性就越大。其他因素都要通过这三个影响因素影响计划行为(Conner 和 Armitage,1998)。缺少或者弱化了任何一个因素,都会影响计划行为,从而影响实际行为的发生。三个影响因素都发挥作用,才会更有效地导致行为,这使得作用在这三个因素上的多种领导行为出现组合现象,表现为领导风格下属导向维度上的呈现。并且这些维度又分属于不同的领导风格,从而呈现出多种领导风格下属导向维度组合的特征,见图 1。

表 3 也反映出项目生命周期的差别复制情况,说明以上研究发现并不受项目经理所在项目阶段的影响,此部分研究发现具有较大稳健性。据此,提出以下命题。

命题 1:领导者多种领导风格下属导向维度具有组合特征,这些组合通过积极影响下属行为态度、下属主观规范和下属感知行为控制,进而积极影响下属行为。

2. 多种领导风格的自我导向维度组合跨案例分析

本部分是探索领导风格自我导向维度组合的状况,针对项目生命周期每个阶段典型具体事件中的领导者自我导向维度怎样影响下属导向维度,进行逐项复制和差别复制的跨案例研究。以上研究说明下属行为怎样受到领导风格下属行为态度导向维度、下属主观规范导向维度和下属感知行为控制导向维度的影响。本部分进一步考察领导风格下属导向各个维度怎样受到领导者行为态度、领导者主观规范和领导者感知行为控制的影响,以及这三个影响因素怎样受到领导风格自我导向维度组合的影响。本研究各案例相关的领导风格下属导向维度分别涉及下属行为态度导向维度、下属主观规范导向维度、下属感知行为控制导向维度,见表 4、表 5、表 6。

表 4、表 5、表 6 总结了 5 位领导者在具体事件中的领导风格自我导向维度、自我导向维度影响下属导向维度的中介因素及下属导向维度之间的关系。计划行为理论具有较大普适性,不仅适合下属也适合领导者。通过跨案例分析研究发现,领导风格下属导向维度受到领导者行为态度、领导者主观规范和领导者感知行为控制这三个中介因素的影响。例如,对关系透明行为的对立事件的分析。通过 W 经理恰当的关系透明行为,发现恰当或者积极的领导风格下属导向维度受到领导者行为态度、领导者主观规范、领导者感知行为控制的影响。且此三个因素又分别受到领导者自我导向维度的影响。领导者 A、L、X 也都表现出此特征。通过对 K 和 A 不恰当的关系透明,即缺少关系透

明和过度关系透明的分析，发现领导者这些不恰当的领导行为亦受到领导者行为态度、领导者主观规范、领导者感知行为控制的影响。但是不恰当的领导行为涉及的此三个因素没有发现受到有效的领导者自我导向维度的积极影响。

领导者自我导向行为特征的发展过程，体现出领导风格自我导向维度是通过影响领导者行为态度、领导者主观规范和领导者感知行为控制，间接影响领导风格下属导向维度。期间不是一种领导风格自我导向维度发挥作用，而是多种自我导向维度发挥作用，从而体现出领导风格自我导向维度组合，表现为图2、图3、图4中的因果链条。Bagozzi(1992)研究发现，个体的行为态度、主观规范和感知行为控制都需要自我调节作用的影响。自我调节是领导者积极领导行为的重要影响因素(Susan 和 Murphy 等，2002；Ramchunder 和 Nico，2014)。领导风格自我导向维度具有明显的自我认识和自我调节作用(Avolio 和 Gardner，2005)，因而领导风格自我导向维度会积极影响领导者行为态度、领导者主观规范和领导者感知行为控制，进而影响领导风格下属导向维度。而且与领导风格下属导向维度相关联的这三个影响因素要求不同种类领导风格的自我导向维度进行影响。通过图2、图3、图4会明显发现，影响领导风格下属导向维度的领导风格自我导向维度属于不同的领导风格，从而呈现出领导风格自我导向维度组合的特征。

本研究也发现领导者获得积极的领导风格下属导向维度，不仅需要领导风格自我导向维度的组合，也需要其它因素的组合。而且无论积极或者阻碍因素，都没有影响能够导致积极领导行为的领导风格自我导向维度组合的发生。本研究发现领导者主观规范受到其他因素的影响。例如，表5中，对A在实施阶段的具体事件反映出的下属导向的伦理型领导行为，解释道："总经理对我们特别好，给了我们很多支持。我更有压力了。"表6中，对JX企业的X经理针对实施阶段的具体事件中反映出的下属导向的服务型领导行为，解释道："我的三位好朋友是这种特质，尤其是我最喜欢的作家安东尼是这种特质，而且他很成功，他们对我影响很大。"由此看出，领导者主观规范受现在和过去环境中的上级领导、好朋友、英雄榜样等的影响。在本案例中，JX企业的项目经理体现为既是下属的上级，也是上级总经理的下属的双重身份。QN企业的W经理没有上级但也受到接触的培训课程和客户等环境的影响。表4、表5、表6涉及情境中的积极或者阻碍因素，并没有影响能够导致积极领导行为的领导风格自我导向维度组合的发生，说明领导风格自我导向维度组合是促进积极的领导风格下属导向维度的重要条件。

表4、表5、表6也反映项目生命周期的差别复制情况，说明以上研究发现并不受项目经理所在项目阶段的影响，此部分研究发现具有较大稳健性。据此，提出以下命题。

命题2：领导者多种领导风格自我导向维度呈现组合特征，这些组合通过积极影响领导者行为态度、领导者主观规范和领导者感知行为控制,分别积极影响领导风格的下属行为态度导向维度、下属主观规范导向维度、下属感知行为控制导向维度。

表4　领导风格的自我导向维度与下属行为态度导向维度之间关系的典型证据

领导风格自我导向维度、其它因素和证据(典型援引)	领导风格自我导向维度影响下属行为态度导向维度的中介因素和证据(典型援引)	领导风格下属行为态度导向维度、证据(典型援引)和相关具体事件所在阶段
内化道德-真实型领导 证据:犹太商业智慧和价值观深入我心。我经常使用这些智慧。(W,CO,SH)	行为态度:情感性评价,工具性评价 证据:我喜欢这些智慧。我相信,用了就有好结果。(W,CO,SH)	真实型领导-关系透明 证据:我就是说心里话,希望大家也是有什么,说什么。(W,CO) W经理在第一个项目收尾阶段,同时下一个项目启动阶段的下属行为态度导向领导行为
宗教性-精神型领导 其它因素:商业培训课程 证据:我反复参加的犹太智慧和其他的商业培训。我每周都参加教会活动。(W,CO)	主观规范:示范性规范,指令性规范 证据:我反复参加的犹太智慧和其他的商业培训,强调无论在多么艰难的情况下都要真实透明。培训对我的影响很大。我也相信上帝,信仰的教义中要求我对他人真实透明。(W,CO,SH)	
其它因素:情境压力 希望/信念-精神型领导 证据:实施阶段失败后,我的压力很大。我和一些下属做了失败原因的分析;我无助的时候,就请教专家、好朋友;过去的经验使我在关键时刻有说服力;当我感觉前面的道路很迷茫时,相信上帝与我同在,一定成功。(W,CO)	自我感知行为控制:自我效能感,资源 证据:对于实实在在地说心里话,我有信心会处理好。(W,CO)	
不恰当的自我意识、不恰当的平衡处理-缺乏真实型领导 证据:我不会让总经理针对我的下属帮我解决困难。因为我不能让总经理怀疑我的沟通能力,不能影响我的狮子形象(K,CO)。 总经理G说,"K经理刚上任,承担这个项目很有挑战。我是随时准备帮助她,我认为她需要帮助。可是她没有告诉我她的困难"。(K,G) 其它因素:情境压力 证据:我先是通过罗列新产品的优点说服下属,但是效果不好。合作方总经理马上就到,短时间内也不允许我有更多的时间解释,我就感觉压力越来越大。(K,CO)	行为态度:情感性评价,工具性评价 证据:我替总经理承担责任,是有委屈。但是我也不能在员工面前表现出来,我认为我表现出委屈,组员会认为我推卸责任。我是狮子,疗伤也不能让别人看见。(W,K) 压力大,我就很焦虑。(K,CO)	

(续表)

其它因素:榜样的作用 证据:我羡慕企业家,也渴望成为企业家。企业家类似狮子。我在内心持续树立狮子形象。(K,G)	主观规范:示范性规范,指令性规范 证据:我不会让总经理针对我的下属帮我解决困难。因为我不能让总经理怀疑我的沟通能力,不能影响我的狮子形象。(K,G)	缺少关系透明 证据:下属说,"K经理之前早就想好了要做资格证书这个培训产品,但她不让我们知道。到了最后的时候才告诉我们,而且我们不理解时,她就命令我们,不尊重我们"。(K,CO) K经理在项目启动阶段的下属行为态度导向领导行为
希望/信念-精神型领导 证据:我经常暗示自己是狮子,(K,G)	自我感知行为控制:自我效能感,资源 证据:狮子的强大总是带给我信心。(K,G)	
内化道德-真实型领导 证据:我的价值观是人人平等。我也是这样待人接物的。(A,CO,SH)	行为态度:情感性评价,工具性评价 证据:喜欢让大家畅所欲言,这样大家就愿意出谋划策。(A,CO)	
其它因素:下属态度 证据:下属非常不喜欢合作方,没有合作的意愿,并有负面情绪宣泄。(A,CO)	主观规范:示范性规范,指令性规范 证据:下属非常不喜欢合作方。我不出面制止下属这种负面情绪的宣泄,这样大家就会认为我和她们在一个阵营中。(A,CO)	过度关系透明 证据:A说,"没办法与合作方协调";"我感觉这个项目没有出路","允许组员传递负面信息"。(A,CO) A经理在计划阶段的下属行为态度导向领导行为
其它因素:情境压力 证据:客户方存在的产品问题给我的困扰很大,距离计划中的实施时间又越来越近,给我很大的压力。(A,CO)	自我感知行为控制:自我效能感,资源 证据:心里放不下事情,抗压能力小,发泄了情绪。(A,CO)	

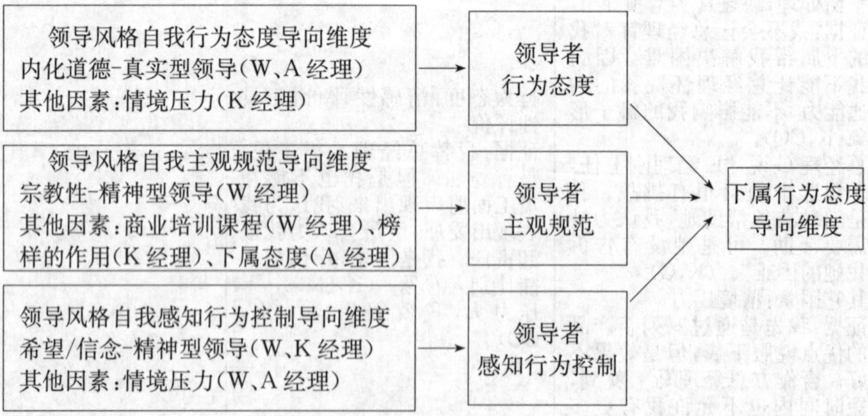

图2 领导风格的自我导向维度组合与下属行为态度导向维度关系图

表5 领导风格的自我导向维度与下属主观规范导向维度之间关系的典型证据

领导风格自我导向维度、其它因素和证据(典型援引)	领导风格自我导向维度影响下属主观规范导向维度的中介因素和证据(典型援引)	领导风格下属主观规范导向维度、证据(典型援引)和相关具体事件所在阶段
自我意识、内化道德-真实型领导 证据:犹太商业智慧和价值观深入我心。我经常使用这些智慧。(W,CO,SH)	行为态度:情感性评价,工具性评价 证据:我喜欢民主和共同参与的领导智慧。我相信,用了就有好结果。(W,CO,SH)	权力分享-伦理型领导 证据:这个事是我们所共同追求的,不是说我一拍大腿,脑袋一热就做的决定,而是通过大家商量后的决定。(W,CO) W经理在第一个项目收尾阶段,同时下一个项目启动阶段的下属主观规范导向领导行为
宗教性-精神型领导 证据:我每周都参加教会活动。(W,CO)	主观规范:示范性规范,指令性规范 证据:我信仰的教义中要求我的价值观为我们的事业是上帝赐予的。成员在社会地位上平等,神圣不可侵犯。(W,CO,SH)	
希望/信念-精神型领导 证据:大家质疑我,他们也在推卸自己的责任。大家基本都有共同信仰,价值观比较统一。我相信按照上帝教导的价值观说话做事,上帝就与我同在,一定成功。(W,CO)	自我感知行为控制:自我效能感,资源 证据:对于权利分享、责任共担,我有信心会处理好。(W,CO)	
希望/信念-精神型领导 证据:我是一个有野心的人,渴望一个可以向他人和自己证明自己优秀的机会。(K)	行为态度:情感性评价,工具性评价 证据:对于我感兴趣或者我认为对我有益的事物,我更容易表现得很热情且更积极一些。(K,SH)	领导魅力-变革型领导 证据:她对工作特别认真,总有很大的热情。(K,CO) K经理在启动阶段的下属主观规范导向领导行为
其它因素:情境压力、榜样的作用 证据:项目时间压力大、总经理要求更换项目,给我很大的压力。(K,G) 听到优秀经理成功经验汇报后,也想要成为优秀经理。(K,G)	主观规范:示范性规范,指令性规范 证据:有压力,就有动力。榜样的力量也强大。必须加油干。(K,SH)	
希望/信念-精神型领导 证据:我经常暗示自己是狮子,对我的性格形成有影响。(K,G)	自我感知行为控制:自我效能感,资源 证据:性格上,我也总是比较有活力而且充满热情。狮子的强大总是带给我活力和信心。(K,G)	

(续表)

内化道德-真实型领导 证据:我的价值观是感恩和报恩,我这样做,也要求别人也这样做。(A,CO)	行为态度:情感性评价,工具性评价 证据:看到那些没有感恩报恩的事情,我会非常难受。(A)	伦理型领导-伦理导向 证据:我们都要有知恩图报的价值观。(CO,A) A经理在实施阶段的下属主观规范导向领导行为
其它因素:上级领导的伦理型领导-以人为本 证据:总经理对我们特别好,给了我们很多支持。(A,CO,G)	主观规范:示范性规范,指令性规范 证据:总经理对我们特别好,给了我们很多支持。而我是吃软不吃硬的人,总担心辜负了对我特别好的人,我更有压力了。(A,CO)	
希望/信念-精神型领导 证据:我的职务给了我权力,给我信心。(A,SH)	自我感知行为控制:自我效能感,资源 证据:我的权力使我有机会和信心去推广我的价值观。(A,CO)	

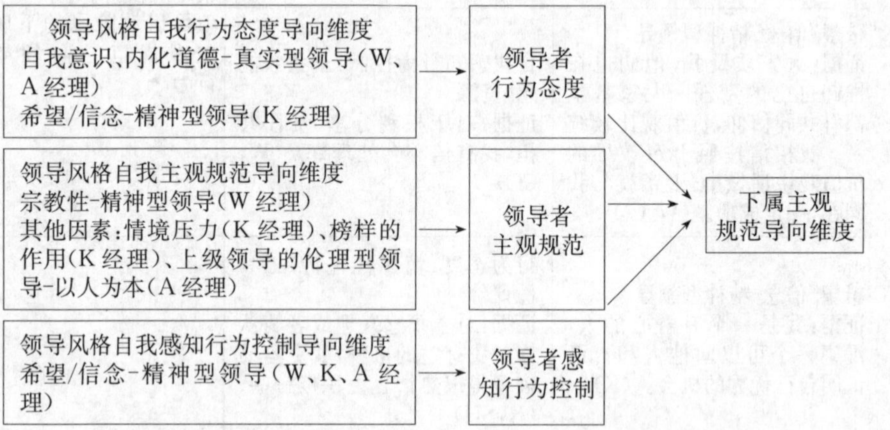

图3 领导风格的自我导向维度组合与下属主观规范导向维度关系图

3. 多种领导风格的下属导向维度组合与自我导向维度组合的整合分析

本部分研究目的是将前文涉及的具体事件中的领导风格下属导向维度组合与自我导向维度组合这两个方面整合,总结提炼出两个方面间涌现出的因果链条模式,构建领导风格组合作用机理模型。

本研究发现存在领导风格自我导向维度影响领导风格下属导向维度的客观现象,也就是会出现领导风格自我导向维度和下属导向维度组合的现象。例如,结合表3和表5,X经理的下属面对困难时,放下思想包袱,继续努力工作。这个积极的下属行为的原因是X经理具有服务型领导的把下属放在第一位的领导行为,和精神型领导的希望/信念的积极领导行为。探索积极领导行为的成因,发现领导者的领导风格自我导向维度在发挥作用。在X经理众多领导行为中,导致希望/信念的领导行为的原因为X经理针对自我的真实型领导-内化道德、精神型领导-有意义的愿景和希望/信念的组合在发挥作用。其他项目经理W和L的下属积极行为都体现了这种明显的因果链条。对比领导者不期待发生的下属行为,例如K经理启动阶段的具体事件和A经理在计划阶段的具体事件,发现下属不理想的行为亦具有这种因果链条。以上说明领导风格自我导向维度和下属导向维度,缺少哪一方面都会影响最终的领导效能。

领导风格的自我导向维度具有组合特征,下属导向维度具有组合特征。自我导向维度和下属导向维度彼此还具有组合的特征。也就是领导者实现好的领导效能,需要领导风格在三个方面的组合共同完成目标。其原因是计划行为理论既链接了下属行为和领导风格的下属导向维度,又链接了下属导向维度与自我导向维度。领导风格下属导向维度既是下属行为的原因,也是领导风格自我导向维度组合影响的结果。体现出明显的因果链条的特征,如下图5。图5中的领导风格自我导向维度组合分别影响下属行为态度导向维度、下属主观规范导向的维度、下属感知行为控制导向维度,进而影响下属行为。

表6 领导风格的自我导向维度与下属感知行为控制导向维度之间关系的典型证据

领导风格自我导向维度、其它因素和证据(典型援引)	领导风格自我导向维度影响下属感知行为控制导向维度的中介因素和证据(典型援引)	领导风格下属感知行为控制导向维度、证据(典型援引)和相关具体事件所在阶段
内化道德-真实型领导 证据:犹太商业智慧和价值观深入我心。我经常使用这些智慧。(W,CO,SH)	行为态度:情感性评价,工具性评价 证据:犹太智慧引领下的以色列创业和创新是世界最发达的国家,犹太智慧非常强调企业创业期要专一化战略。坚持到底,就会成功。	希望/信念-精神型领导 走向成功的道路基本都是曲折的,关键在于坚持。(W,CO) W经理在第一个项目收尾阶段,同时下一个项目启动阶段的下属感知行为控制导向领导行为
宗教性-精神型领导 证据:我每周都参加教会活动。(W,CO)	主观规范:示范性规范,指令性规范 证据:我的信仰要求我立约守约,不能算计有没有好处。信仰要求的必须执行。(W,CO)	
希望/信念-精神型领导 我所承担的压力非常大,我也纠结于是否坚持下去。但是我相信坚持下去就会有好转,对自己说要有坚持的信念,然后传递给下属。我和下属说坚持也是向我自己说坚持。	自我感知行为控制:自我效能感,资源我经常和自己说要坚持,用各种理由说服自己。我有能力说服自己,也有能力说服下属。如果下属还有相关纠结和质疑,我有相关的解决办法的经验。	

（续表）

内化道德-真实型领导 证据:做事遵从内心真实的想法,事情一旦经手,就要对它负责。(L,CO)	行为态度:情感性评价,工具性评价 证据:我喜欢遵从我内心的真实想法,我想做真实的事情,不喜欢虚假的事情。(L,CO)	
其它因素:竞争团队的示范作用 证据:别的团队有销售视频,我们的团队也应该有。而且要有自己的特色,就是真实。(L,CO)	主观规范:示范性规范,指令性规范 证据:与我们竞争的团队有销售视频。(L,CO,SH)	希望/信念-精神型领导 证据:我真的担心组员不去执行真实的采访,组员不愿突破自己,她们缺少一种力量。我先解决她们感觉最困难的工作。(L,CO) L经理在计划阶段的下属感知行为控制导向领导行为
自我意识-真实型领导 希望/信念-精神型领导 证据:我了解团队成员的性格,她们也很信任我。所以我有信心对组员成功的领导。面对下属害怕拒绝,我去面对。顾客拒绝我,我就找下一位顾客,我相信只要坚持,肯定会遇到配合我们采访的顾客。(L,CO)	自我感知行为控制:自我效能感,资源 证据:在平时交流中感觉大家信任自己,有自信大家会跟随自己的领导。(L,CO)	
内化道德-真实型领导 有意义的愿景-精神型领导 证据:我的性格是做自己喜欢的事,会投入更多的精力,能够放下更多的不足与担心;这个产品的意义是让我们看到了美背后的辛苦和积累,我想推广它;我让团队成员感觉到她在和我工作,而不是为我工作,这是安东尼的做法,很成功。(X,CO,SH)	行为态度:情感性评价,工具性评价 证据:我喜欢这个产品,这个产品很有意义。我有爱人的情怀。我相信我按照安东尼的做法,也会成功。(X,CO)	希望/信念-精神型领导 证据:经理对我说:"你可以解决所有困难。咱们每个人做的是最想锻炼的工作内容,所以不管在别人眼中好不好,让自己满意就好了。"(X,CO,SH) X经理在实施阶段的下属感知行为控制导向领导行为
其它因素:好朋友和英雄榜样的服务型领导-把下属放在第一位 证据:我的三位好朋友是这种特质,尤其是我最喜欢的作家安东尼是这种特质,而且他很成功。(X,CO)	主观规范:示范性规范,指令性规范 证据:我的好朋友和心中的榜样对我影响很大。(X,CO)	
希望/信念-精神型领导 证据:团队成员的能力比较有限,我也是第一次做这个产品的会销,压力挺大的;我总是尽自己最大的努力去做好自己的工作,让自己满意,而不是追求别人喜欢的标准。(X,CO)	自我感知行为控制:自我效能感,资源 证据:完成属于自己的可接受的标准。这样感觉就不难了,压力就小了。(X,CO)	

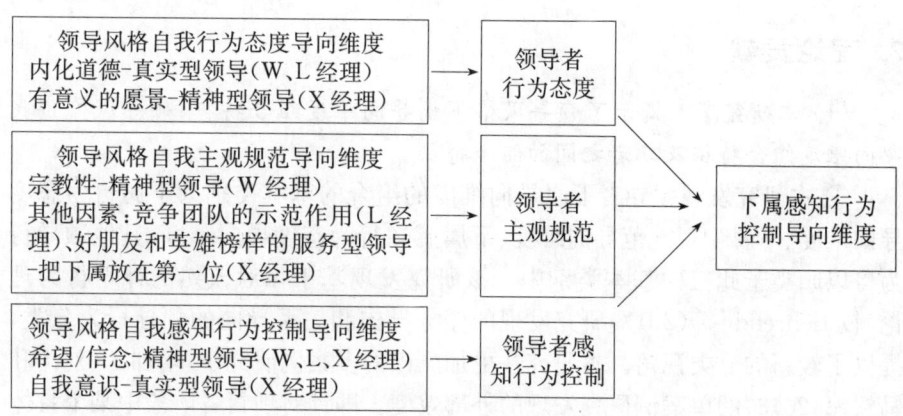

图 4　领导风格的自我导向维度组合与下属感知行为控制导向维度关系图

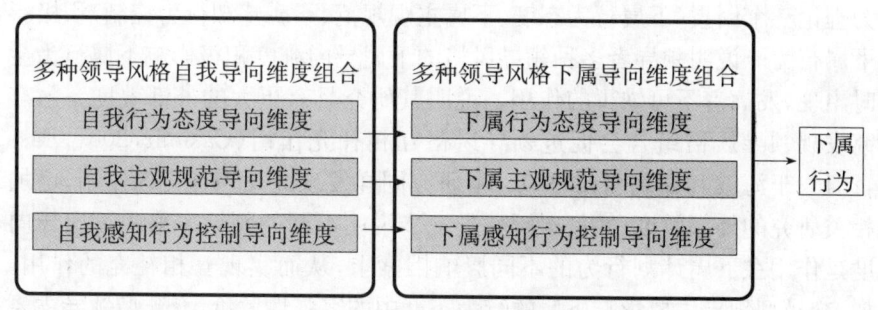

图 5　领导风格组合作用机理模型

五　结论与讨论

1. 结论

本文运用计划行为理论通过 5 个企业项目案例研究发现,多种领导风格在项目生命周期各阶段的整体宏观中呈现组合现象。领导者积极影响下属行为的领导风格维度组合体现出三个方面,分别是:(1)领导者积极影响下属行为态度、下属主观规范、下属感知行为控制的领导风格的下属导向维度组合;(2)领导者积极影响领导者行为态度、领导者主观规范、领导者感知行为控制的领导风格的自我导向维度组合;(3)领导者自我导向维度与下属导向维度之间的组合。

2. 理论贡献

（1）本研究深入揭示了领导风格下属导向维度组合特征、领导风格自我导向维度组合特征及二者之间的组合特征。

① 本研究发现领导者下属导向维度的组合的基本类别为下属行为态度导向维度、下属主观规范导向维度、下属感知行为态度导向维度，其他领导行为可以归类于此三种基本类别中。该研究发现基于相对成熟的计划行为理论，较 Behrendt 等（2017）研究发现的任务导向和关系导向的领导行为分类，提供了较新的分类视角。本研究在更加严谨的多案例研究中，增加了（刘洋和马钦海，2018）的单案例研究发现的外部效度。即针对项目各阶段中某个具体的任务，领导风格下属导向各维度所属的领导风格也会呈现出不止一种类型，他们组合在一起共同发挥作用。本研究的案例涉及多种领导风格，通过计划行为理论三个因素（下属行为态度、下属主观规范、下属感知行为控制）积极影响下属行为。说明领导者多种领导风格的下属导向维度积极影响下属行为会同时出现，发挥着不可缺少的作用。说明其研究具有更大的外部效度。已有研究发现领导风格组合会促进领导风格互相补充作用（Casimir，2001；Bass 等，2013；于海波和郑晓明，2014）。本研究同样发现此互相补充的作用，增加了相关研究的外部效度，并且本研究进一步说明不同的领导风格的下属导向维度是作用在下属计划行为的不同影响因素上，从而实现互相补充的作用。例如，交易型领导主要影响下属的行为态度中的客观性评价，变革型领导主要影响下属行为态度的情感性评价和下属主观规范的示范性规范。

② 本研究发现领导风格自我导向维度组合中，也是多于一种领导风格的自我导向维度在发挥积极影响作用。已有研究从情绪智力的角度考察领导者自我对领导风格组合的影响（Li 等，2016；Wolff 等，2002）。但是罕有考察领导风格的组合中自我导向维度的组合特征。而本研究在更加严谨的多案例研究中，发现领导风格自我导向各维度影响下属导向维度的过程中，领导风格自我导向各维度所属的领导风格也会呈现出不止一种类型，他们组合在一起共同发挥作用。情绪智力影响领导者的情绪及行为态度（Wolff 等，2002），而本研究说明领导风格的组合中自我导向维度不仅会影响领导者行为态度，还涉及领导者自我的感知行为控制和主观规范，比情绪智力的影响更加广泛。本研究的案例中真实型、精神型领导风格分别影响了计划行为理论中的行为态度和感知行为控制，主观规范在本研究中主要受项目经理的上级领导的领导风格或者领导者本人的宗教信仰、导师和培训课程的影响。说明领导者的领导风格自我导向维度组合需要和环境中的其他因素相组合，从而共同实现目标，领导风格和综合情境中的其他因素都发挥着不可缺少的作用。

③ 整合领导风格自我导向维度组合和下属导向维度组合的理论贡献。本研究发现将自我导向维度和下属导向维度结合在一起考察是必要的，二者

的结合也是一类组合。过去被认为是积极领导的源概念和典型代表的真实型领导，是可以兼顾领导者自我导向和下属导向的领导风格（Avolio 和 Gardner，2005），尽管在本研究发现其无论针对自我和针对下属中都发挥了重要作用，但是其没有分别独立影响下属行为和自我行为的各自所有三个计划行为影响因素。而是其需要通过与其他领导风格和因素相组合才会更好地实现领导目标。真实型领导的自我导向维度需要与其他领导风格自我导向维度和其他积极因素相组合，其下属导向维度也需要与其他领导风格的下属导向维度组合，才能够实现最终的领导目标。

本研究拓展了领导风格组合特征和作用机理的研究（Casimir，2001；Li 等，2016；刘洋和马钦海，2018），说明不同领导风格的自我导向维度组合和下属导向维度组合互相补充，彼此发挥各自的优势部分的组合思考对领导者更有价值。

（2）本研究开辟出通过组合路径分析领导行为的新视角

① 领导风格组合模型可以区分不同领导风格和相关行为的特点和优势，从而对领导理论有效"定位"。

本研究从心理认知的角度考察领导风格组合，其研究意义不仅是本研究涉及的多种领导风格，而是对其他类型领导风格的组合都有启发。本研究没有涉及的其他领导风格究其根本还是行为的范畴，领导风格影响下属的目标也主要涉及下属行为的改变，下属行为也会符合计划行为理论。因为从理性认知出发的计划行为理论已经被越来越多的研究证明其普适性和有效性，因而本研究使用的计划行为理论得出的有价值的理论发现很可能适用于其他领导风格的组合。可以进一步考察和总结各种领导风格影响自我或者下属的计划行为的行为态度、主观规范、感知行为控制中的相关因素。

本研究发现的组合模型可以"定位"以往各种领导风格的特点和优势，形成领导风格或者领导理论丛林的"地图"，为学者们发现更多有效的新领导风格，形成新的领导理论提供可参考的工具。即对于地图中没有标注的位置，很可能存在新的领导理论或者可以发展现有理论。可通过实验或者案例等方法去研究在哪些情境下会出现这些没有被注意到的领导行为或者领导风格。也可以去研究在现实案例中表现出来的，但没有已有理论可以解释的领导行为或者领导风格，在这个地图中去寻找对应的位置，努力发现与其他领导风格位置的联系，更好地明确理论缺口，填补理论的空白。例如，本研究就发现领导风格自我主观规范导向维度在不同的领导者身上体现不同的特征。JX 企业的项目领导者们自我的主观规范会受到商业培训课程（W 经理）、榜样的作用（K 经理）、下属态度（A 经理），情境压力（K 经理）、上级领导的伦理型领导-以人为本（A 经理），竞争团队的示范作用（L 经理）、好朋友和英雄榜样的服务型领导（X 经理）的影响，但是本研究没有发现他们的领导风格自我主观规范导向维度发挥作用。而没有上级领导的 W 经理的自我主观规范除了受到综合情境的影响,他也特别提到他的宗教信仰对其自我有影响,涉及他自己的主观规范中的指令性规范。宗教性在以往的领导风格研究中仅Sendja等(2002)认为在精神型领导中会存在宗教性的维度,但因缺少实证研究并不被学者们广泛接受(张军成和凌文辁,2011)。本研究从计划行为理论的视角,说明宗教性存在于领导风格自我主观规范导向维度中,进而对领导风格下属导向维度产生影响。其是否归类到精神型领导或者某个崭新的领导风格中,可进一步探讨,本文的领导风格组合模型为进一步的相关研究提供了崭新的视角。

② 本研究发现的领导风格组合模型为使用定性比较分析方法QCA探索更多的领导理论提供了理论基础。

领导风格组合已有研究涉及领导风格的组合结构,也就是领导风格的组态或者构型(Casimir,2001;Li等,2016)。并且说明情绪智力和同理心等领导者的自我导向的素与组态有关(Li等,2016)。本研究从领导风格组合的下属导向特征和自我导向特征进一步厘清了领导风格组合与下属行为的作用关系,丰富了学界对领导风格组态的认识。本研究发现下属行为和领导行为分别受到行为态度、主观规范、感知行为控制影响,这三个因素又会受到其它多个因素的作用。而要揭示这众多个因素的独立作用、两两交互和复杂的共同作用,常规统计分析远远不够,QCA的研究方法更为合适,避免了统计软件难以处理两个以上变量交互作用的制约(王凤彬,2014;Ragin,1987)。QCA的研究逻辑并不将各影响因素视为独立作用于因变量的自变量,而是从整体性关系出发将各个影响因素其视为以组合方式共同引致被解释结果的前因要素;并不关注单个自变量对因变量的显著统计效应,而是专注于导致被解释结果有解释力的多个前因要素组合成的路径(Ragin,1987,2000)。本研究发现存在多条导向同一下属行为或者领导行为的"等效"因果路径。例如,领导者W和A都积极促进下属继续工作的行为,但是导致相同特征下属行为的领导行为的路径不一样,见表3。QCA方法可以研究互不冲突的具有等效性的多条不同路径(Fiss,2007;Grandori和Furnari,2008)。领导风格组合模型为基于定性比较分析方法进一步衍生和发展理论提供了新的视角。

3. 实践启示

领导者不可进入一种领导风格就可以解决管理问题的误区。领导者要从计划行为理论的三个影响因素考虑如何影响自我和影响下属。在每个影响因素上都会存在领导风格下属导向维度和自我导向维度的影响。领导者要重视针对领导风格下属导向维度组合的培养,通过培养适当的领导风格下属导向维度组合相关的能力组合积极影响下属行为。领导者要重视针对领导风格自我导向维度组合的培养。这种组合是能够实施各种领导行为的基础。本研究发现真实型领导和精神型领导的组合对领导者的行为态度和感知行为控制发挥了很大的作用。但是国内领导者对这两种领导风格的认识比较少,将两种领导风格组合在一起学习和实践就更加罕见。在此方面设计培训课程和实践项目的空间很大。另外在强调领导风格的同时,不可以忽视涉及主观规范的环境因素的影响。例如,领导者要有意识地营造积极乐观的氛围,或者将自己处于相对积极乐观和有利于领导力提升的环境中。

4. 研究局限和展望

本研究属于案例研究,提出了具有理论和实践意义的命题。未来就这些命题可以采取实证研究进行检验,以提高其外部效度。本研究将计划行为理论涉及的行为意向视为实际行为。而行动阶段模型认为行为意向转化为实际行为,存特定的行动阶段。Behrendt 等(2017)认为存在领导行为对此阶段发挥作用,未来也有必要在此阶段深入讨论,使本研究更加精细化。计划行为理论亦涉及凸显信念对各个行为影响因素的综合影响,未来有必要进一步考察领导风格组合的凸显信念特征。本研究涉及的基于计划行为理论三个影响因素的较新颖的领导行为分类,与 Behrendt 等(2017)总结的任务导向和关系导向领导行为的分类,未来有必要进一步比较,以获得更多的研究启示。本研究没有涉及领导者激发下属的负面情绪或者情感。在实践中,负面情绪(例如恐惧)有时是一个有用的激励因素,以避免一些领导者并不期待的下属行为,在未来的研究有必要进一步考察。本研究发现涉及领导风格自我导向维度组合的现有研究相对较少,一方面,需要领导者加强真实型和精神型领导的作用。另一方面,建构新的领导风格自我导向维度的理论空间可能也比较大。

本研究针对领导风格自我导向维度组合与自我领导之间的关系可以进一步考察,自我领导的以往研究主要针对领导过程中的下属,罕见针对领导者自我的研究,而且其与领导风格也不在同一个范式内。未来也可以对自我领导与领导风格组合间的关系进一步研究。本研究还可以拓展到领导风格与其它因素的组合。例如,领导风格自我导向维度,还可与哪些其他因素的组合共同影响领导风格下属导向维度,需要进一步考察。这样不仅对领导风格组合,而且对领导风格如何形成的研究也会有更多的借鉴。

参考文献

[1] Avolio B J, Gardner, W L. Authentic Leadership Development: Getting to the Root of Positive Forms of Leadership[J]. Leadership Quarterly, 2005, 16(3): 315–340.

[2] Ajzen I. The Theory of Planned Behavior[J]. Organizational Behavior and Human Decision Processes, 1991, 50(2): 179–211.

[3] Ajzen I. Constructing TPB Measurement: Conceptual and Methodological Considerations [WWW document]. Retrieved January, 2006, from http://www.people.umass.edu/aizen/pdf/tpb.measurement.pdf.

[4] Bagozzi R P. The Self-Regulation of Attitudes, Intentions, and Behavior[J]. Social

Psychology Quarterly, 1992, 55(2): 178-204.

[5] Bakarif H, Hunjra A I, Niazi G S K. How does Authentic Leadership Influence Planned Organizational Change? The Role of Employees' Perceptions: Integration of Theory of Planned Behavior and Lewin's Three Step Model[J]. Journal of Change Management, 2017,17(2):155-187.

[6] Banks G C, Engemann K N, Williams C E, et al. A Meta-Analytic Review and Future Research Agenda of Charismatic Leadership[J]. The Leadership Quarterly, 2017, 28(4): 508-529.

[7] Bass B M, Avolio B J, Jung D I. Predicting Unit Performance by Assessing Transformational and Transactional Leadership[J]. Journal of Applied Psychology, 2003, 85(2): 207-218.

[8] Bass B M. Leadership and Performance Beyond Expectations[M]. New York: Free Press, 1985.

[9] Behrendt P, Matz S, Göritz A S. An Integrative Model of Leadership Behavior[J]. Leadership Quarterly, 2017, 28(1): 229-244.

[10] Bommer W H, Rubin R S, Baldwin T T. Setting the Stage for Effective Leadership: Antecedents of Transformational Leadership Behavior[J]. The Leadership Quarterly, 2004, 15(2): 195-210.

[11] Brown M E, Trevl O L K. Ethical Leadership: A Review and Future Directions[J]. The Leadership Quarterly, 2006, 17(6):595-616.

[12] Burke C S, Stagl K C, Klein C,et al. What Type of Leadership Behaviors are Functional in Teams? A Meta-Analysis. Leadership Quarterly, 2006. 17(3): 288-307.

[13] Casimir G, Li Z. Combinativeaspects of Leadership Style: A Comparison of Australian and Chinese Followers[J]. Asian Business & Management, 2005, 4(3):271-291.

[14] Casimir G. Combinative Aspects of Leadership Style: The Ordering and Temporal Spacing of Leadership Behaviors[J]. Leadership Quarterly, 2001, 12(3): 245-278.

[15] Choi J N. Context and Creativity:The Theory of Planned Behavior as an Alternative Mechanism[J]. Social Behavior and Personality, 2012, 40(4): 681-692.

[16] Conner M, Armitage CJ. Extending the Theory of Planned Behavior: A Review and Avenues for Further Research[J]. Journal of Applied Social Psychology, 1998, 28(15): 36.

[17] Van KD, Sitkin S B. A Critical Assessment of Charismatic—Transformational Leadership Research: Back to the Drawing Board? [J]. The Academy of Management Annals, 2013, 7(1): 1-60.

[18] Derue D S, Nahrgang J D, Wellman N,et al. Trait and Behavioral Theories of Leadership: An Integration and Meta-Analytic Test of Their Relative Validity. Personnel Psychology. 2011, 64(1): 7-52.

[19] Dinh J E, Lord R G, Gardner W L, et al. Leadership Theory and Research in the New Millennium:Current Theoretical Trends and Changing Perspectives [J]. Leadership Quarterly, 2014, 25(1): 36-62.

[20] Ehrhart M G. Leadership and Procedural Justice Climate as Antecedents of Unit-Level Organizational Citizenship Behavior[J]. Personnel Psychology, 2004, 57(1): 61-94.

[21] Eisenhardt KM. Building Theories from Case Study Research[J]. The Academy of Management Review, 1989, 14(4): 532-550.

[22] Eisenhardt K M., Graebner M. E. Theory Building from Cases: Opportunities and Challenges[J]. The Academy of Management Journal, 2007, 50(1): 25-32.

[23] Fiss P C. A Set-Theoretic Approach to Organizational Configurations[J]. Academy of Management Review. 2007, 32(4): 1180-1198.

[24] Fry L, Kriger M. Towards a Theory of Being-Centered Leadership: Multiple Levels of Being as Context for Effective Leadership[J]. Human Relations, 2009, 62(11): 1667-1696.

[25] Fry L W, Hannah S T, Noel M, et al.. Impact of Spiritual Leadership on Unit Performance[J]. Leadership Quarterly, 2011, 22(2): 259-270.

[26] Fulk J, Wendler ER. Dimensionality of Leader-Subordinate Interactions: A Path-Goal Investigation[J]. Organizational Behavior and Human Performance, 1982, 30(2): 241-264.

[27] Gido J, James P. Successful Project Management[M]. New York: Thomson Southwestern College Publishing, 2003.

[28] Grandori A, Furnari S. A Chemistry of Organization: Combinatory Analysis and Design Organization Studies, 2008, 29(2): 459-485.

[29] HanH, Meng B, Kim W. Emerging Bicycle Tourism and the Theory of Planned Behavior[J]. Journal of Sustainable Tourism, 2017: 1-18.

[30] Hies, R., Morgeson, F. P.,and Nahrgang, J. D. Authentic Leadership and Eudaemonic Well-Being: Understanding Leader-Follower Outcomes[J]. The Leadership Quarterly, 2005, 16(3): 373-394.

[31] Kalshoven K, Den Hartog D N, De Hoogh A H B. Ethical Leadership at Work Questionnaire (ELW): Development and Validation of a Multidimensional Measure. [J]. Leadership Quarterly, 2011, 22(1): 51-69.

[32] Kim E, Ham S, Yang I S, et al. The Roles of Attitude, Subjective Norm, and Perceived Behavioral Control in the Formation of Consumers' Behavioral Intentions to Read Menu Labels in the Restaurantindustry[J]. International Journal of Hospitality Management, 2013, 35: 203-213.

[33] Lee D, Choi Y, Youn S, et al. Ethical Leadership and Employee Moral Voice: The Mediating Role of Moral Efficacy and the Moderating Role of Leader - Follower Value Congruence[J]. Journal of Business Ethics, 2017, 141(1): 47-57.

[34] Li Z, Gupta B, Loon M, et al. Combinative Aspects of Leadership Style and Emotional Intelligence[J]. Leadership 和 Organization Development Journal, 2016, 12(3): 245-278.

[35] Michaelson C, Pratt MG, Grant A M, et al. Meaningful Work: Connecting Business Ethics and Organization Studies[J]. Journal of Business Ethics, 2014, 121(1):

77-90.

[36] Miles M B, Huberman A M. Qualitative Data Analysis: An Expanded Sourcebook [M]. Beverly Hills: Sage Publications, 1994.

[37] Pavlova M, Sokolov A A, Sokolov A. Perceived Dynamics of Static Images Enables Emotional Attribution[J]. Perception, 2005, 34(9): 1107-1116.

[38] Ragin C C. The Comparative Method: Moving Beyond Qualitative and Quantitative Strategies [M]. Berkeley: University of California Press, 1987.

[39] Ragin C C. Fuzzy-Set Social Science [M]. Chicago: University of Chicago Press, 2000.

[40] Ramchunder Y, Nico M. The Role of Self-Efficacy, Emotional Intelligence and Leadership Style as Attributes of Leadership Effectiveness[J]. South African Journal of Industrial Psychology, 2014, 40(1): 1-11.

[41] Susan. Murphy, E. Leader Self-Regulation: The Role of Self Efficacy and Multiple Intelligences[J]. Multiple Intelligences and Leadership, 2002: 163-187.

[42] Thomas H C, Hebdon A S, Novicevic M M, et al. Fluid Leadership in Dynamic Contexts: A Qualitative Comparative Analysis of the Biblical Account of Nehemiah[J]. Journal of Management History, 2015, 21(1): 98-113.

[43] Westaby J D, Probst T M, Lee B C. Leadership Decision-Making: A Behavioral Reasoning Theory Analysis[J]. Leadership Quarterly, 2010, 21(3): 481-495.

[44] Wolff S B, Pescosolido A T, Druskat V U. Emotional Intelligence as the Basis of Leadership Emergence in Self-Managingteams[J]. Leadership Quarterly, 2002, 13(5): 505-522.

[45] Wynveen C J, Sutton S G. Engaging the Public in Climate Change-Related Pro-Environmental Behaviors to Protect Coral Reefs: The Role of Public Trust in the Managementagency[J]. Marine Policy, 2015, 53(1): 131-140.

[46] Yukl G. Effective Leadership Behavior: What We Know and What Questions Need Moreattention[J]. Academy of Management Executive, 2012, 26(4): 66-85.

[47] 蔡宁伟,庞宇,王震,等.领导类型的源起与演进:从一元到多元[J].商学研究,2019, 26(1):18-31.

[48] 曹春辉,席西民,张笑峰.企业家领导风格的演变研究[J].软科学,2013,27(9):97-106.

[49] 樊景立,郑伯埙.华人组织的家长式领导:一项文化观点的分析[J].本土心理学研究 2000(3):127-180.

[50] 李柏洲,徐广玉,苏屹.中小企业合作创新行为形成机理研究——基于计划行为理论的解释架构[J].科学学研究,2014.32(5):777-786+697.

[51] 刘静,李朋波.领导风格演变对腾讯企业文化影响研究——基于领导权变理论的视角[J].中国人力资源开发,2015(20):99-104.

[52] 刘洋,马钦海.项目生命周期中领导风格组合的案例研究——基于计划行为理论[J].中国人力资源开发,2018,35(8):116-125.

[53] 刘洋,应瑛.案例研究的三段旅程——构建理论、案例写作与发表[J].管理案例研究与评论,2015,8(2):189-198.

[54] 王辉. 组织中的领导行为[M]. 北京:北京大学出版社,2008年.
[55] 吴春波,曹仰锋,周长辉. 企业发展过程中的领导风格演变:案例研究[J]. 管理世界, 2009(2):123-138.
[56] 徐云福. 从英雄式到后英雄式:企业发展过程中的领导风格研究——以京东集团刘强东为例[J]. 中国人力资源开发,2016(22):92-96+103.
[57] 尹奎,陈乐妮,王震,等. 领导行为与人力资源管理实践的关系:因果、联合、替代还是强化?[J]. 心理科学进展,2018(1):144-155.
[58] 尹晓峰. 领导风格对组织人力资源效能作用机制研究[D]. 北京:北京理工大学博士学位论文,2015.
[59] 于海波,程龙,安然. 不同领导风格对组织学习的影响机制[J]. 河南大学学报(社会科学版),2017,57(6):123-130.
[60] 于海波,郑晓明. 中西融合的学习型领导:模型构建和作用演进[J]. 经济管理,2014,36(6):189-198
[61] 张军成,凌文辁. 国外精神型领导研究述评[J]. 外国经济与管理,2011,8(20):33-40.
[62] 郑晓峰. 变革型领导形成机理及其对创新二元性的影响研究[D]. 中国科学技术大学,2016.
[63] Yin R K. 案例研究:设计与方法(第5版)[M]. 重庆:重庆大学出版社,2017.

论文执行编辑:贾良定
论文接收日期:2019年1月31日

A Multiple-Case Study on the Mechanism of Leadership Style Combination

Yang Liu Qinhai Ma Jun Yan Jinjin Hao

Abstract: The phenomenon of combination of leadership styles is common in practice. This paper used multiple-case study to explore the characteristics and mechanism of combination of leaders' leadership styles. In the research process, based on the relevant situational characteristics of project lifecycle, five leaders of enterprise projects were selected as research objects. From the perspective of the Theory of Planned Behavior, the research found that the leadership style presented the combination of self-directed dimension, subordinate-oriented dimension, and the combination of self-directed dimensions and subordinate oriented dimensions in specific events. The integration model of the leadership style constructed in this paper can better sort out the characteristics of each leadership style and help leaders to adopt appropriate and effective leadership style combination.

Key words: leadership style   leadership style combination   the Theory of Planned Behavior   project lifecycle

JEL Classification: C93

在线诊疗平台医生咨询量和推荐热度的影响因素分析

臧志霞 谈刻 王程珏 许博 杨雪*

【摘 要】 本研究以社会学习理论为基础,选取国内一家主要的在线诊疗平台,研究不同网络标签(医生的专业指标和活跃指标)对在线诊疗医生咨询量和推荐热度的影响(主要分为医生专业度和活跃度的主效应和是否开通预约服务和患友会数量的调节效应),结果显示平台展示的与医生相关的网络标签并不是完全对咨询量和推荐热度有正向影响,是否开通预约服务和患友会数量对医生专业度和活跃度有调节效应。

【关键词】 在线诊疗 咨询量 推荐热度 社会学习

【JEL 分类】 F49

一 引 言

在"互联网+"的时代大背景下,传统医疗行业与互联网紧密结合,已经形成了"医疗+互联网"模式。自 2012 年以来,国务院医改办对医疗信息化建设不断提出重大规划,以确保医疗信息化服务的发展。2012—2014 年,政府不

---

① 本文受到国家自然科学基金(71572079、71872086)的资助。
* 臧志霞(1994—),女,南京大学商学院硕士,研究方向为互联网医疗,Email:zangzhixia0626@163.com。谈刻(1996—),男,南京大学商学院硕士,研究方向为在线社区、社交网络,Email:taaankki3@foxmail.com。王程珏(1993—),男,南京大学商学院硕士,研究方向为互联网诊疗、产品试用等,Email:wangchengjue1993@163.com。许博(1996—),男,南京大学商学院本科生,研究方向为互联网医疗,Email:18362929653@163.com。杨雪(1981—),女,博士,南京大学商学院副教授,研究方向为电子商务与移动商务、信息系统等,Email:yangxue@nju.edu.cn。

断推进医疗卫生信息技术标准化,推行使用居民电子健康档案和电子病历,并保证50%的区域信息平台实现全员人口信息、电子健康档案和电子病历三大数据库的资源整合。2015年7月,随着国务院发布《国务院关于积极推进"互联网+"行动的指导意见》,互联网在医疗卫生领域的应用将进一步细化,在线诊疗作为"医疗+互联网"模式的典型代表也逐渐得到推广。

在线诊疗产业链可分成在线医疗服务和医药电商两大板块。医疗服务板块按照就医流程可划分成在线挂号、健康保健、在线诊疗、在线支付等部分。这些部分分别对应传统就医流程的各个环节,产业链基本成形,在远程诊断、为患者提供定制化服务以及建设分级诊疗平台等方面发挥着重要作用(钱瑛等,2015;孙舒等,2015)。医药电商板块则主要分为B2B、B2C、第三方平台及医药O2O等环节,通过推动优秀的线下诊疗服务与线上患者问诊、医生患者交流、诊后指导等的高效对接,最终实现线上线下的协同诊疗服务。

目前,国内的在线诊疗行业竞争激烈。据不完全统计,国内包含在线问诊功能的App有将近500个,按照服务范围划分包括综合性平台和面向中医、慢性病等的垂直性平台,纯线上问诊平台和线上线下平台,诊前指导/健康咨询平台和诊后随访平台等多种不同类型。与传统的线下医疗相比,在线医疗具有一些独特的优势,对于一些注重隐私、患慢性病的患者而言,在线诊疗服务也提供了较为方便的诊疗方式;对于相信权威的患者来说,在线诊疗提供了更方便的渠道和专家零距离交流;对于一些较为复杂的病症,在线诊疗提供了更加方便的专家会诊平台。此外,方便有效的医生信息查询、简单快捷的就医后评价反馈以及便捷的支付手段也给在线诊疗的快速发展增添了优势。然而,在线诊疗服务中一般都是患者主动寻求所需要的医生,因此医生与患者的匹配及交流问题至关重要,如何让患者选择到自己信赖的医生,如何让医生服务到自己专业领域内的患者,成为许多在线诊疗平台的关注点。为了有效降低医患之间信息的不对称性,在线诊疗平台会对部分医生设置标签以帮助患者进行更加有效的选择。

在线医疗虽然是一种比较特殊的"互联网+产品"类型,但是也具有传统互联网产品的一些特点。类似于传统电商平台等互联网产品,在线医疗需要不断提升在线口碑并强化第三方认证等。不同于一般的互联网产品,在线医疗涉及人身安全,因此,人们为了让自己的利益最大限度得到保护,会更加关注医生在口碑以及第三方认证等方面的信息。在在线诊疗的过程中,患者所面临的最大问题是信息不对称。因此,患者在选择咨询对象、发起咨询等决策活动上存在一定的风险。为了规避这些风险,患者会尽可能收集信息,包括收集其他人的评论(例如口碑)以及一些医生的特征信息(例如第三方认证)。以往关于在线医疗的研究,大多都从缓解不同地区医疗资源差距(Goh,2016)以及促进医患沟通(Liu,2016)等角度来展开,很少有研究从医生层面来展开讨论。因此,本文基于社会学习理论,通过对在线诊疗平台的分析,探求影响在线诊疗平台医生咨询量以及推荐热度的因素。

本文以国内一家主要的在线诊疗平台作为研究对象，将医生的标签分为专业指标和活跃指标，着重探讨医生的标签是否会提高医生与患者之间的匹配度，降低信息不对称带来的负面影响，并研究医生的服务可及度指标的调节作用。匹配度在本文中主要指医生的咨询量以及在线诊疗咨询量。患者在在线医疗平台上选择医生就诊时，容易受到平台上一些指标的影响，患者会在观察学习中改变自己的行为，在做出决策时通常都会参考他人的选择，受环境的影响较大，因此在理论支撑层面本文将选用社会学习理论。通过对在线诊疗平台的医生效益进行分析，本文希望能够在患者的信息搜寻和在线诊疗平台的信息供给之间寻找到最有效的连接点，为在线平台信息对称性的研究提供可行性的参考价值。同时，我们也希望能够系统讨论网页标签对医生"销量"的影响，进而对网页设计、医生服务定位以及信息精准推荐做出贡献，对于在线诊疗平台整体的发展规划和医生的职业发展方向提供有参考性的建议。

二 理论与假设提出

在在线医疗的患者与医生的互动过程中，存在这样一个闭环：患者首先因为身体原因以及其他原因（例如隐私问题）在网上发起咨询，然后医生对其相关咨询进行回复。医生的回复数量、质量以及推荐热度等指标因为自身的参与而获得了提高，患者在选择咨询对象的时候也会更多基于这样的指标，除此之外，患者还会根据自己对于相关信息的学习，对自己的行为进行相应的调整。在这个过程中，患者的决策行为活动被相关指标所影响，而医生的相关指标（咨询量和推荐热度等）又反过来被患者的行为影响，形成一个相互影响的循环过程。因此医生的在线口碑以及一些第三方认证、描述性信息在该过程中发挥重要作用，继而影响医生的咨询量以及推荐热度。因此，在接下来的文献综述中，本文将主要总结在线口碑、第三方认证、描述性信息及社会学习理论等相关研究。

1. 在线口碑、第三方认证、描述性信息等的相关研究

在医疗领域存在信息不对称的现象，平台双方中医生处在优势的一端，而患者却无法准确地了解医生的个人信息等状况（刘笑笑，2014）。医疗行业是与人类健康福祉直接相关的行业，患者在寻医问诊时非常注重医疗机构的正规性以及医生的履历。在线诊疗平台的出现在一定程度上促进了医疗资源的合理配置，在一定程度上摆脱了时空限制（Pinsonneault A et al.，2017）。然而，在线诊疗信息仍存在良莠不齐的现象。由于医疗行业的特殊性及医患之

间的信息不对称,患者在寻求诊疗时会更加关注医生的口碑、身份认证及描述性信息。(罗鹏,吴红,2018)。

口碑最早被认为是消费者之间进行的一种人际口头传播。这种口头传播涉及一些品牌、产品和服务,游离于企业开展的营销活动(Bone,1995),这些实际或者潜在的消费者通过网络将自己对产品或者商家的正面或者负面评论展示给其他消费者和企业(Hennig-Thurau,2004)。口碑主要分为线下口碑和线上口碑。伴随着移动互联网的发展,线上口碑在近些年得到了广泛的关注。消费者在线产生的一些评论或者评分,作为口碑最常见的表现形式,显著影响着消费者的决策(Berger,2014;邵景波等 2012),进而增加客户的数量和产品的销售(Seiler S et al.,2017)。消费者在线上购物时,会受到一些在线评论,尤其是一些负面评论的影响(蔡淑琴,2017),他们一般会比较关注信用比较好的店铺和商品,往往倾向于选择评价高、知名度高的产品,这就是网络口碑效应(Yin et al.,2016)。魏华、黄金红(2017)发现,在线评论数量和在线评论质量对消费者购买决策均有显著的正向影响,专业能力可以对在线评论数量、在线评论质量与购买决策之间的关系进行调节,但产品卷入度仅对在线评论质量与购买决策之间的关系有调节作用。于军胜等(2013)则认为,品牌的一些属性将能够增强品牌的影响力,进而提高顾客的忠诚度。

在在线医疗行业的情境下,口碑对于消费者的影响更加重要,尤其在信息不对称的情况下,医生的口碑成为医生和患者快速匹配的重要指标。在传统的就医方式中,患者往往通过知情人介绍来快速完成患者与病人的匹配。而在在线诊疗平台中,医生的口碑主要来源于两方面:一方面是自身的指标,比如医院等级,职称等,另一方面来自患者的评价。患者对医生口碑的衡量主要通过医生的履历以及其他患者对医生服务水平的评价(刘娟等,2017)。在线诊疗平台中医生的口碑通常表现为医生的咨询量和推荐热度,咨询量高和推荐热度高是对医生能力的认可,会提高患者对医生的信任度。由于平台的信息不对称,患者在平台上就诊时受从众心理的影响(张亚明,2018),一般比较倾向于选择口碑较好的医生来进行咨询,参考其他患者的意见(Yin et al,2016),以规避不确定性(Xu et al.,2016)。在线诊疗中在线口碑的影响因素,主要有口碑的传播者、接受者以及口碑信息特征三个方面,口碑传播者和接受者的一些特征会直接影响在线口碑,而在线口碑的信息特征,包括信息的数量和质量以及时效性也会直接影响医生的口碑(郭东飞,2017)。

关于第三方认证,游艳等(2017)认为,第三方认证对提高消费者在线信任感具有显著影响。于永娟(2012)也认为,在互联网上,卖方可能会对产品进行虚假宣传,隐瞒消费者需要的真实信息,而买方也会依据过往的购买经验对卖方提供的信息做出判断,进而产生信任危机。因此仅凭买卖双方的诚信是不够的,还需要利用权威公正的第三方认证来提高卖方可信度。同样的,在线诊疗平台中,医生可能会对自己的信息做出改动,患者也会通过自身的经验对信息进行判断,这就需要在线诊疗平台进行第三方认证,保证医生信息的真实性,也保证给患者提供真正需要的信息。

描述性信息的实证研究主要集中在 P2P 领域。描述性信息会对投资人决策产生影响,提供更多描述性信息的借款人更容易成功借款(李焰,2014),描述性信息的信息量越大,借款人越不容易违约(于军,2017)。类似于 P2P 平台,在线诊疗平台中,是否会存在拥有更多标签的医生也会有更多的咨询量?而描述性信息中包含的不同特征对投资人决策的影响不同,表明自己是稳定的更有助于成功借款(李焰,2014),相对应在在线诊疗平台中,医生不同的标签以及不同的服务对于医生咨询量的影响是否也不同,其影响效果又如何,都是本文研究的重点。

2. 社会学习理论及相关研究

关于社会学习理论,美国心理学家阿尔伯特·班杜拉指出,要着眼于观察学习和自我调节在引发人的行为中的作用,重视人的行为和环境的相互作用,应综合探讨个人的认知、行为与环境因素三者及其交互作用对人类行为的影响。例如患者在对医生做出评价时,会受到周边环境及他人评价的影响。社会学习理论主要有以下几方面内容。

第一,强调观察学习在人的行为获得中的作用。此理论认为,人的多数行为是通过观察别人的行为和行为的结果而学得的。依靠观察学习可以迅速掌握大量的行为模式。患者在评价在线诊疗平台医生的过程中,会在潜意识中观察以往的患者对此医生的评价,并对自己的评价做出适当的调整以使自己的评价符合大众评价,进而影响医生的标签,如年度好大夫等的评选。

第二,重视榜样的作用。人的行为可以通过观察学习过程获得。但是获得什么样的行为以及行为的表现如何,则有赖于榜样的作用。患者在评价医生时,会受到过往评价者评价结果的影响。

第三,强调自我调节的作用。人的行为不仅受外界行为结果的影响,而且更重要的是受自我引发的行为结果的影响。自我调节主要是通过设立目标、自我评价,从而引发动机功能来调节行为的。患者在给医生贴标签的时候,主要是依据自己对本次诊疗服务的满意程度,如果对在线诊疗效果不满意,即使医生获得年度好大夫、青年医生榜样等多项荣誉,也无法得到患者的好评。

第四,主张奖励较高的自信心。一个人对自己应付各种情境能力的自信程度,在人的能动作用中起着重要作用。改变人的回避行为,建立较高的自信心是十分必要的。

关于社会学习的研究广泛分布在心理学、教育学、管理学以及经济学等领域。在市场营销领域,社会学习理论则主要应用于消费者或者企业行为的研究,大多集中在消费者认为他人选择的信息比他们个人了解的信息重要的情况,也就是潜在消费者学习之前消费者的经验和信息的过程(李林,2015)。在社会学习过程中消费者将自己的经验信息传播给其他消费者,主要有社会从众性、观察性学习和口碑交流三种形式(Liu et al., 2014),而观察性学习和口碑交流是主要的社会学习方式。观察性学习是指消费者决策时会参考他人的经验,口碑则是指消费者在购买时从有经验的人群中获得直接的建议,消费者不仅会关注他人的行为,也会关注他人的建议(Garcia et al., 2018)。

Cheung et al. (2012)在研究在线口碑和观察学习如何影响消费者购买决策时发现,基于行为的在线信息要比基于观点的信息更有影响力。Christopoulos et al. (2017)在研究观察创新领导者的收购结果如何影响行业内追随者的收购决策和业绩时发现,当创新领导者的收购产生更有利的结果时,跟随者倾向于增加收购的可能性和收购的规模,而当创新领导者的收购产生更不利的结果时,跟随者倾向于减少两者。冯娇、姚忠(2016)从消费者社会学习角度,分析了社会学习对购买决策的影响过程,表明在线评论信息和其他消费者行为,是影响消费者购买决策的重要因素。同样,在在线诊疗平台中,患者在做出就诊决策时也会观察学习其他消费者的行为并受到医生口碑的影响。

3. 假设提出

在在线诊疗平台中,患者往往会根据平台提供的医生信息以及其他患者的经验意见来选择医生就诊(刘娟等,2017)。在本文选取的在线诊疗平台中,医生信息主要被概括为一些标签,包括医生的一些专业指标、活跃指标、医生的挂号预约服务是否开通以及患友会的数量,这些都会影响到患者的学习和决策行为。

在在线诊疗平台中,医生的专业指标由医生的职称和教学职称的高低来体现,职称或教学职称越高的医生,专业指标越高;医生的活跃指标由患者经验分享数和在线活跃时间来体现,二者越高,该医生的活跃指标越高。第三方认证的相关研究表明,患者对于已认证的职称或教学职称更高的医生更加信赖,职称或教学职称高的医生能够让患者觉得更专业(游艳等,2017)。在线诊疗平台上,由于信息不对称,患者很少或者无法与医生进行面对面的交流,无法在现实中对医生形成很准确的判断,口碑成为影响医生和患者快速匹配的重要指标。患者在在线寻医问诊的过程中,会观察学习医生的各项指标,通过医生的职称以及教学职称等对医生进行初步判断。因此,较高的职称(如主任医师等)或较高的教学职称(如教授等)可能会给医生的在线咨询量及推荐热度带来正向影响。因此,本研究提出如下假设。

H1a:医生的专业指标与医生的咨询量正相关。
H1b:医生的专业指标与医生的推荐热度正相关。

在线诊疗平台中,患者的经验分享数和医生的线上活跃度体现了一个医生的在线活跃程度。一方面,一个医生拥有更高的患者经验分享数,体现了该医生与患者互动的过程,会使患者对该医生形成口碑效应,可能使得该医生在平台上具有更高的人气,依据社会学习理论的相关结论,以往的评价对患者而言是一种榜样,患者在评价医生时,会受到过往评价者评价结果的影响,因此口碑好的医生会提高患者的好感度,进而对咨询量和推荐热度有正向影响。另一方面,医生在平台上更加活跃,在平台上投入的时间更多,更能与更多的在线患者保持高效良好的互动,为患者带来更好的服务,也能保持患者的粘性,提高患者评价,从而带来更高的咨询量和推荐热度。因此,本研究提出如下假设。

H2a:医生的活跃指标与医生的咨询量正相关。

H2b:医生的活跃指标与医生的推荐热度正相关。

医生是否开通了挂号预约服务表现了该医生线上为线下引流的效果,医生的患友会数量也体现了医生的线上活跃度,类似于P2P平台,医生更多的描述性信息会让患者产生信任感,从而对医生的专业度和活跃度与医生咨询量和推荐热度之间的主效应产生调节作用。患者在线上寻医问诊过程中,由于信息不对称,在决策过程中会有很多疑虑,而是否开通挂号预约服务,作为一个衡量医生真实身份的指标,对建立患者的信任起到重要的作用,能够让患者在潜意识中提高对医生的评价。患者在咨询和评价医生时也会更多地选择一些描述性信息更详细的医生。然而,开通挂号预约服务在一定程度上意味着医生与患者之间的一种长期互动。对于一些需要就医的患者而言,开通挂号预约服务为病情的连续治疗提供了保证,有利于提高医生的推荐热度。然而长久的医疗服务也在一定程度上影响医生的咨询量,医生更多地扮演一种"家庭医生"的角色,而不是为患者提供短期治疗,可能会对医生的咨询量造成不利影响。因此,本研究提出如下假设。

H3a:医生开通挂号预约服务会削弱医生专业资本与咨询量之间的主效应。

H3b:医生开通挂号预约服务会增强医生专业资本与推荐热度之间的主效应。

H3c:医生开通挂号预约服务会削弱医生活跃指标与咨询量之间的主效应。

H3d:医生开通挂号预约服务会增强医生活跃指标与推荐热度之间的主效应。

医生的患友会数量表现了患者对该医生的肯定和宣传,有更多患友会的医生可能更受患者的支持和肯定。医生的患友会是医生与患者进行沟通的重要渠道,医生患友会的数量在一定程度上体现了医生对病人的关心程度。对于患者而言,交流也是非常重要的。根据社会学习理论,患者的能动性起着非常重要的作用,患者希望自己应付各种情境,而患友会能够帮助患者降低信息不确定性,建立较高的自信心,提高参与度,因此对医生的评价和推荐热度有积极影响。然而患友会数量的增多,可能会分散医生在线诊疗的精力,医生无暇接纳太多患者,会影响其咨询量。因此,本研究提出如下假设。

H4a:医生的患友会数量会削弱医生专业资本与咨询量之间的主效应。

H4b:医生的患友会数量会增强医生专业资本与推荐热度之间的主效应。

H4c:医生的患友会数量会削弱医生活跃指标与咨询量之间的主效应。

H4d:医生的患友会数量会增强医生活跃指标与推荐热度之间的主效应。

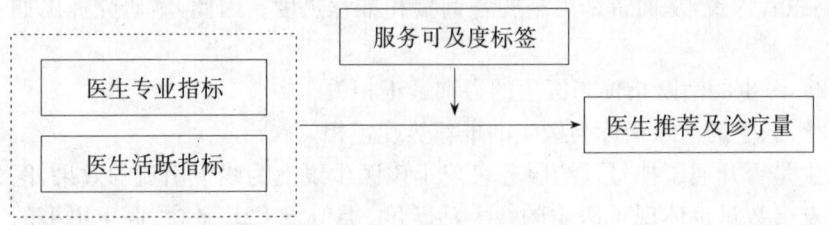

图 1 理论模型

基于以上分析,我们提出基于社会学习理论的医生效益模型,如图 1 所示。本文首先通过分析医生专业指标和活跃指标与医生推荐热度及诊疗量的相关性,得出基本的主效应关系,再将医生是否开通挂号预约服务和患友会数量等调节变量纳入其中,分析其对主效应的调节作用。

其次,对医生的咨询量和推荐热度(包括医生专业指标、活跃指标对他们的主效应影响和挂号预约服务、患友会数量对他们的调节效应影响)进行对比,得出患者的需求信息和在线诊疗平台的供给信息之间的不对称结论,进而总结出基本的结论,为其他在线平台信息匹配问题给出参考和建议。

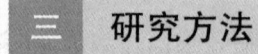

1. 数据来源

本文数据来源于国内知名在线医疗平台,收集了各个医生的姓名、职称、教学职称、所在医院及所在科室,医院所在城市或地区,该医生及所在科室历年所获荣誉,医生的咨询量、患者数等数据,涵盖了江苏、浙江、上海、安徽四个省市,共 21016 条数据。在该平台利用网络爬虫工具分别抓取四个省市的数据后,经过一系列的数据整合和数据清洗过程,并对非数据项进行编号,使之更加方便分析处理,最后得出完整的数据。

(1)变量说明

在该在线平台中,共抓取了 21016 条数据。表 1 为部分变量名及其含义说明。

表1 变量名及变量含义说明

变量名	变量含义
GDP	医生所在城市生产总值
注册时长	医生注册时长
医院等级	医生所在医院等级
医院评论数	医生所在医院评论数
职称	医生职称
教学职称	医生教学职称
咨询价格	医生线上咨询价格
经验分享数	患者经验分享数
挂号预约	医生是否开通挂号预约服务
患友会数量	患友会的数量
推荐热度	医生推荐热度
线上患者数	线上咨询患者总数

因变量：线上咨询患者总数，以平台患者在线咨询该医生的数量来衡量；医生推荐热度则是与平台中医生的排名相关的变量。

自变量：医生专业指标，由医生职称和教学职称来衡量，因为医生职称及教学职称可以直观反映出其专业化程度；医生活跃指标主要指患者经验分享数。

调节变量：即服务可及度指标，包括医生是否开通挂号预约服务以及患友会的数量，如果其拥有预约挂号服务，则认为其服务可及度指标较高，患友会数量也代表了其服务可及度指标。

控制变量：医生所在城市国内生产总值；医生注册时长，表现了医生在平台上的就诊时间跨度；医生所在医院等级，患者通常更信任知名度或等级高的医院的医生；医生线上咨询价格，价格通常会影响患者是否会选择该医生进行线上诊疗；医生所在医院的评论数，表现了患者对于医生所在医院的看法。

2. 描述性统计分析与回归分析

变量的描述性统计表及相关性矩阵如表2、表3所示。

表 2　描述性统计分析

Variable	Obs	Mean	Std. Dev.	Min	Max
GDP	21 016	15 811.72	10 943.36	290	30 133
注册时长	21 016	3.76	2.81	1	10
医院等级	21 016	5.46	1.04	2	6
医院评论数	21 016	3 850.68	5 007.19	0	23 319
职称	21 016	4.61	0.99	1	6
教学职称	21 016	1.99	1.45	1	5
咨询价格	18 226	36.61	51.74	0	1 000
线上患者数	21 016	486.96	1 508.61	0	48 830
经验分享数	21 016	16.78	45.01	0	932
挂号预约	21 016	0.125	0.33	0	1
患友会数量	21 016	0.99	5.38	0	218
推荐热度	21 016	3.78	0.33	2.60	5

从表 2 中可以看出,医生的咨询量数据分布较广(标准差较大,为 1 508.6),整体推荐热度和咨询量处于中等偏下水平(平均值分别为 3.779 087 和 486.961 4)。医生的职称整体处于较高水平(平均值为 4.6),而医生的教学职称普遍处于较低水平(平均值为 1.99),反映出大部分医生在学校内未担任教职或者担任教职层次不高。此外,患者经验分享数平均值为 16.78,整体在线活跃度较低。此外,整体的患友会数量较少,平均仅有 0.99 个患友会,开通了挂号预约服务的医生也比较少,仅占医生总数的八分之一左右。

从表 3 中我们可以看出,线上患者数与职称、教学职称的相关性较低,而与经验分享数的相关性较高。而热度与职称、教学职称、经验分享数的相关性都较高。

因此,可以初步得出结论,较高的职称(如主任医师等)或较高的教学职称(如教授等)与医生的在线咨询量并无太大的相关关系,这与我们的假设存在差异,更高的职称和教学职称并不能为该医生的咨询量带来明显的增加,原因是患者可能因医生职位或教学职称太高,而担心价格很高,从而减少对于此类高专业度的医生的咨询;而医生的患者经验分享数与线上活跃度对医生的咨询量具有正向的相关作用,与我们的假设类似,医生线上活跃度越高,则医生的咨询量也就越大,初步猜想是,医生线上活跃度越高,与患者接触的时间也就越长,患者会感受到来自医生良好的服务,下次发生类似病症或身边的人发生类似病症,再次咨询这位医生的概率也会变大,与优质服务带来更高的回访率是相似的道理。

表3 相关性矩阵

	GDP	注册时长	医院等级	医院评论数	职称	教学职称	咨询价格	线上患者数	经验分享数	挂号预约	患友会数量	热度
GDP	1											
注册时长	0.130**	1										
医院等级	0.158**	0.148**	1									
医院评论数	0.503**	0.134**	0.374**	1								
职称	0.050**	0.426**	0.073**	0.012	1							
教学职称	0.166**	0.417**	0.180**	0.189**	0.477**	1						
咨询价格	0.335**	0.211**	0.180**	0.321**	0.243**	0.230**	1					
线上患者数	0.088**	0.305**	0.075**	0.127**	0.184**	0.195**	0.266**	1				
经验分享数	0.165**	0.295**	0.133**	0.247**	0.217**	0.230**	0.420**	0.660**	1			
挂号预约	0.251**	0.238**	0.175**	0.344**	0.198**	0.235**	0.400**	0.212**	0.339**	1		
患友会数量	0.01	0.127**	0.038**	0.021	0.073**	0.062**	0.110**	0.246**	0.209**	0.098**	1	
热度	0.330**	0.274**	0.389**	0.403**	0.328**	0.368**	0.468**	0.382**	0.585**	0.421**	0.177**	1

职称与教学职称等医生专业指标和患者经验分享数都与推荐热度存在正向相关关系,医生专业指标越高、线上活跃度越高,医生的推荐热度也就越高。我们认为,在线诊疗平台的推荐热度是一项综合性的指标,会综合考虑到医生的能力和工作的投入力度。医生的能力越高,在线活跃时间越长,也就越能保证对患者的服务越好,因此推荐热度也就越高。

3. 假设检验

在本节中,本文对医生的咨询量和推荐热度进行回归分析,医生咨询量的回归分析结果表和医生推荐热度的回归分析表如表 4 和表 5 所示。根据表 4(4),在医生专业度方面,医生职称与咨询量有显著的负相关关系($\beta=-0.174$,$p<0.01$),医生职称越高,反而可能导致他的咨询量下降;教学职称与咨询量有显著的正相关关系($\beta=0.086$,$p<0.01$),可见越高的教学职称就能获得更高的咨询量,与 H1a 存在差别。在医生活跃度方面,经验分享数与咨询量存在显著的正相关关系($\beta=1.264$,$p<0.01$),可见医生的活跃指标越高,其咨询量也会越高,支持假设 H2a。

表 4 医生咨询量的回归分析

变量	(1) Log 线上患者数	(2) log 线上患者数	(3) log 线上患者数	(4) log 线上患者数
logGDP	−0.293*** (0.020)	−0.181*** (0.015)	−0.173*** (0.015)	−0.192*** (0.015)
注册时长²	0.286*** (0.006)	0.119*** (0.005)	0.112*** (0.005)	0.107*** (0.005)
医院等级	−0.019 (0.020)	0.068*** (0.015)	0.060*** (0.015)	0.049*** (0.015)
医院评论数	0.112*** (0.012)	−0.070*** (0.009)	−0.060*** (0.009)	−0.062*** (0.009)
Log 咨询价格	1.213*** (0.020)	0.275*** (0.018)	0.282*** (0.018)	0.272*** (0.018)
职称		−0.153*** (0.014)	−0.149*** (0.014)	−0.174*** (0.015)
教学职称		0.059*** (0.010)	0.066*** (0.009)	0.086*** (0.011)
Log 经验分享数		1.200*** (0.010)	1.182*** (0.011)	1.264*** (0.012)
挂号预约			−0.254*** (0.039)	0.391* (0.208)

(续表)

变量	(1) Log 线上患者数	(2) log 线上患者数	(3) log 线上患者数	(4) log 线上患者数
Log 患友会数量			0.278*** (0.018)	1.109*** (0.102)
经验分享数_挂号预约				−0.226*** (0.025)
职称_挂号预约				0.071 (0.043)
教学职称_挂号预约				−0.102*** (0.023)
经验分享数_患友会数量				−0.262*** (0.013)
职称_患友会数量				0.012 (0.022)
教学职称_患友会数量				−0.011 (0.012)
_cons	0.895*** (0.179)	2.945*** (0.145)	2.829*** (0.145)	3.077*** (0.144)
Obs.	18 226	18 226	18 226	18 226
R-squared	0.356	0.631	0.637	0.649

Standard errors are in parenthesis

*** $p<0.01$, ** $p<0.05$, * $p<0.1$

关于挂号预约和患友会数量的调节效应,职称_挂号预约的回归系数为0.071,教学职称_挂号预约的回归系数为−0.101,对专业资本与咨询量之间的主效应具有削弱效应,支持假设 H3a。经验分享数_挂号预约的回归系数为−0.226,为显著的负相关关系,可见医生开通挂号预约服务会削弱医生活跃指标与咨询量之间的主效应,支持假设 H3c。而职称_患友会数量与咨询量的回归系数为0.012,为不显著的正相关关系,教学职称_患友会数量与咨询量的回归系数为−0.011,表现为不显著的负相关关系,可见患友会数量对医生专业指标而言不存在调节作用,拒绝假设 H4a。经验分享数_患友会数量与咨询量的回归系数为−0.262,为显著的负相关关系,可见医生的患友会数量会削弱医生活跃指标与咨询量之间的主效应,支持假设 H4d。

表5　医生推荐热度的回归分析

	(1) 推荐热度	(2) 推荐热度	(3) 推荐热度	(4) 推荐热度
logGDP	0.025*** (0.002)	0.037*** (0.002)	0.035*** (0.002)	0.035*** (0.002)
注册时长^2	0.011*** (0.001)	−0.013*** (0.001)	−0.014*** (0.001)	−0.013*** (0.001)
医院等级	0.031*** (0.002)	0.039*** (0.002)	0.040*** (0.002)	0.040*** (0.002)
医院评论数	0.033*** (0.001)	0.015*** (0.001)	0.014*** (0.001)	0.014*** (0.001)
Log 咨询价格	0.159*** (0.002)	0.043*** (0.002)	0.037*** (0.002)	0.036*** (0.002)
职称		0.017*** (0.002)	0.018*** (0.002)	0.021*** (0.002)
教学职称		0.015*** (0.001)	0.015*** (0.001)	0.022*** (0.001)
Log 经验分享数		0.130*** (0.001)	0.127*** (0.001)	0.116*** (0.001)
挂号预约			0.065*** (0.005)	0.033 (0.027)
Log 患友会数量			0.001 (0.002)	0.003 (0.013)
经验分享数_挂号预约				0.047*** (0.003)
职称_挂号预约				−0.008 (0.006)
教学职称_挂号预约				−0.026*** (0.003)
经验分享数_患友会数量				0.012*** (0.002)
职称_患友会数量				−0.005* (0.003)
教学职称_患友会数量				−0.006*** (0.002)
_cons	2.600*** (0.022)	2.717*** (0.018)	2.755*** (0.018)	2.737*** (0.018)
Obs.	18 226	18 226	18 226	18 226
R-squared	0.446	0.657	0.660	0.667

Standard errors in parentheses

*** $p<0.01$, ** $p<0.05$, * $p<0.1$

根据表 5(4),在医生专业度方面,医生职称和教学职称与推荐热度呈显著的正相关关系($\beta=0.021, p<0.01; \beta=0.022, p<0.01$),医生的职称和教学职称越高,则其推荐热度也越高,支持 H1b。在医生活跃度方面,经验分享数和推荐热度呈显著的正相关关系($\beta=0.116, p<0.01$),可见医生的活跃度越高,其推荐热度也会越高,假设 H2b 得到支持。

关于调节效应,我们可以看到,职称_挂号预约和教学职称_挂号预约与推荐热度的回归系数分别为-0.008 和-0.026,分别为不显著的负相关关系和显著的负相关关系,因此医生开通挂号预约服务会削弱医生专业资本与推荐热度之间的主效应,拒绝 H3b;经验分享数_挂号预约与推荐热度的回归系数为 0.047,呈显著的正向相关关系,可见医生开通挂号预约服务会增强医生活跃指标与推荐热度之间的主效应,支持假设 H3d。而职称_患友会数量和教学职称_患友会数量回归系数分别为-0.005 和-0.006,均为显著的负相关关系,因此医生的患友会数量会削弱医生专业资本与推荐热度之间的主效应,拒绝假设 H4b;经验分享数_患友会数量与推荐热度的回归系数为 0.012,为显著的正相关关系,可见医生的患友会数量会增强医生活跃指标与推荐热度之间的主效应,假设 H4d 得到支持。调节效应如图 2 所示。

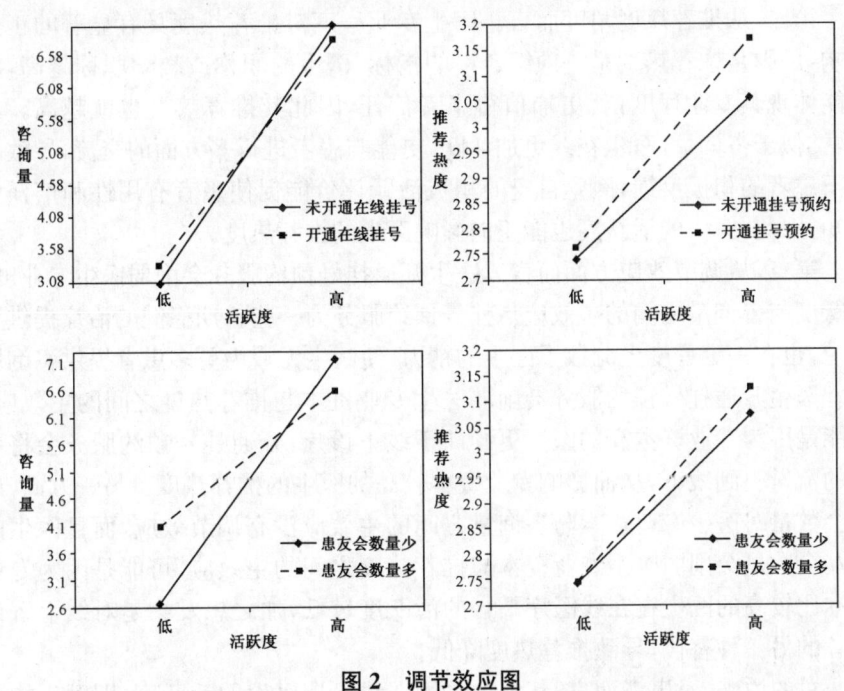

图 2 调节效应图

四 结论与讨论

1. 结果讨论

本文研究了医生专业度和医生活跃度对医生咨询量和推荐热度的影响,并研究了开通挂号预约服务和患友会数量对于医生专业度和医生活跃度主效应的调节作用。

第一,从咨询量角度而言。在医生专业程度方面,职称对于咨询量具有显著的负相关影响。一方面,患者对医生职称敏感度较低;另一方面,职称较高的医生更加关注线下医院活动。教学职称对于咨询量具有显著的正相关的影响,教学职称较高的医生,理论能力较强,更容易接受在线咨询方式,患者也倾向于求助他们。此外,在医生活跃度方面,患者经验分享数对咨询量有着显著的正向影响。由此推断,线下患者的积极反馈和医生自身的积极活跃评价能促使患者有用性和信任的感知,为医生带来更多的咨询量。

第二,从推荐热度角度而言。医生专业程度对推荐热度具有显著的正向影响,原因是推荐热度是一项综合性的指标,医生的职称或教学职称越高,就越能体现其专业程度,就更加值得患者信任,因此其推荐热度也就越高。此外,类似于咨询量,医生在线更加活跃,更能与患者进行多方面的交流,导致了线下患者的积极反馈,医生自身的积极活跃评价能促使患者有用性和信任的感知,因此,医生的活跃度也能正向影响医生的推荐热度。

第三,从调节效应方面而言。医生开通挂号预约服务会削弱医生专业度、活跃度与咨询量之间的主效应。挂号预约服务为一些长期稳健的治疗提供了通道,也在一定程度上分散了医生的精力,使医生无暇为更多患者提供咨询服务。医生开通挂号预约服务会削弱医生专业资本与推荐热度之间的主效应,可能是因为专业资本高的医生更倾向于线下诊疗,开通挂号预约服务会将更多的流量引到线下,从而影响专业资本较高的医生的推荐热度。另一方面,患友会数量对医生专业资本与咨询量之间的主效应没有调节效应,而且医生的患友会数量会削弱医生专业资本与推荐热度之间的主效应,可能是因为专业资本比较高的医生在在线医疗平台的活跃度较低,加之患友会是对线上咨询服务的另一种替代,导致推荐热度降低。

总的说来,对患者而言,其更加关注在线诊疗医生的活跃度,即医生能否在线及时与自己沟通,保证自己的病情能够让医生充分了解,对自己进行在线诊疗。对在线诊疗平台而言,推荐医生的标准主要分为两个部分——医生的专业程度和活跃程度,即医生的职称、教学职称和其患者经验分享数、线上活跃时间。此外,在线诊疗平台在评判推荐热度的时候,由于担心开通了挂号预约服务之后,线上流量部分被引入线下,对于开通了挂号预约服务的医生表现的并不友好。我们不难发现,患者的信息需求和在线诊疗平台的信息供给存在一定的偏差。患者需要的是医生与患者间的病情的交流,即需要医生的活跃程度较高,了解这方面的信息能帮助患者更容易选择满意的医生,而在线诊疗平台更重视医生专业程度和医生的活跃程度,与患者的需求存在一定的误差。

2. 理论与实践意义

(1) 理论意义

在以往的研究中,大部分文章只关注到患者和医生之间的匹配问题或者只关注到在线诊疗平台对医生的推荐问题,而没有将这两点结合在一起来观察,因而不能很好地解决在线诊疗平台中信息不对称的问题。医生作为在线医疗平台的重要参与者,其利益是在线医疗平台长远发展的重点。本文基于医生视角,给出了在线诊疗平台中主要的信息不对称的影响因素。

其次,本文从以往的在线口碑、第三方认证以及社会学习角度出发,将以往关于这些研究的情境进行扩展,延伸了现有的关于这些理论的边界,在实际应用情境方面做出了贡献。例如我们将传统的在线口碑效应等拓展到医疗在线平台,研究诸如专业程度以及活跃程度等对于医生咨询量及推荐热度的影响。此外,我们研究调节效应的存在,也为以往研究提供了一个新的思路。

从更深层次出发,本文也给在线平台研究提供了很好的理论框架,不再将研究局限在单方面的信息搜索和推荐上,而将重点放在双方信息供需的匹配问题上。这将以往关于在线平台的信息提供与信息获取结合起来,而不仅仅只关注信息提供方或者信息获取方,为以后的研究提供了一个有益的角度。

(2) 实践意义

本文通过对国内知名在线医疗平台医生标签(包括医生专业度、活跃度、咨询量、推荐热度、是否开通预约服务、患友会数量等)的研究,希望能够对网页设计、医生服务定位以及信息精准推荐做出贡献,对于在线诊疗平台整体的发展规划和医生的职业发展方向提供有参考性的建议。

首先,在网页设计过程中,尽可能先将医生的活跃度展示在患者容易看到的地方,有助于患者对于医生的评判和选择。此外,网站可以尽可能地为患者和医生创造交流的平台,减少医患之间的沟通障碍。

其次,对于在线诊疗平台来说,多推动医生与患者的交流有助于医生获得更高的咨询量,也有助于平台产生用户粘性,帮助平台更好地成长发展。如帮助医生成立更多的患友会、开展在线讲堂等活动。此外,在进行医生推荐或者对医生推荐热度进行评判的时候,应适量减少医生职称的影响,增加其他方面的影响力度,使推荐更加符合患者的要求。

第三,如果医生想要发展在线诊疗服务,可以着重保持在诊疗平台上的活跃度,加大对在线平台的时间投入,以获得更高的咨询量和推荐热度。如果有较高的职称和教学职称,可以在平台展示出来,虽然对咨询量的影响比较小,但可以提升推荐热度。此外,如果打算着重发展线下诊疗,可以开通预约服务,通过线上为线下服务引流,不仅方便患者解决挂号难的问题,也可以提升自己的流量和影响力。

最后,对于患者而言,在选择自己的在线诊疗医生的过程中,不仅仅要看医生的在线活跃时间,更要考察医生的专业程度,只有在这两方面进行综合考察,才能选择到自己最满意的医生。

3. 不足和展望

本文只着重选取了部分因变量来进行研究,仍有许多重要的因变量没有考虑进来,如医院患者满意度、电话咨询量等,如果将这些因变量考虑进来,我们的结果可能会更加完善,也会使我们的结论更深一步。

此外,本文未考虑价格等因素对医生咨询量和推荐热度的影响,而价格通常对咨询量的影响比较大,并且价格因素也受到医生职称和教学职称高低的影响。一般意义上讲,职称或教学职称越高的医生,他的价格也会越高。虽然本文将价格作为控制变量,但此方面的影响并不能完全消除,可能在此方面本文考虑的不多,导致结果可能有些片面。

再者,本文只选用了该平台上江苏、浙江、上海、安徽四个省市地区的数据来进行研究,这四个省市整体经济水平较好,对平台上医生的职称、教学职称以及活跃度等数据或多或少存在相应的影响,可能导致研究结果存在偏差。

希望在以后的研究中,能够对本文中所存在的问题进行完善。我们相信,这将会给在线诊疗平台甚至是其他在线平台的研究带来很有效果的影响。同时也希望本文已经得出的结论能给医生的发展、在线诊疗平台的建设以及在线诊疗平台网页的优化提供参考,为在线平台信息对称性的研究给出可行性的参考。

4. 结论

本文通过对不同网络标签对在线诊疗医生咨询量和推荐热度不同程度的影响的研究,从患者和在线诊疗平台两个角度出发,发现患者和在线诊疗平台评判选择与推荐医生之间的不同标准主要在于医生的职称,并定性地给出了各类网络标签的不同影响。从患者角度来说,医生职称与医生咨询量呈负相关关系,教学职称、患者经验分享数、线上活跃时间与咨询量均呈正相关关系;开通挂号预约服务和患友会数量增多均会对医生的咨询量产生不利影响,对于一些活跃度较高的医生,挂号预约服务和患友会数量的增多会提高他们的推荐热度,对于高专业资本医生的推荐热度则有不利影响。

参考文献

[1] Berger J. Word of Mouth and Interpersonal Communication: A Review and Directions for Future Research[J]. Journal of ConsumerPsychology, 2014, 24(4): 586-607.
[2] Bone P F. Word-Of-Mouth Effects on Short-Term and Long-Term Product Judgments [J]. Journal of Business Research, 1995, 32(3): 213-223.
[3] Cheung C M K, Xiao B, Liu I L B. The Impact of Observational Learning and Electronic Word of Mouth on Consumer Purchase Decisions: The Moderating Role of Consumer Expertise and Consumer Involvement[C]// Hawaii International Conference on System Science. IEEE, 2012: 3228-3237.
[4] Christopoulos G I, Liu X X, Hong Y Y. Toward an Understanding of Dynamic Moral Decision Making: Model-Free and Model-Based Learning[J]. Journal of Business Ethics, 2017, 144: 1-17.
[5] Garcia D, Shelegia S. Consumer Search With Observational Learning[J]. Rand Journal of Economics, 2018, 49(1): 224-253.
[6] Hennig-Thurau T, Gwinner K P, Walsh G, et al. Electronic Word-Of-Mouth Via Consumer-Opinion Platforms: What Motivates Consumers to Articulate Themselves on the Internet? [J]. Journal of Interactive Marketing, 2004, 18(1): 38-52.
[7] Jie Mein Goh, Guodong (Gordon) Gao and Ritu Agarwal. The Creation of Social Value: Can an Online Healthcare Community Reduce Rural-Urban Healthcare Disparities? [J]. MIS Quarterly, 2016, 40(1): 247-263.
[8] Liu, Yu-Jane, et al. "Word-Of-Mouth Communication, Observational Learning, and Stock Market Participation."(2014).
[9] Pinsonneault A, Addas S, Qian C, et al. Integrated Health Information Technology and the Quality of Patient Care: A Natural Experiment[J]. Journal of Management Information Systems, 2017, 34(2): 457-486.
[10] Seiler S, Yao S, Wang W. Does Online Word of Mouth Increase Demand? (and how?) Evidence from a Natural Experiment[J]. Marketing Science, 2017, 36(6): 838-861.
[11] Xiaoxiao Liu, Qianqian Ben Liu, Xitong Guo. Patients' Use of Social Media Improves Doctor-patient Relationship and Patient Wellbeing: Evidence from a Natural Experiment in China [J]. Thirty Seventh International Conference on Information Systems, Dublin 2016.
[12] Xu Y, Armony M, Ghose A. The Effect of Online Reviews on Physician Demand: A Structural Model of Patient Choice[J]. Social Science Electronic Publishing, 2016.
[13] Yin D, Mitra S, Zhang H. When Do Consumers Value Positive vs. Negative Reviews? An Empirical Investigation of Confirmation Bias in Online Word of Mouth [J]. Social Science Electronic Publishing, 2016, 27(1).
[14] 蔡淑琴,秦志勇,李翠萍,等.面向负面在线评论的情感强度对有用性的影响研究[J].管理评论,2017,29(2):79-86.
[15] 冯娇,姚忠.基于社会学习理论的在线评论信息对购买决策的影响研究[J].中国管理科学,2016,24(9):106-114.

[16] 郭东飞.在线医疗中网络口碑对购买意愿的影响研究——以信任为中介变量[D].浙江理工大学,2017.

[17] 李焰,高弋君,李珍妮,等.借款人描述性信息对投资人决策的影响——基于P2P网络借贷平台的分析[J].经济研究,2014(s1):143-155.

[18] 李林.观察性学习和网络口碑:社会化学习对消费者网上购买决策的影响效果研究[D].北京邮电大学,2015.

[19] 刘娟,郑君君,吴江.在线医疗网站患者选择医生的影响因素实证研究[J].医学信息学杂志,2017,38(5):48-51.

[20] 刘笑笑.在线医生信誉和医生努力对咨询量的影响研究[D].哈尔滨工业大学,2014.

[21] 罗鹏,吴红.医生信息、医院信息和患者选择——基于在线医疗社区的实证研究[J].世界最新医学信息文摘,2018(24).

[22] 钱瑛,杨定华.基于情感倾向的在线评论对购买决策的影响[J].商业研究,2015,58(6):133-137.

[23] 邵景波,陈珂珂,吴晓静.社会网络效应下顾客资产驱动要素研究[J].中国软科学,2012(8):84-97.

[24] 孙舒,赵俊丹,李杰.国务院关于积极推进"互联网+"行动的指导意见[C]//中国工业气体工业协会第25次会员代表大会暨2015中国气体行业发展高峰论坛,2015.

[25] 魏华,黄金红.在线评论对消费者购买决策的影响——产品卷入度和专业能力的调节作用[J].中国流通经济,2017,31(11):78-84.

[26] 游艳,赵冬梅,胡燕川.第三方评估和共同价值观对在线消费者行为意向的影响研究[J].管理现代化,2017,37(2):78-83.

[27] 于永娟.第三方认证信用的品牌经济研究[D].山东大学,2012.

[28] 于军.描述性信息与违约行为的关系研究——基于P2P平台的分析[J].当代经济管理,2017,39(5):86-92.

[29] 于军胜,王海忠,何浏.奋斗者符号的营销价值及其作用机制研究——基于奋斗者形象明星林书豪的视角[J].中国软科学,2013(12):185-192.

[30] 张亚明,张一丹,刘海鸥.移动商务用户情景感知服务采纳行为研究[J].情报科学,2018,V36(3):87-92.

论文执行编辑:贾良定
论文接收日期:2018年12月31日

Analysis of Influencing Factors of Doctor Consultation Volume and Recommendation Heat on Online Healthcare Platform

Zhixia Zang　Ke Tan　Chengjue Wang　Bo Xu　Xue Yang

Key words: Based on the theory of social learning, we choose one of the major online healthcare platforms in China to investigate the effects of different types of doctors' labels (doctor's professional indicators and active indicators) on online consultation volume and recommendation degree (including the main effect of doctor professional indicators and active indicators and the moderating effect of the opening of appointment services and the number of patients' organizations). The results show that the doctor's labels don't always have a positive influence on the consultation volume and recommendation and there exists the moderation effect of the opening of appointment service and the number of patients' associations between doctor's labels and consulting volume and recommendation.

Key words: Online Healthcare　Consulting Volume　Recommendation　Social Learning

JEL Classification: F49

图书在版编目(CIP)数据

南大商学评论. 第46辑 / 刘志彪主编. —— 南京：南京大学出版社，2019.9
ISBN 978 - 7 - 305 - 08033 - 3

Ⅰ. ①南… Ⅱ. ①刘… Ⅲ. ①中国经济—文集 Ⅳ. ①F12—53

中国版本图书馆 CIP 数据核字(2019)第 216861 号

出版发行	南京大学出版社		
社　　址	南京市汉口路 22 号	邮　编	210093
出 版 人	金鑫荣		

书　　名	南大商学评论(第 46 辑)	
主　　编	刘志彪	
执行主编	贾良定　皮建才	
责任编辑	王其平	编辑热线　025 - 83596923
照　　排	南京南琳图文制作有限公司	
印　　刷	江苏凤凰通达印刷有限公司	
开　　本	787×1092　1/16　印张 14　字数 286 千	
版　　次	2019 年 9 月第 1 版　2019 年 9 月第 1 次印刷	

ISBN 978 - 7 - 305 - 08033 - 3
定　　价　50.00 元

网址：http://www.njupco.com
官方微博：http://weibo.com/njupco
官方微信号：njupress
销售咨询热线：(025) 83594756

* 版权所有，侵权必究
* 凡购买南大版图书，如有印装质量问题，请与所购图书销售部门联系调换